AIGC赋能版

浙江省高职院校“十四五”重点立项建设教材

21世纪技能创新型人才培养系列教材

新媒体系列

新媒体文案写作教程

（第二版）

主　编◎尹　莹

副主编◎胡　艳　刘　丽　王　翔

辛　岛　郭刚志　王惠莲

刘　晔　刘　楠

明德强技＋产教融合

数智赋能＋智慧教学

中国人民大学出版社

·北京·

前　言 ▸ PREFACE

随着互联网的普及与数字技术的飞速发展，迅猛崛起的新媒体重新定义了当下的阅读习惯和写作方式，大众已经习惯了通过各种新媒体平台如微信、微博、小红书、今日头条、抖音、知乎等获取资讯和服务，企业的活动宣传、形象塑造和品牌营销也从传统的电视、广播、报纸等平台转移到新媒体平台上。在这样的背景下，以新媒体为渠道、以文案为内容的营销方式便成了许多企业的选择，市场对新媒体文案人才的需求也随之攀升。

为了满足高等职业院校新媒体文案写作教学的需要，我们精心编写了《新媒体文案写作教程》一书。该书自2023年出版以来，承蒙广大高等职业院校的厚爱及中国人民大学出版社的大力支持，广泛应用于高职教学实践中。

随着“人工智能+”战略的提出，我国迎来了智能化高质量发展的新时代。教育作为时代前行的灯塔，必须紧跟时代步伐，将数字时代新媒体行业的新知识、新技术、新应用及新规范融入教学之中，充分利用人工智能的优势，助力教学创新与人才培养。因此，我们组织团队对教材进行了修订。《新媒体文案写作教程（第二版）》积极发挥教材培根铸魂的重要作用，以习近平新时代中国特色社会主义思想为指导，全面融入党的二十大精神，把提高学习者的思想道德素质与专业素养融为一体，为中国式现代化建设提供高技能人才支撑。

本书不仅可以作为高等职业院校新媒体文案写作课程的教材，也可以作为企业及社会相关从业人员学习新媒体文案写作的培训指导用书和参考用书。相较于同类教材，本书具有以下特色：

1. 目标明确，体系完善

本书紧扣立德树人的根本任务，顺应新媒体时代的发展趋势，以职业岗位能力为导向，构建了“学习目标+引导案例—知识精讲+具体案例—做中学+学中做—知识检测+综合实操—素养园地+课赛融通”的体例。本书要求学习者对学习内容有清晰的定位，通过引导案例引入知识点，激发学习者的学习兴趣，然后细致地讲解理论知识、分析经典案例，并在此基础上进行实操训练和知识检测，引导学习者在实践中探索问题、解决问题、巩固知识、提升技能，最后设置素养园地和课赛融通板块，以满足学习者自我提升与可持续发展的需要。

2. 与时俱进，内容实用

本书紧跟时代步伐，结合各新媒体平台的应用规范与案例，融入人工智能写作的知识与技术，引导学习者合理利用 AI 工具辅助新媒体文案写作。项目一和项目二，总体概述新媒体文案的创作思维和写作方法、人工智能对新媒体文案工作者提出的新要求，以及人工智能赋能文案写作的基本方法和技巧。项目三至项目九，注重不同新媒体平台文案写作的训练，包括微信朋友圈文案、微信公众号文案、微博文案、电商文案、直播文案、短视频文案、小红书文案的创作技法和实操，并且加强人工智能技术在这些新媒体文案写作场景中的应用。

3. 理实一体，应用强化

本书坚持理论与实践相结合的原则，理论内容的设计以"必需、够用"为度，实训任务的选取以"适用、可操作"为前提，或是在阐述各类新媒体文案的特点和写作要求后，引导学习者"学中做"，运用新媒体写作思维与技巧进行文案写作，做到学以致用；或是通过"做中学"启发思维，促使学习者主动探究相应的知识和技能，培养勤学善思的习惯；抑或是通过知识检测和综合实操，加强指导，助力学习者提升学习效果，实现知识与技能的双重飞跃。

4. 案例丰富，资源多样

本书引用了大量新媒体文案的精彩案例，图文并茂，形象生动。这些案例不仅展现了新媒体文案的魅力，而且融入了中国故事、中国技术及职业伦理等内容，引导学习者注重德行建设，在新媒体写作时学会从中华优秀传统文化资源宝库中汲取灵感，并进行创造性转化和创新性发展。此外，书中还配备了丰富的数字资源，学习者通过扫描二维码，可以轻松获取微课视频、阅读案例、知识检测题库、实训指导等教学资源。这些资源不仅便于线上线下混合教学，也为学习者自主学习提供了极大便利。

在本次教材修订的过程中，我们跨校联合、校企合作，组建了一支由具有新媒体写作实战经验的高校教师与企业专家组成的编写团队，以确保教材内容的前瞻性与实用性。本书由义乌工商职业技术学院尹莹担任主编，义乌工商职业技术学院胡艳、王翔、辛岛、郭刚志、王惠莲，上海济光职业技术学院刘丽，钟山职业技术学院刘晔，上海喜马拉雅科技有限公司刘楠担任副主编。其中尹莹负责总策划、统筹、审定，并修订项目一和项目六，辛岛负责修订项目二，胡艳负责修订项目四和项目五，王翔负责修订项目三和项目七，郭刚志负责修订项目八，刘丽负责编写项目九，王惠莲、刘晔参与修订项目六，刘楠参与教材的共同研讨，并提供最新的 AI 和新媒体资讯。此外，本次修订还得到凤凰数媒（北京）科技有限公司、义乌市容艺文化创意有限公司的大力支持与帮助，他们提供的宝贵行业经验和专业见解，使得本书的内容更加贴近实际，更具指导意义，在此谨表谢意！

由于编者水平和时间所限，书中难免有不妥之处，敬请同行及广大读者批评指正。

编者

目　录 ▸ CONTENTS

项目一
新媒体文案基础 1

任务一　新媒体文案概述 3
任务二　新媒体文案的类型与特点 9
任务三　人工智能与新媒体文案写作 14

项目二
新媒体文案写作方法 26

任务一　新媒体文案的灵感养成 28
任务二　新媒体文案的成文过程 32
任务三　新媒体文案的写作逻辑 42
任务四　新媒体文案的创意输出 48
任务五　AI 辅助新媒体文案写作 56

项目三
微信朋友圈文案写作 66

任务一　认识微信朋友圈 68
任务二　打造微信朋友圈 70
任务三　认识微信朋友圈文案 74

任务四　微信朋友圈文案写作策略······76
任务五　AI 辅助微信朋友圈文案写作······82

项目四
微信公众号文案写作 86

任务一　认识微信公众号······88
任务二　微信公众号文案写作训练······92
任务三　微信公众号文案的排版······102
任务四　运用 AI 快速梳理逻辑大纲······104

项目五
微博文案写作 109

任务一　认识微博······111
任务二　认识微博文案······114
任务三　微博文案写作训练······119
任务四　运用 AI 辅助微博选题······124

项目六
电商文案写作 132

任务一　认识电商文案······134
任务二　电商文案的写作技巧······139
任务三　电商文案卖点的创作技巧······146
任务四　AI 辅助电商文案写作······151

项目七 直播文案写作 157

任务一 认识直播……159
任务二 认识直播文案……162
任务三 直播文案写作策略……164
任务四 AI 辅助直播文案写作……172

项目八 短视频文案写作 177

任务一 认识短视频文案……179
任务二 短视频标题的制作要点……182
任务三 短视频正文文案写作技巧……184
任务四 评论区文案写作技巧……188
任务五 AI 辅助短视频文案写作……190

项目九 小红书文案写作 197

任务一 认识小红书……199
任务二 认识小红书文案……201
任务三 小红书文案写作训练……206
任务四 小红书文案写作注意事项……211
任务五 AI 辅助小红书文案写作……213

参考文献 220

项目一

新媒体文案基础

学习目标

知识目标

1. 理解文案写作的目的。
2. 掌握新媒体文案的类型与特点。
3. 了解 AI 背景下新媒体文案发展的趋势。

能力目标

1. 能够正确认识人工智能对新媒体文案写作的影响。
2. 能够基本掌握人工智能赋能文案写作的步骤和方法。
3. 能够根据知识与能力要求，制订可行的训练计划，提升职业能力。

素质目标

1. 养成与时俱进的职业素养。
2. 增强中华优秀传统文化认同感。
3. 树立创新意识。

引导案例

新媒体重塑旧传统：故宫博物院的品牌创新之路

故宫博物院，一座承载着600多年历史的文化宝库，以其宏伟的皇宫建筑群、丰富的文物和古迹，成为中华优秀传统文化最耀眼的象征之一。2014年，一篇《雍正：感觉自己萌萌哒》的推文在故宫淘宝微信公众号上发布，彻底颠覆了人们心中庄严肃穆的皇帝形象。此后，神秘、正统的故宫博物院逐渐蜕变为一个有藏品、有文化、有价值、有影响力的商业品牌。

那么，故宫博物院是如何实现这一华丽转身的呢？这离不开新媒体的助力。在时代的变迁中，故宫博物院积极拥抱新媒体，通过微博、微信以及系列App等多元化渠道与广大受众建立了紧密而深入的互动与沟通关系，推动了自身文化的传播和发展。

在微博运营方面，故宫博物院官方微博在2012年5月注册开通，截至2024年，粉丝已超1 000万。每天，故宫微博官方页面都会发布4～6条内容丰富的微博，吸引了超百万的阅读量和超两万次的互动。故宫微博不仅在话题内容上追求创新，还在内容推送方式上独树一帜。它通过文字、图片、视频和外部链接等多种形式，为粉丝带来了一场场视觉与文化的盛宴。此外，@故宫淘宝和@故宫博物院官方旗舰店是故宫网店在微博上的推广营销平台，这两个微博账号风格活泼可爱，文案紧跟热点，非常迎合年轻受众的品位。

在微信运营方面，“微故宫”作为故宫博物院的微信公众号官方平台，自2014年1月开通以来，持续发布原创文章。这些文章涵盖了故宫资讯、展览信息、文创产品、美图摄影等多个方面，为粉丝提供了全方位、多角度的文化体验。另外，“故宫淘宝”还创建了专门服务于淘宝店的微信号。

除了微博和微信，故宫博物院还紧跟时代潮流，根据不同群体爱好推出不同概念的App，如“胤禛美人图”“紫禁城祥瑞”“皇帝的一天”“韩熙载夜宴图”“每日故宫”“故宫社区”等，这些App不仅展示了故宫的藏品，而且实现了与受众的深度互动。如“韩熙载夜宴图”在传世名画中注入100多个交互点，通过点击，南唐巨官韩熙载家开宴行乐的场景可通过真人舞蹈、真人演奏等方式一一再现。

故宫博物院官方微博首页和故宫淘宝官方微博首页如图1-1所示。

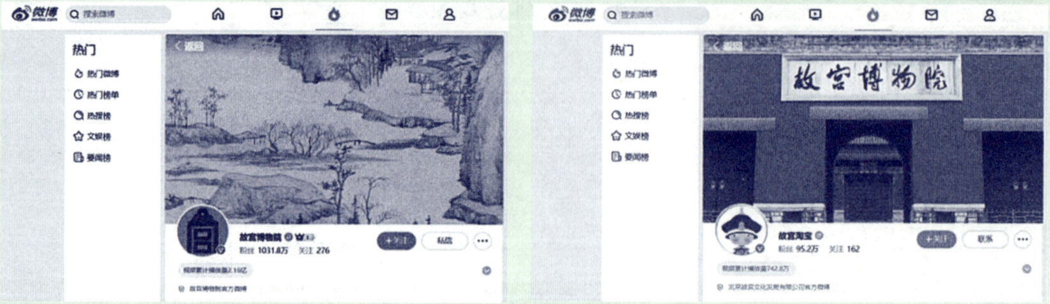

图1-1　故宫博物院官方微博首页和故宫淘宝官方微博首页

无论是哪种新媒体运营方式，故宫博物院都注重文案的创作，注重趣味性和互动性的提升。如故宫淘宝的微信、微博、淘宝店铺的设计和文案，都以“朕”这样第一人称的视角向受众传达品牌的精神与内涵。微信公众号通常以历史故事开篇，用诙谐幽默的网络语言和表情包表达故事情节，最后结合历史推出相关文创产品。如《朕有个好爸爸》这篇推文就通过讲述雍正对康熙的崇敬之情，成功推出文创产品“胤禛耕织图记事本”。

不仅如此，故宫博物院各类新媒体文案和故宫文创品牌的文案之间也形成了互文共生的关系。在推出新产品之前，故宫博物院往往会在微博或微信公众号上进行互动和问答预热，通过二次传播来削弱受众的陌生感。以翠点星河纸雕灯为例，这款产品的灵感来源于故宫博物院御花园内的御景亭、《民国缂丝荷花青蛙图轴》和掐丝珐琅鸳鸯式香薰。如果直接将这一复杂的设计背景呈现在产品介绍文案中，可能会让受众感到困惑。因此，故宫博物院在官方微博的#每日故宫#词条下提前介绍了掐丝珐琅夔龙纹暖砚盒，并通过网友的讨论和互动为即将推出的文创产品造势。这种预热和造势的方式使得带有“掐丝珐琅”称呼的文创产品更容易被受众接受和喜爱。

敲黑板 划重点

互联网时代，以新媒体为渠道、以文案为内容的营销方式已经成为许多运营者的选择，一些品牌之所以能够依托传统文化母体的新情境或现代文化母体的新创造成功破局出圈，一定程度上得益于背后新媒体文案工作者的智慧与努力。新媒体文案工作者不仅需要具备扎实的文字功底和创意构思能力，能够巧妙地将中华优秀传统文化与现代文化融合，还需要紧跟新媒体平台的最新动态，熟练掌握新媒体技术，并具备良好的数据分析能力。只有这样，才能为品牌量身打造直击人心的营销力作。

知识精讲

任务一 新媒体文案概述

一、文案的概念

（一）古代文案的概念

在我国古代，文案通常有两种意思：一是指物，即用于放置公文案卷或者用来办公的桌子，也指官署中的公文、书信等；二是指人，包括旧时官衙中掌管档案、草拟文书的幕僚等。

（二）现代文案的概念

如图 1－2 所示，现代文案既是广告的一种表现形式，也是对一种职业的称呼。

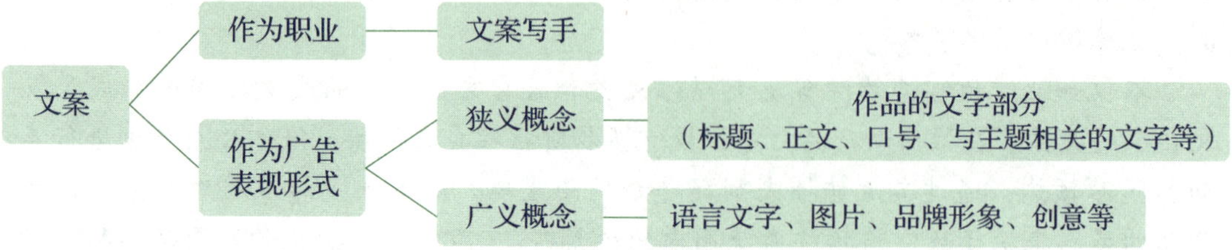

图 1－2　现代文案的概念

作为一种广告表现形式，文案源于广告行业，是“广告文案”的简称，多指以文字形式表现广告的信息内容，是企业为达成商业目的的一种表现形式。目前，广告界的文案有广义与狭义之分。广义上，广告文案是指广告作品的全部内容，包括语言文字、图片、品牌形象、创意等；狭义上，广告文案仅指广告作品的语言文字部分，如标题、正文、口号、标语、与活动主题相关的文字。

作为一种职业，文案的英文为“copywriter”，译为文案写手，指的是专门创作广告文字的工作者。文案写手就是要把传播的信息进行设计，使人容易理解，使信息更容易被记住，甚至被再次传播。总之，到了现代，文案主要用于商业领域，通常是指企业中从事文字工作的职业，或以文字来表现创意的作品。

二、文案的目的

经过科学测试，权威机构认为广告效果的 50% ～ 75% 归功于广告文案。对于企业而言，文案是竞争的利器，优质的文案可以促进品牌推广、提高影响力、提高企业声誉，从而获得更多的用户。

做中学 1-1

请思考：网易云音乐评论区的评论（见图 1－3）是不是文案？

图 1－3　网易云音乐 App 评论区留言和网易云音乐投放在杭州地铁的网友评论留言

判断一个内容是否是文案，关键看这一内容背后是否有商业目的。如图 1－3 所示，在评论区的文字是网易云音乐听众的感悟，当这些感悟被网易云音乐投放到地铁上后就有了商业目的。一些看到地铁广告的人会拍照发微信朋友圈，借用这些评论在朋友圈表达自己的想法，这样促使更多人看到广告、知道网易云音乐，从而增加其下载量，实现商业目的。

美国零售广告公司总裁朱迪思·查尔斯曾经定义文案写手为“坐在键盘后面的销售人员”，直接说明了一切有利于销售的内容都值得文案工作者思考。文案不仅仅是天马行空的创意，文案工作的核心是提高销售业绩。文案不是跟公众面对面直接沟通，而是隔着电脑、手机等媒介，通过文字和公众沟通。文案追求的是潜移默化的传播效果，是一种润物细无声的高明的营销手段。那些让人看完就去点击购买链接的微信公众号和朋友圈文章，那些在天猫、京东等电商平台看完商品文字介绍就决定下单的文字，那些在电梯、地铁站看到的海报文字、灯箱广告，都是文案。

当然，想要写出优质的文案，必须对文案有正确的认识。很多文案新手容易专于文案写作而忽略文案的目的。

1961 年，美国广告学研究者罗伯特·拉维奇和盖里·斯坦纳首次提出了效果层次理论。这个理论分析了广告营销如何一步步推动消费者购买产品，它将消费者对产品的反应总结为认知、情感、行动三个阶段。对应这三个阶段，作为广告表现形式的文案则具有认识品牌、产生情感、进行购买三个目的。

微课

文案的目的

（一）认识品牌

在认知阶段，文案的主要目的是让公众认识企业的品牌、业务和产品，知道企业是做什么的，能解决什么问题，可以提供什么服务，能给公众带来怎样的价值。如长城葡萄酒“三毫米的旅程，一颗好葡萄要走十年”的文案，不仅标题新奇、感人，提高了关注度，而且用讲故事的方式描绘了一幅幅美丽的画面，生动形象地传达了企业从选材到产地建设，从种植到采摘，从酿造到存储运输精致严谨的过程。这增强了消费者对长城葡萄酒的理解和认识，扩大了其知名度。

（二）产生情感

一个优秀的文案，应该清楚地表达产品的特点，然后通过感性引导与消费者建立情感，从而获得足够的认同感。比如，为了宣传 P50 系列原色影像功能，华为发布了《归家》《出嫁》《毕业》三支广告短片。文案“从小教我别说谎的人，差一点就骗到了我”“比起说出来的祝福，我更珍惜你的忍住不哭”“藏不住的脸红，藏着说不出的喜欢”道出了中国人含蓄的爱。爱擅长隐形，但总有迹可循，照片里的“色彩印迹”，全是爱的在场证明。而华为手机在其中承载的功能就是替大家识别“爱的谎言”，还原真实和爱意，让影像的真来传递情感的真。无论是妈妈冻红的手、妹妹朦胧的泪眼，还是偷偷脸红的小喜悦，都能让我们产生代入感，进而引发情感共鸣。

（三）进行购买

一旦进入行动阶段，文案的主要目的就是让消费者行动起来。为了促成购买，文案应该明确点明产品的卖点，给足购买的理由，并且明确购买引导。如图 1－4 所示，广告中“准医疗级血压手表”就是产品卖点，说明这是一款健康监测类的智能手表，“一件五折”是立即购买的理由，而右下方“GO”就是明确的购买引导标志。除此之外，文案中的“抢”“8 月 31 日—9 月 5 日”这些字眼也引导消费者立即行动。

图 1－4　某品牌的电商文案

三、新媒体文案

（一）新媒体的概念

做中学 1-2

请思考：以下哪些属于新媒体？请在表 1－1 中相应的选项后面打钩。

表 1－1　媒体列表

选项	是否属于新媒体
今日头条	
新浪微博	
校园广播	
腾讯新闻	
抖音	
小红书	
电子邮箱	
美团	

“媒体”（Media）一词是拉丁语“Medius”的音译，常被译为媒介。唐朝时我国就开始使用“媒介”一词，指联系双方，使其相互作用的事物与人。在西方，“媒介”一词于19世纪末首次出现，也是指能够将事物联系起来的介质。一般来说，广义的媒体泛指人们借助用来传递信息与获取信息的工具、渠道、载体、中介物或技术手段。狭义的媒体则是指包括电视、广播、报纸和杂志在内的传统四大媒体，它们是人类社会产生的早期媒体形式。

20世纪90年代以来，互联网和移动通信技术飞速发展，新兴的媒体形式层出不穷。从早期的新闻门户网站到后来的社交网站，再到形式更为丰富的移动多媒体终端，新兴媒体一步步深入人们的生活，改变着信息传播的形态和方式。值得注意的是，新媒体的概念和内涵一直在动态变化。新媒体只是一个相对的概念，“新”是相对于“旧”而言的。今天的传统媒体在它诞生之初也曾是那个年代的新媒体，今天的新媒体在若干年后也会变成传统媒体。

新媒体是一个宽泛的概念，利用数字技术和网络技术，通过计算机网络、无线通信网、卫星等渠道，以电脑、手机、数字电视等数字或智能终端为载体，向用户提供信息和服务的传播形态，都可以称为“新媒体”。从这个意义上讲，新媒体涵盖了所有数字化的媒体形式，包括数字化的传统媒体、网络媒体、移动端媒体、数字电视、数字报刊、智能终端等，如表1－2所示。

表1－2　各种类型的新媒体

类型	特点	优势	平台
图文新媒体	以传播文字和图片相结合的内容为主	延续用户传统的阅读习惯	门户网站（新浪、网易、腾讯、新华网、人民网等）
			自媒体平台（微信公众号、小红书、新浪微博、今日头条、知乎等）
视频新媒体	迎合快节奏生活，以影像为内容载体	承载着丰富生动的内容且制作精良	抖音、快手、哔哩哔哩、西瓜视频、腾讯视频、优酷等
音频新媒体	以声音作为主要内容载体的传播形式	创作难度较低	云听、喜马拉雅FM、蜻蜓FM、荔枝、网易云音乐等
社交新媒体	以满足用户的社交需求为主要目的	用户可在平台上进行日常工作和生活沟通，达到传递情感、共享信息的目的，某些平台还支持商业交易	腾讯QQ、微信、微博、知乎、小红书、豆瓣、百度贴吧等
功能型新媒体	依托于某种特定用途平台或工具平台的新媒体，主要载体为App或各种行业生态内的小程序	具有一定的流量和传播能力	购物平台（京东、淘宝、天猫、拼多多、唯品会、苏宁易购、得物等）
			支付平台（支付宝、微信支付、云闪付等）
			安全平台（360安全卫士等）
			搜索平台（百度、谷歌、搜狗、360搜索等）
			下载平台（应用宝、百度网盘等）
			浏览器（百度浏览器、UC浏览器等）
			清理软件（猎豹清理大师等）
			小程序（滴滴出行、快递查询等）

学中做 1-1

请列举 3 个具有传播功能的小程序。你认为它们满足了用户的哪些需求？说说你的理由。

（二）新媒体文案的概念

新媒体文案就是在不同新媒体平台上用文字来体现广告创意和内容的文字表达，是文案的一种具体类型，还是影响力越来越大的一种类型。图 1－5 为新媒体文案示例。

图 1－5　新媒体文案示例

（三）新媒体文案的价值

随着智能手机移动端的普及，消费者的注意力日益聚焦于手机阅读，这促使众多企业深化其新媒体传播战略。优秀的新媒体文案能发挥多重作用，具体如下：

其一，提升传播效能。以加多宝与王老吉的商标纠纷为例，尽管加多宝败诉，但其在微博平台上推出的一系列自嘲式“对不起”文案，配以幼儿哭泣的图片（见图 1－6），迅速占据了新媒体舆论的高地。这一策略不仅成功博得了广大消费者的同情，促使他们积极转发，还有效修复了加多宝的品牌形象，为品牌更名后的传播奠定了坚实的基础。

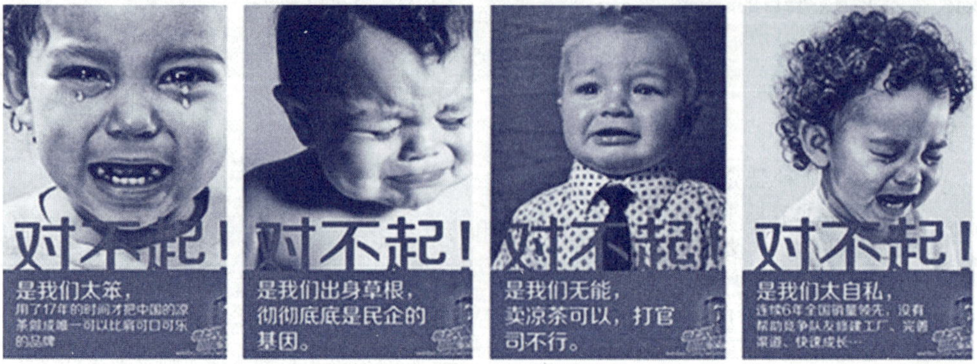

图 1－6　加多宝“对不起”系列文案

其二，促进销售转化。相较于传统的文案推广方式，新媒体文案与新媒体平台紧密结合，实现了从传播到销售的直接转化。消费者在阅读文案时，只需轻轻点击推荐的购买链接，即可轻松完成购买；在观看视频时，若对某商品产生兴趣，同样可以即刻下单。这种转化的即时性使新媒体文案的效果易于评估、易于调整策略。当然，这对文案创作周期也提出了更高的要求，需要文案团队具备快速响应和高效产出的能力。

其三，增强用户社交黏性。新媒体文案不仅可以凭借创意的内容、精准的定位以及引人入胜的叙事，激发用户情感共鸣与参与度，而且可以通过结合热点、流行文化打造社交话题，利用互动元素增强用户参与感，促进社群巩固。简而言之，高质量新媒体文案可以构建稳定活跃的社交生态，吸引新用户并维持老用户活跃度，使他们对品牌或平台产生更高的忠诚度和认同感。

学中做 1-2

从新媒体平台上搜索 2 ～ 3 篇文案案例，分析文案中产品或品牌的宣传重点。

任务二　新媒体文案的类型与特点

一、新媒体文案的类型

新媒体文案按广告目的可划分为销售文案和品牌文案；按植入方式可划分为软文和直接推广文案；按篇幅长短可划分为长文案和短文案；按表现形式可划分为纯文字文案、广告图文案、视频文案；按投放渠道可划分为微信文案、微博文案、小红书文案、App 文案等。新媒体文案的分类如图 1－7 所示。

（一）按照广告目的分类

1. 销售文案

销售文案即用于提升产品或服务销售转化效果的文案。如“双 11”促销推广文案、产品福利活动文案，其主要作用是利用文案推广商品，使商品或品牌尽可能被更多人知晓，或是喜爱产品外观，或是钟情产品性能，从而立即购买，产生经济效益。新媒体文案工作者在写作销售文案时，应有意识地构建企业的价值观，并开展与社会主义核心价值观相匹配的营销文化活动。

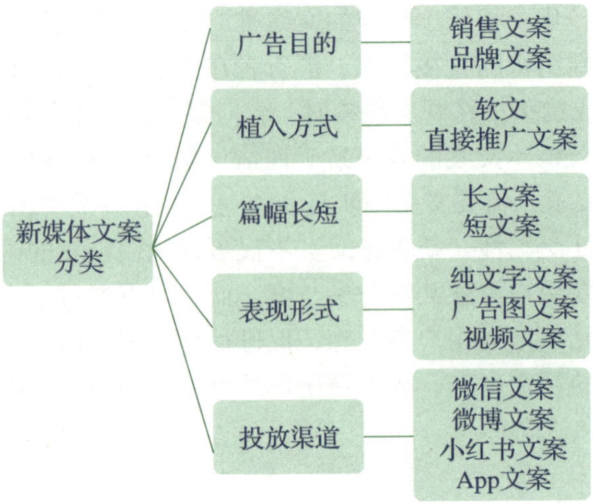

图 1－7　新媒体文案的分类

2. 品牌文案

品牌文案的重点在告知品牌名称、品牌特点、品牌精神，让消费者认识品牌、认可品牌。品牌文案不一定要求文案一经发布就立即带动销量，但它可以让消费者通过文案体会到品牌的诚意，有益于塑造和维护企业、品牌长期的良好形象。如在众多国际品牌中，耐克的成功很大一部分原因在于传播了品牌精神。其文案“JUST DO IT”意蕴事在人为、想做就做，鼓励拼搏向上的生活方式，突出年轻人的自我意识。在很多人心里，耐克已经成为自信、奋斗的象征。

（二）按照植入方式分类

1. 软文

软文具有一定的隐蔽性，即文案中不直接介绍商品、服务，而是通过其他方式代入广告，公众不容易觉察到广告的存在，如在文章案例分析中、在故事情节中植入品牌广告。

2. 直接推广文案

直接推广文案与软文相反，是新媒体文案创作者将直白的内容发布在对应的媒体平台上，直接触动公众的购买心弦。

一般而言，企业会根据不同情况进行选择。品牌传播广告需要高强度的品牌曝光次数及直接带动销售，企业会选择直接推广文案，但企业在需要补充增加品牌曝光时则一般选择软文广告。

（三）按照篇幅长短分类

1. 长文案

长文案一般为字数在 500 字以上的文案，如微信公众号里的产品推广文案、电商产品详情页，目标用户通过详细阅读这些文案完成购买。

2. 短文案

短文案一般为字数低于 500 字的文案，多用在海报图、朋友圈或微博中，短文案更强调激起目标用户交流的需求，通过后续沟通进行转化。

通常来说，长文案需构建强大的情感场景，而短文案则在于快速触动消费者，表现核心信息。

（四）按照表现形式分类

1. 纯文字文案

纯文字文案对文字的要求极高，因为缺少了画面的支持，单靠文字去传达诉求和情感，就需要对文字本身有更多角度的审视以及足够成熟的文字技巧。图 1－8 为纯文字文案示例。

2. 广告图文案

一般情况下，一则广告文案由文字和图片两个元素组成。图片能全面展示产品，是吸引公众的主要元素，但图片需要配以文字传情达意、画龙点睛，所以图文结合是文案的主要表现形式。

3. 视频文案

视频文案属于短剧本、脚本，虽以视频为主，但也需要文字的配合与创意的加工。随着自媒体和影视业的发展，视频文案的应用越来越广泛。从某种意义上说，文案不仅是文字工作，也是设计的重要组成部分，一条图、文、音、像俱全的广告，更加具有呈现性。

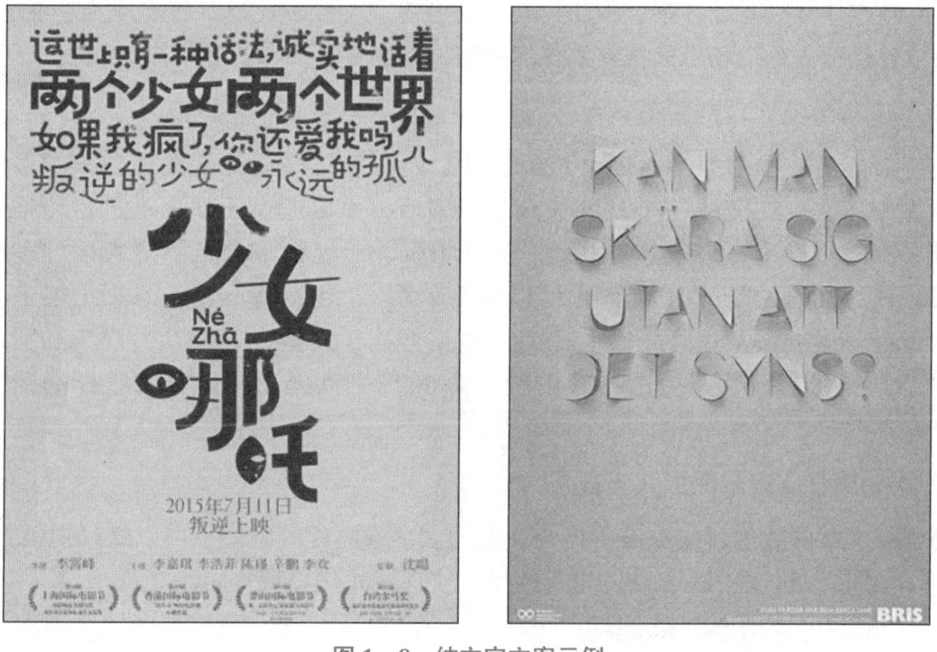

图 1－8 纯文字文案示例

（五）按照投放渠道分类

依据不同的投放渠道，新媒体文案可分为微信文案（包括公众号文案和朋友圈文案）、微博文案、小红书文案、App 文案等。每一种文案都紧密结合其投放平台的特性，如微信公众号文案擅长深度阐述与品牌塑造，微信朋友圈文案注重情感共鸣与快速传播，微博文案以短平快的信息传递见长，小红书文案聚焦于生活方式的精致分享，而 App 文案则更多地承担应用内推广与用户引导的重任。这些不同类型的文案在不同平台上发挥着各自的优势和作用，共同构成了新媒体文案的丰富生态，为品牌推广、用户互动与营销转化提供了强有力的支持。

学中做 1-3

请在你订阅的微信公众号中找到 3 篇文案，判断它们是直接推广文案还是软文。

二、新媒体文案的特点

新媒体文案的写作与传统文案的写作有共通性。因文案投放渠道、读者阅读习惯的不同，新媒体文案更强调结合不同新媒体平台的特性，利用网络媒体、社交平台的交互性进行内容输出，制造社交化传播，从而帮助商家或企业实现特定的营销目标。

（一）新媒体文案发布成本较低

相较于传统媒体广告动辄上百万元的成本，新媒体文案的发布成本较低，而且推广优化的效果也不同凡响。因此，随着新媒体的兴起，企业不断将品牌推广预算转移到新媒体上，新媒体以其互动性强、渠道广泛、覆盖率高、性价比高等特点成为企业的新宠，传统媒体曾经独占的市场份额被新媒体以强有力的态势一步步占据。

（二）新媒体文案传播渠道多元

随着新媒体技术和思维不断升级和进步，新媒体推广的传播渠道越来越多，因此新媒体文案工作者在完成一个品牌或产品文案后，可以通过不同渠道进行传播，如通过微信公众号、微博、头条号、电商产品详情页、短视频平台、手机 App 等进行多平台分发。值得注意的是，很多企业为了占据多渠道，也会将同一信息根据渠道人群的不同而设计不同的文案进行发布。比如，80 后倾向于浏览微信公众号内容和朋友圈动态，90 后热衷于短视频平台的内容消费，而 00 后则活跃于哔哩哔哩这样的视频弹幕网站。

（三）新媒体文案表现形式丰富

新媒体文案的表现形式突破了传统文案的文字或图片等载体，可以通过视频、语音、表情包、动图、交互性 H5 等载体进行传播，实现多元化呈现。

（四）新媒体文案的互动性更强

传统文案的传播是单向的。在传播过程中，受众就像固定不动的靶子，单向接受媒体所传播的信息，处于被动的地位，而传播媒介通过文案传播将知识、思想、情感在不知不觉中植入受众的大脑。在新媒体传播环境下，信息编辑与发布的权利不再为媒体所独有，受众既是信息接收者又是信息发布者。为了吸引平台用户，新媒体文案的创作更注意趣味性和话题性，激发用户对文案内容进行反馈并带动二次传

微课

文案的互动性

播，如点赞、评论、转发、打赏等。可以说，新媒体文案的传播由过去传统单向的“引发兴趣—阅读”变成了双向的“想读—互动—二次传播”，即“关注—参与—分享”的模式。

例如，曾经有一张以“关公”为主题的宣传海报一时间在微信朋友圈海量转载，上面写着“过5关斩6将，全新梅赛德斯 - 奔驰长轴距E级车，文武双全”。从创意上看，奔驰从自身产品出发，基于全新一代梅赛德斯 - 奔驰E级轿车即将上市这一事件，矛头直指C级豪华车市场的两位大佬——宝马5系和奥迪A6L。它用文案“过5关斩6将”婉转而又目的明确地表达了自己的想法，即使最后一行“文武双全”，也强调了奔驰E系列的驾乘均衡。这则文案天然带有话题性，极易引起讨论，以至于一经推出，宝马和奥迪就用最快的时间进行了全方位回应。宝马回应“大E失荆州，失E走麦城；无宝马，不英雄”，奥迪表示“群雄逐鹿，‘奥’视天下；一E孤行，岂可轻‘迪’”；奔驰官方则转发了相关微博与粉丝进行互动，吸引了大量点赞与转发，形成了一波传播热潮。不仅如此，这则文案甚至引发网友自发创作“E起厮杀，‘秦’定天下”（比亚迪秦）、“E路过关斩将，然胜券在‘沃’”（沃尔沃），形成了第二波传播热潮。

（五）新媒体文案目标人群更精准

由于用户在新媒体平台上的各种行为均被数据记录，因此平台在数据处理后可以精准地针对目标人群实行营销。例如：很多新闻客户端根据用户往期浏览的新闻风格类型，可做到有选择地推荐对应内容；一些电商平台可根据用户的浏览记录、往期购买商品的风格类型、价格段等推送对应的商品，以便更好地促成交易。

（六）新媒体文案传播速度更快

传统文案从策划到投放，周期比较长。相比之下，新媒体文案则时效性强，一旦创作完成并通过审核，即可迅速发布。以2022年北京冬奥会吉祥物冰墩墩为例，它在官方网站及各大社交媒体平台上一经亮相，便凭借纯洁、坚强、敦厚、健康的设计理念，活泼、可爱的形象，以及精妙的文字、吸睛的图片和有趣的视频等文案内容，迅速赢得了海量点赞与广泛转发，瞬间点燃了国内外消费者的购买热情。

必须注意的是，某些新媒体文案工作者为了追求快速产出内容而忽略了对内容真实性的考证，有可能误导用户并带来负面后果，一定要避免。

做中学 1-3

1. 请找出同一家企业或品牌在3种新媒体渠道上发布的文案，并进行比较分析。

2. 请思考一下近期网络上有哪些热点事件。如果你要推荐一款零食，能否结合其中一个网络热点事件进行创作？说说你的思路。

任务三 人工智能与新媒体文案写作

做中学 1-4

以下三道题中，每道题中有一句是人工智能创作的，有一句是人工文案。请你猜猜哪句是人工智能创作的。

1. 以下两句关于滑板鞋的文案，你觉得哪句更好？

A. 滑转童年时代，锁住美好记忆

B. 轮滑鞋，享受滑翔乐趣

2. 以下两句关于纯银手镯的文案，你觉得哪句更有趣？

A. 纯银手镯，十二花神守护她

B. 复古银手镯，彰显典雅女性

3. 以下两句关于香水的文案，你更 pick 哪一句？

A. 清香淡香水，还你甜甜少女心

B. 小样 10 支香水礼盒，淡香清新自然

人工智能（Artificial Intelligence）是开发用于模拟、延伸和扩展人的智能的理论、方法及应用系统的一门新的技术科学。2017 年国务院印发《新一代人工智能发展规划》，明确将人工智能作为我国重要的发展战略。2022 年美国 OpenAI 推出的聊天机器人 ChatGPT 用生成式人工智能技术创新应用，对人类思维和工作生活方式产生了颠覆性影响。2024 年文生视频大模型 Sora 横空出世，带给人们前所未有的震撼。随着新一代人工智能在内容创作领域的突破，人们不禁要问：在人工智能时代，人类还需要写作吗？

一、认识人工智能写作

（一）人工智能写作的兴起

案例阅读

电商平台中的人工智能写作系统

人工智能写作，又称“机器人”写作，即利用人工智能技术生成文本。依托自然语言处理技术，人工智能能理解我们的自然语言，并根据给出的主题或提示词，生成连贯且逻辑清晰的文字。这一技术的初衷是将人类从低级重复的操作中解放出来，让人有更多时间和精力去创造具有深度与温度的内容。早在 2014 年，《洛杉矶时报》就通过 Quakebot 在地震发生后的 3 分钟内就完成了相关报道的写作和发布。在国内，新华社的“快笔小新”、《南方都市报》的“小南”、《四川日报》的“小封”等智能写作机器人也层出不穷。如今，随着互联网、大数据技术的进

步，以及新媒体市场的增长，百度、阿里、腾讯、字节跳动等巨头推出了各自的人工智能写作工具，如今它们已成为文字工作者提高效率的得力助手，帮助其润色语言、调整结构、补充素材等。

（二）人工智能写作的原理

人工智能写作与其说是写作，不如说是信息收集后的编辑与排版。自计算机问世，人们便着手研究利用机器语言处理自然语言，推动计算机依据人类指令处理文本。作为人工智能技术应用的拓展，人工智能写作的核心在于云计算与大数据分析。简单地说，人工智能要实现自动化写作分别需要软件程序员、数据源、编辑、出版者四方共同参与。程序员负责创造算法，数据源提供原始素材，编辑和出版者可以是同一个人，作用是监督人工智能写作的运营并筛选内容。

（三）人工智能写作的优势

科技改变生活，尤其在文字工作领域，科技的进步极大地减轻了文字工作者的负担。人工智能写作具有以下四大优势：

1. 提升信息收集能力

以往，文字工作者需要耗费大量时间阅读并筛选信息以获取创作素材。而今，借助人工智能写作工具，文字工作者不仅能更有针对性地查找资料，还能在人工智能与大数据的支撑下获取更为丰富、多元的素材，拓宽了创作的视野和深度。

2. 生成不同类型文章

人工智能具有高度的灵活性，能够轻松驾驭各类文章的撰写。无论是教育、医疗、科技、商业，还是文学领域，都能游刃有余；无论是新闻报道、产品说明、品牌故事，还是小说、诗歌、散文、科研报告、学术论文，都能一一应对。同时，人工智能写作工具内置的查重功能也有效保障了文稿的原创性。

3. 缩短了写作的时间

凭借其强大的数据处理能力，人工智能能迅速筛选并整合信息，生成结构清晰、逻辑严密的文章。在“6・18”“双 11”等大促销期间，人工智能写作系统更是成为商家的得力助手，助力他们提升效率、降低人力成本。

4. 具有数据分析功能

传统的文字创作者主要依赖经验、主观感知和部分读者反馈来了解受众的感受，并据此调整写作风格和表达重点。但是，通过人工智能写作大数据运算和分析，他们能够全面洞察受众的整体感受，精准描绘用户画像，并选择相应的模板进行个性化的写作调整。

（四）人工智能写作的局限性

人工智能浪潮席卷写作领域，虽极大地提升了文字工作者的工作效率，但它终究只是辅助工具，无法取代人类。人工智能写作的局限性显著，且短期内难以突破，同时还触及科学伦理的边界。

1. 缺乏深度思考的能力

尽管人工智能写作在数据处理和分析上取得了显著进步，能够胜任部分文案的生成，但它是按照人类编辑的程序和流程执行的，不会自主地产生独立思考能力，无法产生具有原创性的内容。

2. 缺乏情感上的感知力

由于人工智能的工作完全依赖预设的程序、算法以及大数据的支持，因此它无法站在情感需求和认同的角度为受众创作，容易导致内容同质化、情感表达生硬。在［做中学1－4］三道题中，A选项是文案工作者创作的，B选项是人工智能创作的。我们可以感受到，人工智能虽然能够完成撰写文案的任务，但其文案远没有新媒体文案工作者创作的文案细腻感人。

3. 缺乏深入的探索能力

人工智能写作并没有深入的探索、调查能力，虽然能根据指令生成一篇文稿，但却无法挖掘社会热点背后的真相，无法解释社会深层次的问题。

4. 可能存在错误信息和杜撰信息

一方面，人工智能大模型因结构和机制存在漏洞，有被恶意攻击的风险；另一方面，其知识表达和学习模式还存在缺陷，所以它们在回答过程中可能会出现常识性错误、杜撰信息及虚构知识。因此，人工智能生成的内容不能原封不动地使用，而需要经过修改、润色，并核对信息以确保其准确性。

二、人工智能时代的新媒体文案工作者

由于人工智能慢慢融入我们生活的方方面面，并在一些领域逐步替代人类的工作，因此引发了一些恐慌和忧虑。但正如大阪大学的教授石黑浩所说，“我们要重视技术，但是不用对技术盲目崇拜”。人工智能可以在“理性＋标准化”的工作领域内大显身手，但是“非理性＋非标准化”的工作职能则只能由人类完成。说到底，人工智能只是一种技术迭代，是对媒介生产力的促进，而并不是对人的替代。

（一）文案工作者的写作优势

1. 具备真实情感与深度理解能力

文案工作者不仅能够深入探索复杂的情感世界，捕捉细微的心理变化，并展现人类经验的多样性，而且能够基于个人的生活经历、文化背景和情感状态，创作出富有感染力和共鸣力的作品。相比之下，尽管人工智能在情感模拟方面有所突破，但其理解和表达的深度与细腻度仍无法与人类相提并论。

2. 拥有无限的创造性和想象力

文案工作者能够跳出常规思维的束缚，创造出新颖独特的故事情节、角色设定和世界观。这种原创性是人工智能所难以企及的，因为人工智能的“创作”往往依赖于已有数据的重新组合和模式识别，缺乏真正的原创性。

3. 具有文化敏感性和适应性

文案工作者不仅能深入理解并尊重各种文化，而且能充分考虑文化背景、社会习俗和语境差异，在作品中巧妙地融入文化元素和符号，确保作品在不同文化环境中都能得到恰当的理解和接受。而人工智能在处理跨文化内容时，可能会因缺乏足够的文化敏感

性和适应性而出现问题。

4. 语言表达的丰富性和灵活性

文案工作者在语言表达上更加灵活多变，能够根据语境、读者群体和目的选择合适的词汇、句式和修辞手法，使作品更加生动、有趣且易于理解。相比之下，人工智能在语言表达上往往受到训练数据和算法设计的限制。

5. 充分考量伦理和道德因素

文案工作者能够自主判断并避免创作涉及敏感、争议或有害的内容，确保作品内容符合社会价值观和道德规范。而人工智能在缺乏明确指导和监督的情况下，可能会生成不符合伦理和道德标准的内容，需要我们进行干预和纠正。

（二）新媒体文案工作者的知识结构

1. 基础知识

基础知识是写作者知识大厦的根基，只有根基坚实，才有可能延伸到创新能力和应变能力。基础知识主要包括社会文化基础知识和自然科学基础知识。新媒体文案工作者掌握社会文化基础知识，能提高对问题的分析和判断能力，树立健康的人生观和价值观，了解本民族的文化和精神，并准确把握不同国家的文化特点，从而更好地适应文案工作的需求。自然科学基础知识可以使写作者紧跟飞速发展的时代，提高工作效率。

2. 行业知识

随着社会的发展，各行各业也在不断发展变化。新媒体文案工作者需要积极关注行业动向，积累行业知识，不断补充新知识，确保写出的文案具有专业性。如从事手机品牌的新媒体文案工作者需要了解各参数背后的意义、具体的硬件工艺等，这样写出来的文案更具说服力，更能体现专业度。新媒体文案工作者可以通过杂志、专业的报纸与网站、行业发展报告来关注行业发展动态，同时还要了解国家引导行业发展的政策法规，以便对行业发展做到预判，寻找机遇，规避风险。

3. 专业知识

新媒体文案工作者应深入学习和阅读更多与专业相关的书籍，比如广告学知识、传播学知识、心理学知识等。新媒体文案工作者即使没有系统学习，也应有意识地涉及和积累专业知识，并不断在新媒体文案工作中进行实践。

（三）新媒体文案工作者的能力素质

1. 学习能力

学习能力是学习的方法与技巧，是指以快捷、简便、有效的方式获取知识信息，加工和利用信息，把新知识融入已有的知识，分析和解决实际问题的能力，它是所有能力的基础。鉴于当下技术和数据科学领域的快速发展，持续学习变得尤为重要。在人工智能生成内容（Artificial Intelligence Generated Content，AIGC）领域，这意味着要持续关注最新的研究成果、技术进展和行业动态。只有通过不断学习和实践，才能保持知识的更新、技能的提高，才能适应不断变化的环境，保持竞争力。

2. 写作能力

优秀的写作能力不仅意味着要掌握文案的语法和逻辑，把控文案的语言风格，具备扎实的文字功底，而且还要紧跟新媒体潮流，具备选题和策划能力。比如，优秀的新媒体文案工作者一定要培养自身对选题的敏感度，保持对时事热点、社会问题、行业动态和消费者需求的关注与洞察，并挖掘独特的写作角度，只有这样，才能使文案在信息洪流中脱颖而出。

3. 平台运营能力

作为新媒体文案工作者，熟知各平台的运营规则非常重要。只要掌握了不同新媒体平台爆款文章的特点，就能和人工智能一起创作，写出爆款文章，实现涨粉和变现。比如，微信公众号和知乎等不同平台的用户喜好和阅读习惯各异，新媒体文案工作者要根据平台的特点来调整标题、配图和内容的呈现方式，以此来吸引更多的读者关注和互动。

4. 提问能力

在人工智能时代，提出问题比解决问题更重要。新媒体文案工作者要提出正确的问题，撰写精确的提示词，然后引导 AI 去寻找解决问题的方案。如果不能准确地提出问题，不能给 AI 下达精准的指令，即使 AI 再强大，也没有办法发挥价值。

5. 创意能力

创意能让文案深入人心并引起人们的注意。据统计，绝大部分的网络流行词汇都是由新媒体编辑创造出来的。为了具备创意能力，新媒体文案工作者要保持对生活的好奇心和对事物的敏感性，跳出常规去拥抱新体验，从直觉中寻找灵感，从文化中汲取营养、提炼概念。

“源浚者流长，根深者叶茂。”文化是创意最深沉、最持久的力量，新媒体文案工作者如果能从中华优秀传统文化中汲取营养，就容易实现有创意的表达。图 1－9 是义乌市容艺文化创意有限公司为义乌市新时代文明实践中心做的品牌创意设计：两条交错的高架桥与一轮红日构成“文”字，象征着义乌经济近年来的高速发展。文案中的设计元素与人物动态巧妙结合，生动地呈现出一个乐观向上、拥抱未来的人物造型，既代表了义乌人“敢为天下先”的开创精神，又体现了义乌人对美好明天的向往。人物高举红旗，让“义”字巧妙转为“文”，不仅展现了义乌的人文底蕴，而且呼应了“新时代文明实践中心”的主题；色彩采用中国红的主题色，代表了热情与希望，体现了志愿服务的人文关怀与互助精神。可以看出，吸收中华优秀传统文化，可以帮助企业开拓思维，助力企业为客户和社会提供有效的策划和价值。

扫码看彩图

图 1－9　义乌企业的品牌创意设计

三、人工智能赋能新媒体文案写作

做中学 1-5

你认为人工智能在写作中扮演了什么角色？

（一）人工智能的角色

要想正确运用人工智能，首先要正确认识人工智能的角色。随着技术的不断发展，人工智能在写作领域发挥着越来越重要的作用，它能整理资料、激发灵感、优化语言、生成内容，然而我们不可过度依赖它。人工智能如同我们背后的智囊团，汇聚各领域顶级高手，与我们共商对策。总之，人工智能写作是时代发展的必然产物，我们应正视现实，合理利用其优势，注重人机协同，从而更好地实现写作的需求。

（二）人工智能写作工具

现在的人工智能写作工具众多，它们利用自然语言处理和深度学习技术，能够辅助或自动生成多样化的文本内容。这些工具各具特色，用户可依据自身需求和偏好，选择合适的工具进行文本创作。值得注意的是，随着技术的日新月异，新的工具和平台不断涌现，新媒体文案工作者需持续关注行业动态，紧跟最新资讯。以下是一些常见的人工智能文本写作工具。

1. 国内工具

（1）文心一言。文心一言是百度研发的知识增强大语言模型。该模型基于深度学习技术，拥有广泛的知识范围和强大的语言处理能力，能够与人对话互动，帮助用户获取信息，广泛应用于文学创作、商业文案、数理推算、中文理解等多个领域，高效助力用户的表达与创作。2024 年，文心一言 App 升级为文小言。

（2）通义 / 通义千问 / 通义听悟。通义是阿里云推出的大模型系列的总称，旨在通过大规模的数据训练，实现对自然语言的理解和生成能力，以满足不同场景下的应用需求。

通义千问是通义大模型系列中的一个具体产品，主要是一个大型的语言模型，可以用于撰写文章、创作故事、解答问题等。

通义听悟是针对语音识别与理解领域开发的产品，能将语音转化为文字并理解其内容，支持多语言的语音识别和转换，广泛应用于会议记录、语音助手、客户服务等场景。

（3）讯飞星火。讯飞星火是科大讯飞打造的认知智能大模型，拥有跨领域的知识和语言理解能力，具备语言理解、文本生成、知识问答、逻辑推理、数学题解答、代码理解与编写等多种功能。

（4）Kimi。Kimi 是北京月之暗面科技有限公司推出的智能聊天机器人，擅长处理多种文件格式，实现快速阅读与精准摘要，具有智能问答、长文总结和生成、联网搜索、数据处理、编写代码、翻译等功能，主要应用于专业学术论文的翻译和理解、法律问题的辅助分析等领域。

（5）智谱清言。智谱清言是北京智谱华章科技有限公司倾力打造的生成式 AI 助手，具备卓越的多轮对话能力、创意写作功底和代码生成技能。无论是学习辅导、文案创作还是技术编程，智谱清言都能提供有力支持。

（6）豆包。豆包是字节跳动公司精心研发的 AI 智能体，集聊天机器人、写作助手、英语学习助手、电商导购等多重功能于一身。它可以回答各种问题并进行对话，帮助人们获取信息。

（7）秘塔写作猫。秘塔写作猫能根据用户输入的关键词或主题，快速生成符合要求的文本内容。它不仅可以撰写各类方案报告、电商种草文、广告语、作文、小说，提供素材、寻找灵感，还集成了语法检查、词汇增强、句子优化等功能，帮助写作者快速纠错与丰富表达。

（8）腾讯元宝。腾讯元宝是基于腾讯自研混元大模型的 AI 产品，支持微信搜一搜、搜狗等搜索，具备 AI 总结、多轮对话整理报告、口语陪练、翻译及创建个人智能体等功能，旨在为用户提供便捷、高效的信息处理和个性化交互体验。

（9）DeepSeek。DeepSeek 是杭州深度求索人工智能基础技术研究有限公司推出的 AI 助手，具备语义理解与多模态数据处理能力，可为用户提供精准的决策支持。目前，该模型在推理、自然语言理解与生成、图像与视频分析、语音识别与合成、个性化推荐、大数据处理与分析、跨模态学习以及实时交互与响应等领域表现出色。

2. 国外工具

国外的人工智能写作工具种类繁多，涵盖了文章创作、语法校对、文献管理及实时协作等多个方面，旨在提升写作效率和质量。其中，ChatGPT 尤为突出。作为 OpenAI 研发的自然语言处理工具，ChatGPT 凭借预训练中的模式与统计规律生成回答，能根据聊天的上下文进行互动，胜任论文、邮件、脚本、文案、翻译、代码等多种撰写任务，是广受认可的强大 AI 平台，能满足全方位文字需求。

在人工智能时代，我们拥有诸多强大的 AI 写作工具。不管使用哪种 AI 工具，AI 写作的底层逻辑都是相同的。我们在使用人工智能写作时，不能简单地复制回答，而是需要有自己的思路和逻辑，且要有判断正误的意识。

（三）人工智能写作基本步骤

一般来说，文案工作者在进行创作时会经历选题、立意、收集素材、选择素材、组织结构、写初稿、修改几个步骤。在人工智能时代，我们可以通过采用更简化的步骤，高效地写出优质的文章。

微课

AI 写作的基本步骤

1. 选择合适工具

每个人工智能写作工具都有各自的特点和优势。比如百度公司的文心一言、阿里云公司的通义千问，基于对国内语言文化和多场景应用的理解，拥有强大的本地化内容输出能力。

2. 撰写 AI 提示词

提示词是引导 AI 生成文章的指令，撰写精准的提示词是 AI 写作的关键。我们需要告诉 AI 希望它完成的任务，如撰写微信公众号的标题、抖音的直播文本，模仿小红书爆款笔记的风格写一篇小红书笔记等。只有让 AI 了解我们的需求，才能生成符合我们要求的内容。

3. 人机交互写作

在人工智能写作的过程中，不一定只通过一次提问就能生成我们想要的文章，也许需要多次提问，这个过程被称为“人机交互写作”。在人机交互写作的过程中，我们可以通过不断调整、修改、补充提示词，添加详细描述等方式，以便 AI 能更好地理解我们的意思，并生成更符合我们预期的文章。

4. 审阅、修改和润色

虽然 AI 写作能力越来越强大，但它仍然无法完全替代人类进行创造，比如，不少用户在体验 ChatGPT 时会发现它会自行篡改名著经典，或是在文章中引用根本不存在的文献资料，因此，在使用 AI 生成的内容时，我们需要仔细审阅并进行必要的修改，以确保语句流畅、逻辑清晰、没有错误的信息。另外，新媒体文案写作者可以结合自己的写作风格、个人经验和观点进行修改和润色，使文章更具有独特性和感情色彩。

（四）人工智能提问方法

微课

常用的 AI 写作提示词框架

虽然人工智能写作的步骤更加简单，写作的难度大幅下降，但是对于人工智能写作，关键是掌握提问方法——撰写 AI 写作提示词。只有善用提问技巧，才能有效引导 AI 生成符合预期的内容，提高写作效率。这里介绍使用 BROKE 模型来写提示词（见表 1－3）。

表 1－3　BROKE 提示词框架

字母缩写	单词含义	解释
B	提供背景（Background）	给 AI 提供充足的相关背景信息或情境，帮助 AI 更全面地理解我们的需求。
R	赋予角色（Role）	赋予 AI 一个特定的角色，如可以是小红书美妆达人、企业微信公众号的运营者、自媒体博主、学生、律师等。给 AI 设定角色，相当于 AI 会扮演这个角色，拥有这个角色的专业能力，采用这个角色的语言风格等。
O	描述目标（Objectives）	描述希望通过 AI 达到的最终目标，比如写一篇关于“读书变现的五大方式”的小红书爆款笔记。
K	关键结果（Key Results）	阐述所期望的具体效果，设定项目成功的关键指标。
E	优化改进（Evolve）	通过改进输入、改进答案、重新生成的方法来优化 AI 的回答。

例如：当我们需要 AI 协助撰写关于养生茶的朋友圈文案时，假如直接输入具体要求而不采用提示词模型，往往所得文案虽然不错，但内容稍显空泛，缺乏个性化的细腻描述与深入的针对性。

问：

请帮我写一个养生茶的朋友圈文案。

AI：

在这个快节奏的生活中，别忘了给自己的身心放个假，一杯精心调制的养生茶，就是最好的温柔以待。

精选自然之馈赠，融合古法智慧与现代养生理念，每一叶，每一瓣，都蕴含着大自然的纯净与力量。不仅暖身，更暖心。

清晨，一杯菊花枸杞茶，明目养颜，唤醒沉睡的活力；午后，来壶普洱，消食解腻，静享午后闲暇；夜晚，则宜喝一杯薰衣草柠檬茶，安神助眠，伴你进入温柔梦乡。

养生，不只是一种生活态度，更是一种自我呵护的仪式。让我们在忙碌与喧嚣中，找到属于自己的那份宁静与平和，从一杯茶开始，滋养身心，优雅老去。

但是，如果尝试运用 BROKE 模型来进行提问，告诉 AI 写作的背景，为它设定好角色，明确我们想要达到的目标和效果，AI 不仅能够更加系统地组织思路，还能确保文案既包含丰富的信息，又富有创意和个性化色彩。

值得注意的是，在 AI 提问中，使用分隔符号是一项实用技巧。引号、括号、特殊字符等分隔符号，能有效划分不同的信息块。巧妙运用分隔符号，不仅能让问题表达更清晰，还能帮助 AI 更准确地识别问题结构，理解我们的需求。

问：

背景：近年来，欧美国家十分推崇向我国学习喝茶，因为多项研究证实，喝茶有益健康。其实除了绿茶、红茶、花茶，我国传统医学还讲究喝养生茶。

角色：现在你是一个擅长在朋友圈写作销售文案的专家。

目标：要写一条关于养生茶的朋友圈文案。

关键结果：

1. 目标人群主要是上班族，年龄在 30 ～ 50 岁。
2. 养生茶的功效是缓解疲劳。
3. 我希望突出养生茶的原生态、健康、口味多样化的特点。
4. 文案的字数不超过 200 字，语言轻松自然。

AI：

忙碌之余，给身心一个绿色拥抱！上班族专属养生茶，源自自然馈赠，无添加原生态，为你的健康加分！

疲惫时刻，一杯温润入喉，不仅提神醒脑，还能深层缓解压力与疲劳。多种口味随心选，从清新绿茶到温润红茶，再到花香四溢的花草茶，总有一款能触动你的心弦。

30 ～ 50 岁的你，值得拥有这份来自东方的养生智慧。让每一口茶都成为滋养身心的温柔力量！

在 BROKE 模型中，环节 E（优化改进）扮演着举足轻重的角色，它不仅是提升整体效能的关键步骤，还承载着对细节精益求精的追求。比如，可以对核心概念、语言描述、情感表达等做出细化要求。

问：

你写得很好，是否可以再突出一下养生茶的健康理念？

AI：

当然可以，让我们在保留原有精髓的基础上，再强化一下养生茶的健康理念：

忙碌之中，不忘呵护自我，一杯养生茶，是给自己的最佳奖励！精选天然原料，拒绝化学添加，每一口都是对健康的承诺。

在高压的职场中，养生茶不仅是解渴之选，更是你抵抗疲劳、提升免疫力的秘密武器。它的每一片叶子都蕴含着自然的智慧，助你找回生活的平衡与健康。

30～50 岁的你，正值人生盛年，更应注重身体的养护。让养生茶成为你日常的小确幸，不仅滋养身心，更传递出一种积极向上的生活态度。

问：

我希望字数可以再精简点。

AI：

忙碌生活，一杯养生茶，自然之选，健康承诺！

拒绝添加，精选原料，每口都是对身体的呵护。

职场高压，养生茶助你抵抗疲劳，提升免疫力，找回生活平衡。

30～50 岁的你，值得拥有这份来自自然的健康力量！

问：

现在的文案读起来有点生硬，是否可以感性点，更能引起大家的共鸣？

AI：

当然可以，让我们用更感性的语言来触动心灵：

在忙碌的间隙，泡一壶养生茶，让心灵与身体都得以休憩。这不仅是一杯茶，更是对自己的一份温柔关怀，是忙碌生活中的一抹温柔绿洲。

职场风雨，养生茶如同知己，默默陪伴，为你驱散疲惫，让你重拾力量。每一口都是自然的馈赠，让健康的理念深植心田。

30～50 岁的你，正是人生旅途中的精彩篇章，不妨让养生茶成为你的伴侣，共同书写健康与美好的故事。

从上面的案例可以发现，AI 有联系上下文的功能。在进行人机交互写作时，可以多次提问，不断优化，之后新媒体文案工作者再结合 AI 生成的内容，进行最终的修改和润色。总之，AI 是一款强大的辅助工具，新媒体文案工作者借助 AI 写作，可以提升内容创作的效率，节省大量的时间和精力。当然人工智能虽然强大，但它终究只是一个工具，其输出的质量在极大程度上依赖于我们给予它的指令和提示的精准度与深度。只有当我们熟练掌握了运用 AI 写作工具的技巧，善于提出既明确又富有启发性的问题时，才能更有效地引导 AI 生成既符合我们预期又蕴含丰富创意的内容，从而显著提升写作的效率与质量，让技术与人文的融合绽放出更加璀璨的光芒。

示范操作

如何借助 AI 快速获得灵感

项目小结

新媒体的概念不是一成不变的。技术在进步、市场在更新，新媒体的具体所指也在不断演变。每个时代都有自己的新媒体，今天的新媒体在未来会被更为创新的媒体形态代替。

新媒体文案是人们在不同新媒体平台上用文字体现广告创意和内容的文字表达。它不仅是文案的一种具体类型，而且是影响力越来越大的一种类型。与传统文案相比，新媒体文案发布成本较低、传播渠道多元、表现形式丰富、互动性更强、目标人群更精准、传播速度更快。

人工智能是一种技术迭代，并不是对人的替代。人工智能有助于把新媒体文案工作者从繁重、重复、低层次的劳动中解放出来，转而从事有更高创新要求的工作。人工智能写作的优势是信息收集能力强、能生成不同类型的文章，缩短了写作的时间、具有数据分析功能等。新媒体文案工作者的写作优势是拥有真实的情感，能深度理解，具备无限的创造性和想象力，有文化的敏感性和适应性，语言表达较为丰富灵活，且有伦理和道德的考量。

人工智能写作是时代发展的必然产物，新媒体文案工作者一方面要正视人工智能发展的现实，合理利用其优势，注重人工智能与人类创作者的协同合作，从而更好地实现写作的需求；另一方面也要积极应对人工智能发展的趋势，提升自己的创造力和洞察力，增强竞争力。

知识检测

综合实操

1. 实训任务

“宜居宝”新推出一款魔术拖把，其卖点有：使用升级加厚的铝合金杆，防锈耐用，手感圆滑不伤手；集扫、刮、擦功能于一体，高效清除水痕、尘埃、油渍等污渍；一冲即净，保持双手干净无污；手柄伸缩自如，刮头可灵活旋转，方便触及沙发底、床下等难以清扫的区域。请根据上述内容，尝试使用 AI 写作工具生成一篇软文。

2. 实训指导

实训指导

魔术拖把
软文写作

素养园地

2023 年 7 月，国家互联网信息办公室联合发展和改革委员会、教育部、科学技术部、工业和信息化部、公安部、国家广播电视总局公布的《生成式人工智能服务管理暂行办法》规定：提供和使用生成式人工智能服务，应当遵守法律、行政法规，尊重社会公德和伦理道德。鼓励生成式人工智能技术在各行业、各领域的创新应用，生成积极健康、向上向善的优质内容。

2024年7月，中国共产党第二十届中央委员会第三次全体会议研究了进一步全面深化改革、推进中国式现代化问题，会议科学把握人工智能发展规律和特点，明确提出"建立人工智能安全监管制度""完善生成式人工智能发展和管理机制"的要求，体现了统筹人工智能发展和安全的客观需要。

对于新媒体文案工作者而言，在运用AI写作时，必须严格遵守相关的法律法规与道德规范，确保技术应用不偏离正确的轨道。一方面，充分发挥AI写作技术的正向效能，借助其强大的数据处理能力与高效的创作速度，赋能文案写作，生成更多优质、富有价值的内容，提升文案创作的质量与效率；另一方面，细致审视AI生成的内容，确保内容积极健康、合法合规、尊重知识产权、符合社会公序良俗等要求。唯有如此，AI写作技术才能真正成为文案创作者的得力助手，而非法律与道德的盲区。

课赛融通

全国大学生新媒体创意大赛创办于2013年，由北京北大方正电子有限公司携手众多新闻出版领域行业协会、业界知名企业共同主办。大赛以"激发创意，培养新媒体人才"为宗旨，致力于为新闻传播、编辑出版、数字出版、网络与新媒体、广告、数字媒体艺术、艺术设计、视觉传达、影视传媒、动漫、文学等相关专业的大学生提供一个展示新媒体创意和实践能力的平台，帮助大学生提高新媒体素养以及全方位策划、创意、设计、构思、制作和运营等能力。

大赛吸引了全国五百余所高校数万名师生的积极参与，累计征集到近万部充满创意和视角新颖的作品。这些作品涵盖了文字、图片、视频、音频等多种形式，充分展现了新媒体的多样性和创新性。参加大赛不仅为大学生提供了锤炼新媒体技能与素养的宝贵机会，还促进了跨校际、跨专业学子间的深度交流与竞技，共同推动彼此能力的飞跃与成长。

项目二

新媒体文案写作方法

学习目标

知识目标

1. 了解新媒体文案的灵感来源。
2. 掌握新媒体文案的成文过程。
3. 厘清新媒体文案的写作逻辑。

能力目标

1. 具备确定新媒体文案选题思路的能力。
2. 具备进行新媒体文案创意输出的能力。
3. 具备使用人工智能工具创作文案的能力。

素质目标

1. 提升审美素养，自觉为社会传播正能量。
2. 树立正确的世界观、价值观和人生观。
3. 增强创新精神，培养创意思维。

引导案例

国潮茶饮：以文化自信引领品牌文化新风尚

新媒体时代，品牌文化的塑造和传播变得越来越重要。“国潮”作为新消费时代的营销与消费热词，不仅革新了品牌的营销策略，还引领了市场消费潮流。

茶是中国文化的一大标志性符号。随着“秋天的第一杯奶茶”现象的火爆，众多茶饮品牌纷纷探索将深厚的传统茶文化与现代时尚元素相融合的创新路径。以茶颜悦色为例，作为一家融合了传统茶文化和现代潮流的新中式鲜茶品牌，它以独特的品牌理念和文化自信，成功吸引了大量消费者的关注和喜爱，其品牌文案不仅传递了产品的特点，更传达了品牌的文化内涵和价值观。

1. 文化根源的强调

“我不源于英伦午茶，我也做不来美国派，我更不效仿日式茶道，我钟情于中国4700年的茶文化。”开门见山，茶颜悦色明确表达了自己的品牌定位——根植于中国深厚的茶文化。通过对比其他茶文化（英伦午茶、美国派、日式茶道），茶颜悦色强调了自己的独特性和不可替代性。这种文化自信不仅让品牌与众不同，也唤起了消费者对中华优秀传统文化的认同感和自豪感。

2. 现代潮流的融合

“我也大爱潮范十足的现代中国风。”这句话巧妙地将传统文化与现代潮流结合起来，展现了茶颜悦色的创新精神。通过“潮范十足”这个词组，茶颜悦色传达了一种年轻、时尚的品牌形象，吸引了年轻消费者的关注。这种结合不仅符合现代消费者的审美需求，也体现了茶颜悦色对中华优秀传统文化的现代解读和创新表达。

3. 原创性和独立性

“要东西，不盲从，敢不同，原创自设计。”这句话强调了茶颜悦色的原创性和独立性。在当今市场上，很多品牌往往盲目跟风，缺乏自己的特色。茶颜悦色则明确表示自己不会随波逐流，而是坚持原创设计，保持独特的品牌个性。这种态度不仅赢得了消费者的尊重，也树立了品牌的独特形象。

4. 品牌人格化

“我是性感可人的‘新中式鲜茶’，我是天生不一样的‘现代茶舍’，我姓‘茶颜’名‘悦色’。”通过使用第一人称“我”，茶颜悦色将品牌人格化，使其更具亲和力和感染力。这种表达方式不仅拉近了品牌与消费者的距离，也让品牌更加鲜活、立体。同时，通过对品牌名称的解释（姓“茶颜”名“悦色”），进一步强化了品牌的身份认同感。

由此可见，文案创作之所以能触动人心、脱颖而出，其核心在于深入挖掘并融合中华优秀传统文化精髓，塑造独特的文化视角与坚定的文化自信。精确而富有想象力的文字能够有效传达理念与价值，不仅能获得消费者的广泛认可，还能构建起深刻的形象认知。对于新媒体时代的文案创作者来说，这提供了重要的启示：只有真正扎根于文化土壤，不断创新和表达，才能在激烈的市场竞争中立于不败之地。

敲黑板　划重点

在这个信息爆炸的时代，新媒体文案成为连接品牌与受众的重要桥梁。优秀的文案创作，始于精准的选题。它需要洞察市场趋势，捕捉用户需求；需要条理清晰的逻辑，让读者一目了然；需要独树一帜的创意，让人记忆犹新。而今，随着技术的进步，人工智能工具也开始为文案创作提供强有力的支持，无论是数据分析助力选题决策，还是智能校对提升文本质量，都使得新媒体文案的创作更加高效、精准。在这个过程中，创作者与技术的结合，不仅加速了创意的实现，也让每一篇作品都能更好地触达目标受众，实现情感共鸣。让我们一起探索如何运用这些原则和工具创作出既有深度又有温度的新媒体文案吧！

知识精讲

任务一　新媒体文案的灵感养成

侦探小说的情节设置往往悬念迭起、逻辑缜密，那么侦探小说家们是如何做到如此高产又如此受读者欢迎的？答案就是灵感。灵感是指在某一瞬间产生的富有创造性的突发性思维状态。文学史上许多知名作家都有自己获取灵感的方式，比如村上春树热衷长跑、巴尔扎克爱饮咖啡。新媒体文案工作者在创作过程中势必会遇到困难，因此需要一系列技巧来激发灵感。

一、阅读积累，下笔有神

写作能力的根本在于阅读能力。阅读是收集信息、认识世界、发展思维、获得审美体验的重要途径，是一个信息输入的过程；写作是运用语言文字进行表达和交流的重要方式，是进行创造性表述的过程，是一个信息输出的过程。对于文案创作者来说，阅读不是随性而为的消遣娱乐，而是目的明确的坚持任务。

（一）文本细读

文本细读是指对一部作品进行反复研读，于有疑处推敲，于无疑处质疑。这种方法看似笨拙却十分有效，能够帮助我们梳理作品的脉络，体味谋篇布局和遣词造句的精妙。知名作家刘心武就提倡用文本细读的方式来阅读《红楼梦》。书中对林黛玉的丫鬟雪雁着墨极少，雪雁第一次随黛玉进贾府，贾母说她“一团孩气”，而行文至第五十七回“借丧服”时，雪雁已经能够审时度势、随机应变了。这样的细节，如果不是文本细读，很容易被遗漏。

（二）检视阅读

文本细读一般适用于久经考验的经典作品，在如今快节奏的生活方式下，面对海量的书籍，文案创作者可以选择具备明确目标的“检视阅读”。检视阅读是指在较短时间内迅速抓住一本书的重点，解决两个问题：应不应该读这本书，这本书在谈什么。一般来说，检视阅读的方法有三种：

（1）看书名和序言。帮助归类，了解作者创作的背景和角度，判断是否属于需要的读物类型。

（2）看目录。系统概括整本书的内容，找出全书的逻辑框架和知识要点，帮助我们判断这本书能否让人获取新知。

（3）随机挑选段落阅读。感受作者的语言风格，尤其要看书的结尾，一般作者在结尾几页都会对全书的内容做总结。

学中做 2-1

尝试运用“检视阅读”的方法快速阅读本教材，并对本教材的主要内容进行概括。

（三）素材储备

《我的职业是小说家》一书中提到作家的脑袋里配备着一个“大型档案柜”，档案柜的一个个抽屉里塞满了形形色色作为信息的记忆，他一边写小说，一边根据需要拉开相应的抽屉，取出里面的素材。同理，新媒体文案工作者想要搭建这样一个“大型档案柜”，就必须在阅读的过程中有意识地积累素材，以备创作之需。

1. 储备表达方式

表达方式是指作者把所思所想用文字展现出来的方式，包括词汇、修辞手法、句式、句型等，它决定着作者与读者之间交流的风格与特色。在日常看书时可以把觉得写得好的句子摘抄在小本子上，一遍遍反复看，让这种表达方式内化于心。

2. 储备看法观点

新媒体技术的发展，使每一个普通人都有机会在网络上发表自己的看法。这样的现状，一方面为文案创作者们收集观点、储备看法提供了取之不尽的素材，另一方面也对其甄别、筛选、归纳、整理的能力提出了更高的要求。所以，在储备看法观点上，需要具备清晰的思路，去粗取精、去伪存真地选择优秀素材，屏蔽掉对写作无意义的“噪声”。

案例阅读

提倡勤俭节约，鼓励合理消费

二、深度思考，懂得观察

在移动互联网技术发达的今天，大多数人习惯于阅读各种“标题党”文章，手指不停地划过模式化的短视频，不需要动用脑力就能感到放松，思考的机会越来越少，思考的能力逐渐退化。对于文案创作者而言，学会深度思考是提升写作能力的一门必修课。

微课
写作准备

举个例子，当你得知苹果公司出了一款有3个摄像头的新手机时，你会有什么反应呢？

第一层思维：太酷了，用来拍照一定棒极了！

第二层思维：3个摄像头拍出来的照片就一定比2个摄像头拍出来的照片好吗？

第三层思维：综合来看，3个摄像头在特定情境下拍出来的照片更好，其他情况下无明显优势。

第四层思维：同理，很多科技产品的革新都是在局部上有所突破，对特定情境和人群有显著吸引力，因此，广大消费者应保持理性。

从中可以发现，思维有4个层次：直觉思维、批判思维、全局思维、归纳思维，如图2－1所示。直觉思维是与深度思维相反的，是“浅层的”“直接的”“直觉性的”思维。换句话说，就是听到某件事或者思考某个问题时脑海中冒出来的第一个想法。批判思维是直觉思维的对立面，批判思维是深度思维的基础，如果浅尝辄止于直觉，“跟着感觉走”，就不会有更深层次的思考可谈了。全局思维是指没有任何一种观点是绝对正确的，只有站在全局的角度思考，权衡利弊，综合优劣，才能得到对问题的整体性认识。这不仅需要理性客观地斟酌取舍正反方观点，还要主动收集其他信息和资料。归纳思维是从一个个例推出普适性的规律。就像上面例子中谈到的，苹果手机不是唯一的年年推新的科技产品，所以我们能从中总结出这些产品的一般规律。

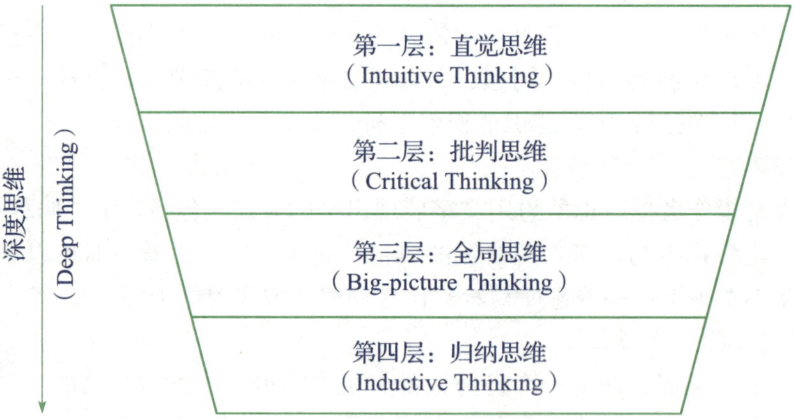

图2－1　思维的4个层次

学中做2-2

尝试运用思维的4个层次分析“朋友圈里有人说吃咸菜会致癌”的观点。

三、注意观察，发掘细节

进行深度思考的前提是掌握足够的信息和素材，只有这样才能进行系统的整理和判断。要掌握足够的信息和素材就需要学会“观察”。《福尔摩斯探案集》中描写夏洛克·福尔摩斯与华生的第一次见面，只是与华生握了个手，就推断出了他的身份。他先是细心观察了华生的状态，然后总结出医生、军人、皮肤被晒黑、受过伤这几个关键信息，将这些信息联系在一起，再调用自己的知识储备，得出了一个结论——华生是刚从阿富汗回来的军医。

在日常生活中，新媒体文案工作者可以通过训练来提升观察能力，比如尝试看名画，在一幅小小的画中，挖掘足够多的信息。训练观察力时，可以问自己 4 个问题：时间（When）、地点（Where）、人物（Who）、事件（What）。如图 2－2 所示的这幅画：

图 2－2　爱德华·霍普《自助餐厅》

（一）时间（When）

观察帽子的样式，左侧有樱桃饰品点缀，两边帽檐向下耷拉，这是典型的“钟形女帽”，1908 年发明，1920 年流行。女人穿着大衣表明天气不暖和，可能是寒冷的深秋或早春。窗外天已经黑了，路灯没有亮，只有店内顶灯的反光，因此很可能是深夜。

（二）地点（Where）

干净亮堂的室内，一张白色桌子，两把深色椅子，右下角的椅背可能是另一组桌椅的一部分。椅背后面的黄色把手，可能是通往楼下的楼梯。女人的后方还有一盘水果、一扇窗。1920 年左右，什么地方干净、有食物、关门晚、女性单独过夜还很安全？答案是自助餐厅。

（三）人物（Who）

一个孤身白种女人，身材不像未成年，但脸上也没有皱纹，所以年龄大概在 20 ～ 40 岁。根据桌子、椅子的比例来看，女人是正常身高。从手指、脖子和腿来看，女人是正常体重。手中的杯子不是玻璃杯，喝的应该是热饮，不外乎咖啡、茶、热巧克力，然而杯子里没有热巧克力通常会放的奶油，也没有茶包，所以咖啡应该是最有可能的。

（四）事件（What）

她喝着咖啡，面前有一个空盘子，说明已经吃掉了一些食物，所以很可能坐了有一段时间。

这幅画的作者是爱德华·霍普，他以描绘寂寥的美国当代生活风景而闻名。画的名字就叫《自助餐厅》，1927 年第一次展出，画中的女人是霍普的爱人。除了女人的身世无从知晓，其他推断出的信息丝毫不差，这就是观察的力量。

学中做 2-3

尝试运用艺术观察法分析图 2-3 所示画作。

图 2-3　待分析画作

任务二　新媒体文案的成文过程

新媒体文案的撰写是一项系统而复杂的工作，它要求创作者不仅有敏锐的洞察力和创新思维，还要掌握一定的技巧和方法。从选题切入、标题拟定到内容架构，每一个环节都凝聚着创作者的心血与智慧。

一、选题切入

微课

选题原则

选题是创作者对即将创作的文案内容的设想和构思，它决定了文案内容的主题和走向，也关系着公众是否会对文案内容产生兴趣，是完成一篇文案的第一步。因此，想要持续稳定地输出优质内容，文案创作者们需要掌握“找选题”的能力。

（一）找选题的原则

找选题，一定要和自己文案的定位相符，明确“我是谁”“我的内容给谁看”“我的内容能给公众带来什么价值、解决什么问题”。

1. 覆盖人群广泛

文案创作如果总是写日常琐事，阅读量一定不会太理想，因为大部分人感兴趣的话题不会是某个普通人的私事，而是像“人生道理”“认知提升”等这些公共话题。因此，创作文案之前，先想想选题的潜在阅读人数有多少，如果覆盖人群足够大，就有被广泛传播的可能性。

做中学 2-1

以下 5 篇文章是同一公众号写给职场人看的，试着将阅读量从高到低进行排序：

《那些财务自由的年轻人，都做对了什么》

《柳 ××：我的复盘方法论》

《一个人是否废掉，就看他下班后 5 个小时》

《管理的本质，是激发潜能和善意》

《日常安排工作，总有人不配合怎么办》

通过分析以上 5 篇文章的覆盖人群可以发现：《那些财务自由的年轻人，都做对了什么》的覆盖对象是想实现财务自由的年轻人，《柳 ××：我的复盘方法论》的覆盖对象是想学复盘的特定人群，《一个人是否废掉，就看他下班后 5 个小时》的覆盖对象是普通上班族，《管理的本质，是激发潜能和善意》和《日常安排工作，总有人不配合怎么办》的覆盖对象是企业的领导层与管理者。而在这些人群中，按照人数比例由多到少排序，分别是上班族、想实现财务自由的年轻人、想学复盘的特定人群、企业的领导层与管理者，因此阅读量会呈现出《一个人是否废掉，就看他下班后 5 个小时》>《那些财务自由的年轻人，都做对了什么》>《柳 ××：我的复盘方法论》>《日常安排工作，总有人不配合怎么办》>《管理的本质，是激发潜能和善意》的排序。这提醒文案创作者在有多个主题可以写时，应该优先选择人群覆盖面更大的主题。

2. 直击用户痛点

痛点是指完成某一行为的阻碍，是公众强烈渴望的刚需或非常反感的体验。简单来说，痛点就是让人恐惧害怕的东西。人类在漫长的进化过程中，通过生存的需要形成了趋利避害的特点，对于解决“痛点”的渴望愈发强烈。因此，做好选题的第二大原则就是能够击中公众的痛点。比如，害怕有头皮屑，就有了“去屑实力派，当然海飞丝”；爱吃辣易上火，就有了“怕上火，喝王老吉”；害怕午饭后回办公室时一嘴大蒜味，就有了“吃完喝完，嚼益达”……同理，想要创作公众争相阅读的文章，就要了解用户的痛点。

学中做 2-4

自行搜索微信公众号，尝试找出 5 篇“直击痛点”的推文，并说明解决的“痛点”是什么。

3. 激发分享欲望

一些选题天生“自带流量”，容易让人产生共鸣。比如《成都人有什么好得意的》《东北人也太有趣了吧》《广东人真是太太太太太好玩了》《山东人为什么爱用倒装句？没有吧我觉得》，这类文案基本每隔一段时间就在朋友圈刷屏。因为当人们看到与自己家乡有关的内容时，都会感觉有趣、有料、有身份认同感和归属感，因此也喜欢分享。一般来说，能够激发人类分享欲的动机有：利他心理、站队心理、提升形象和好奇心理。

（二）找选题的方法

1. 马斯洛需求法

马斯洛需求层次理论的基本内容是将人的需求从低到高依次分为生理需求、安全需求、社交需求、尊重需求和自我实现需求 5 种，如图 2－4 所示。从马斯洛需求层次理论出发，可以为寻找选题提供更多思路。

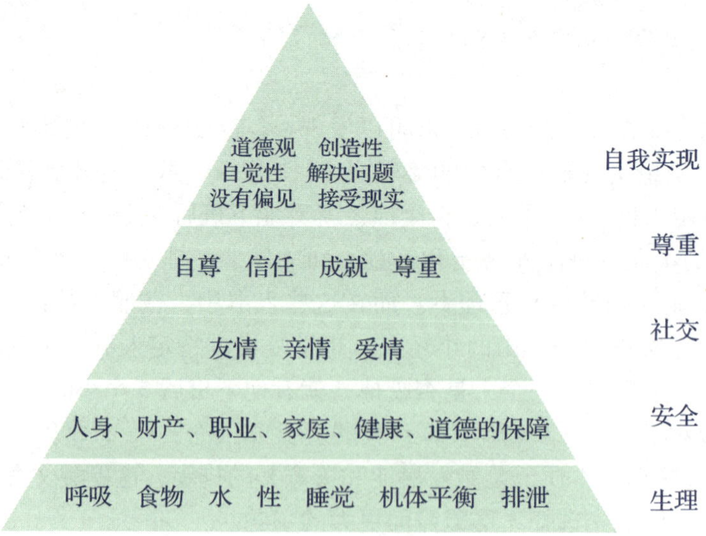

图 2－4 马斯洛需求层次理论

（1）生理需求：吃喝拉撒睡等人类的基础需求。比如，提到吃饭，想到外卖，可以写《那些被外卖毁掉的年轻人》；提到睡觉，想到熬夜，就可以写《那些被熬夜毁掉的年轻人》等。

（2）安全需求：人身安全、工作稳定、感情稳定、收入稳定、免遭疾病。比如，提到人身安全，可以写《为了安全，她们把头像改成中年猛男》等。

（3）社交需求：包括同事、同学、朋友、恋人以及家庭关系等。比如，牵扯到人际关系的话题，可以写《你的人际关系好不好，手机都知道》等。

（4）尊重需求：成就自我价值时的个人感觉，或是他人对自己的认可与尊重。比如，《面子不值钱，尤其是你能力不强的时候》《职场中的真正体面，是你的工作成绩》等。

（5）自我实现需求：追求个人理想、提升个人能力等。比如，《一个人在做喜欢又擅长的事时，是闪闪发光的》《一个人最大的成功，是做回自己》等。

2. 爆款借鉴法

10 万 + 阅读量的爆款文案能提供选题模板和灵感。比如“GQ 实验室”的文章《朋友圈九大未解之谜》很火，尝试利用发散思维我们就可以得到诸如《微商朋友圈九大未解之谜》《父母朋友圈的五大特征》《老师朋友圈不能说的秘密》等。另外，好的选题是能够跨越行业和领域限制的。某知名自媒体人早期的一篇爆款文案叫作《金庸、古龙、鲁迅会怎么写爸爸去哪儿》，这样的选题就可以迁移到其他领域，比如《特朗普、普京会怎么做公众号》《刘备、诸葛亮、曹操、关羽会怎么踢球》《当三国人物走进了法院》《三国人物谈职场法则》等。

3. 热点追踪法

热点追踪也叫“借势”，是一种常见的选题技巧，它的本质是利用公共话题产生的磁场，给文案带来更多流量。当一个热点出现时，公众的注意力就会聚焦其上，这时与该热点相关的内容就更容易被关注。

新媒体时代信息爆炸，每个人都有自己获取信息的渠道，微信、微博、抖音、哔哩哔哩、今日头条、知乎、豆瓣、虎扑等，如图 2 - 5 所示，“今日热榜”就将全网所有热点信息聚合起来，有效节省了公众获取热点信息的时间。在它的首页，我们可以查到各大主流平台的热点资讯，可以轻松追踪全网热点、简单高效阅读。

图 2 - 5 “今日热榜”

做中学 2-2

使用“今日热榜”找出近一周内的 5 个热点话题，查找相关文案，填写表 2-1。

表 2-1　一周热点及借势文案标题

序号	最近一周热点	借势文案标题
1		
2		
3		
4		
5		

热点并非产生了就可供创作者随意取用，在热点中挖掘与文案内容关联度高的元素，才是文案“借势”成功的关键。如何让热点与文案内容产生关联？这就需要“二次加工”，创造出关联点。比如，2020 年流行的游戏《集合啦！动物森友会》，因其轻松治愈的风格而受到大量用户追捧。面对这一热点，许多文案创作者借势进行“二次加工”，推出了不少优秀作品。情感类公众号“新世相”《一位猛男玩〈动物森友会〉的 39 条教训：我还是把快乐搞丢了》就从玩家心态的变化入手，探讨了“我们是怎样把好不容易获得的快乐，一步一步消磨掉的”这一生活命题。虽然在主题上借势游戏，但文案本质上还是在探讨成年人面对快乐时的矛盾态度，符合“新世相”一贯的情感类公众号定位。美食类公众号“艾格吃饱了”则从另一个角度来“借势”，在《动物森友会里的鱼要怎么吃？》里，向读者们提供了一份游戏专属版菜谱：“烤一烤竹荚鱼”“把鲫鱼切花刀，塞满香菇春笋火腿”……很好地体现了自身账号的优势和特色。

二、标题拟定

新媒体时代，浏览主动权已经转移到公众手中。面对大量的信息推送，再加上浏览时间有限，公众只能选择感兴趣的话题阅读，而标题决定了文案给人的第一印象。一般来说，读标题的人比读正文的人要多四倍以上。因此，每一篇优秀的新媒体文案都要对标题进行反复设计与优化。

做中学 2-3

打开微信公众号时，哪些文章会让你点击进入阅读？思考并谈谈你会出于什么样的原因点开或关闭一篇推文。

（一）新媒体文案标题的设计思路

新媒体文案标题拟定，可以从吸引力、引导力、表达力三个维度进行思考。

首先是吸引力。阅读新媒体文案与逛街购物类似，当人们在商场漫步时，那些设计有趣、装潢亮丽的店铺能够吸引更多的关注。文案标题也是如此。

微课

标题拟写

其次是引导力。好的标题不仅要吸引人们的注意力，还要能引导人们点击标题、浏览正文。

最后是表达力。大卫·奥格威曾表示，80% 的读者只看广告标题，不看正文，那么是否正确表达则影响公众是否阅读。

案例阅读

不做“标题党”

值得注意的是，新媒体文案标题要与内容相呼应，不能做“标题党”。断章取义、涉黄涉赌、歪曲事实甚至制造假新闻，会严重伤害品牌，甚至会触及法律红线。

（二）新媒体文案标题的拟定方法

对于不同类型的文案，好标题的标准也有所不同，但都有一个共同的准则，即标题内容与文案主题相一致。

1. 情感类标题

情感类文案的最大功能就是为用户提供“情绪按摩”：用户通过阅读此类文案，获得情绪共鸣、放松或宣泄。

（1）公众视角。以公众视角为主，标题的内容就像一句随时从公众嘴里说出来的日常话语，亲切而有共鸣。这类标题最大的特点就是以第一人称口吻陈述内容，语言简单平实，十分口语化。比如，“老板你看，这都是我帮你背过的锅”堪称职场人士的内心写照，“每天看群里的奇葩发言能把我气死”也是许多人会经历的。写出当代人内心的痛点，加上第一人称的叙事角度，就很容易让公众产生共情与代入感，产生点击的冲动。

（2）于我有利。标题中要体现与公众的关联，就需要洞察公众需求，在标题中加上清晰的利益点，让公众明确看完后的收获。比如，“不整容不开刀，五官不立体的女生怎么悄悄变美？”将利益点具体化到了“五官不立体”的女生，并且强调了“不整容不开刀”，这样的标题比“女生怎么悄悄变美”这种笼统的标题更能激发公众的点击欲。利益点可以通过对比的方式呈现，比如“纪念日礼物又送土味玩意？ 5 个心机技巧让他逆袭送礼高手”的标题就运用了对比手法突出文案带来的好处。

（3）“人生导师”。这类文案往往以过来人的身份传递情感方面的经验与技巧，给公众一种权威感和信任感。比如“对方总说再等等，恋爱到什么程度才可以结婚？ | 结婚的 100 种先决条件”，解答了大众对于“什么情况下才能结婚”的疑惑，以情感专家的身份给出“100 种先决条件”的解决方案。

2. 时尚娱乐类标题

时尚娱乐类文案的目标是为用户在平淡生活之余提供谈资，缓解压力。平淡的反面是起伏的情节和猎奇的故事，满足用户的好奇心。自然，相关文案的标题也应具备这样的元素。

（1）人称代词 + 戏剧冲突。标题中多用人称代词“他”“她”“这位”等，但并不透露文案的主人公是谁，会在标题中呈现强烈的戏剧冲突，从而引发用户关注。比如，“10

年不工作，却狂撒145亿买豪宅！这位韩国顶级男神是……”标题没有透露主人公，只是呈现出“10年不工作”和“145亿买豪宅”这样反差效果极强的细节，让公众忍不住猜测到底是谁。

（2）悬念+信息阶梯。这一类标题通过悬念制造出信息阶梯，即文案创作者掌握着读者不知道的秘密，激发公众的好奇心，从而提升文案的点击率和转发率。比如，“什么样的包，真正经得起时间考验”，则暗示了公众看完这则文案，能够掌握挑选一只永不过时的包的正确技巧。

3. 美食生活类标题

美食生活类文案的内容能够激发公众对于生活的热爱，进而产生购买欲并付诸消费。因此，这一类文案标题的首要职责就是营造出感官上的吸引力，让公众产生把生活打理得更好的欲望。

（1）多重感知。人类向来具有将视觉意象与语言文字关联起来的能力，也就是“多重感知”的天性。研究表明，通过语言表达的概念，只有能够在脑海中产生清晰的视觉意象，即所谓的“画面感”，才能真正被记住。比如，“艾格吃饱了”的文案标题“冬夜的命，都是靠滋滋作响的砂锅续的”，使用了通感的技巧，给用户带来听觉、视觉、嗅觉等多种模式的感受。

（2）权威背书。人们在打造理想生活时是需要一些参照或是标准的。因此，当某种生活方式或生活状态获得权威人士认可时，更容易获得关注与信任。比如，“英国王妃同款洁面膏，卸妆像‘磨皮’一样干净”的标题就通过英国王妃凯特的推荐来说明产品的神奇效果；“大半个娱乐圈都在戴的神仙帽，戴上立减5℃，隔离99%的紫外线”，通过娱乐圈明星的背书，体现一款遮阳帽的防晒降温功能。

（3）本质提炼。现代人有太多烦恼需要消除，有太多心理需要满足，有太多情绪需要宣泄。因此，在标题中进行形而上的本质提炼，更容易戳中公众的心。比如，“不开心的时候，就找泉州的老板炖只鸭子快递给我”，表明吃鸭子不仅是为了满足口腹之欲，更是一方治愈不开心的良药；企鹅吃喝指南的文案标题“日子太苦了，今天可以预约一点甜吗”则通过食物的甜来缓解生活的苦。

（4）直接比较。相比天花乱坠的描述与形容，比较是一种既直接又管用的标题撰写方法。比如，“吃过这枚凤梨酥，其他的都是将就”通过把文中的凤梨酥与其他品牌凤梨酥相比较，来凸显文中凤梨酥的美味；“它甜过世界上99%的水果，慕斯般口感好迷人”通过和其他水果的甜度比较，展现文案中介绍的释迦果的口感。而“××中的爱马仕”“××中的天花板”等这样类比的句式更是已经成为形容某种食物或物品优质的固定表达方式了。

4. 科技资讯类标题

科技资讯类文案一般都有特定的受众群体，主要功能是提供最前沿的信息，让公众掌握最新鲜、最即时的行业动态和数据分析。这类文案标题需要展现出专业、客观、直接的特点，罗列数据是不错的选择。

在标题中列出与文案核心内容相关的数据，能够让用户感到信赖。比如，虎嗅网的文案标题“追踪了783家创业公司5个月，分析了64.7万条数据，我们发现了10个有趣的现象"中共有"783家""5个月""64.7万条""10个"四组数据，让公众感到文案中追踪和分析的全过程，这样得出的结论是可信的。

5. 知识类标题

知识类文案强调信息增量，即能给公众带来什么，但同时又不能让公众觉得这些内容的理解成本很高，而是应该去降低获取新知的心理负担和脑力门槛。对此，就要化繁为简，在标题里对文案蕴含的知识点进行提炼。比如，"搞定你的即兴发言，用这一招就够了"，把做好一场即兴发言的要素归纳成一个妙招，很容易戳中用户想要"偷懒"的心理，提升文案的点击率。

学中做 2-5

一、思考下面的标题属于哪一种类型，运用了什么拟定方法。

1. 这些岭南冬季最妙的水果，皮薄甜脆，一咬爆汁
2. 下班后只想失联，饿了么不会向你推荐的下酒宵夜
3. 你的孤独，微信最清楚
4. 最有效的解压方式，两个字
5. 一年吃了1 000只面包，今年的面包榜单，来了｜企鹅吃喝指南2021版
6. 把餐厅开进美术馆，DA VITTORIO的新店做了什么菜？
7. 00后小花这么内卷，谁才是主角？
8. 在中国物价最高的城市，这些不超过9.9元的吃喝却精致得令人惊奇
9. 如果广州人最近不带你吃这个，那他和你一定不是真朋友

二、假如你是学校创业协会的新媒体负责人，今天校园创业大赛圆满结束，参赛的18支队伍中有5支获得投资、3支将代表学校参加国家级创业大赛。现在需要你推送一篇微信文章进行本次创业大赛的报道，请用所学的方法拟出5个标题，并分析哪种方法效果好。

三、内容架构

新媒体文案创作者常常会纠结于文采，但实际上，新媒体文案对于文采的要求并不高，如图2-6中的某母婴类公众号的一篇阅读量"10万+"文案，作者并没有用华丽的辞藻，只是用直白的语言把"做菜原因""制作过程""推荐理由"等说清楚而已。

（一）整体思路及步骤

创作新媒体文案，需要掌握一套清晰的流程，明确每一步该做什么。首先，需要明确文案的核心观点，即文章要向外界传递什么信息。观点，就像是文案的灵魂，它决定了文章的影响力有多大，辐射能有多远。其次，需要搭建文案结构，这就好比赋予了文案一具"骨架"，决定了文案呈现在读者面前的整体形态。结构散乱的文案会增加读者的阅读成本，阻碍核心观点的表达；有了结构之后，就可以往结构中填充适当的材料，可

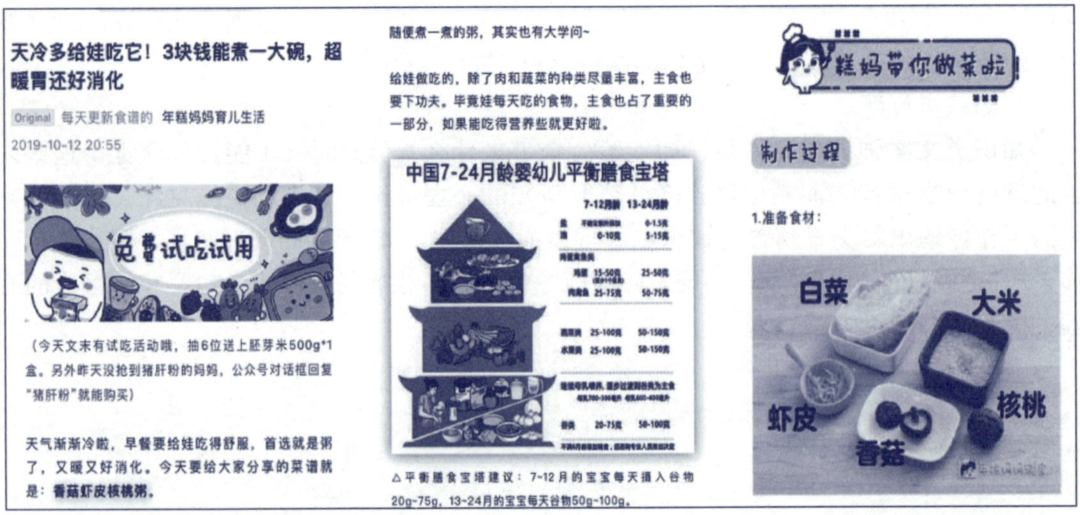
天冷多给娃吃它！3块钱能煮一大碗，超暖胃还好消化

Original 每天更新食谱的 年糕妈妈育儿生活

2019-10-12 20:55

（今天文末有试吃活动哦，抽6位送上胚芽米500g*1盒。另外昨天没抢到猪肝粉的妈妈，公众号对话框回复“猪肝粉”就能购买）

天气渐渐冷啦，早餐要给娃吃得舒服，首选就是粥了，又暖又好消化。今天要给大家分享的菜谱就是：**香菇虾皮核桃粥。**

随便煮一煮的粥，其实也有大学问~

给娃做吃的，除了肉和蔬菜的种类尽量丰富，主食也要下功夫。毕竟娃每天吃的食物，主食也占了重要的一部分，如果能吃得营养些就更好啦。

△平衡膳食宝塔建议：7~12月的宝宝每天摄入谷物20g~75g，13~24月的宝宝每天谷物50g~100g。

1.准备食材：

图 2－6　阅读量“10 万 +”文案例文

以是数据、案例、故事等，作用是让文章变得肌肉丰满，更可信和更有说服力。最后，需要对文案通篇文辞进行润色和精修，删减不必要的表述，让整体变得更清爽，拥有一张干净、漂亮的“脸蛋”。

（二）结构类型及搭建

1. 倒金字塔结构

倒金字塔结构最早出现于美国南北战争时期，战地记者为了抢先发回报道，用这种方式一段一段在电报局里拍发，先发核心信息，再慢慢把事情说清楚。真正把这个结构发扬光大的契机，是林肯遇刺，美联社最先发了一条新闻，“The president was assassinated in the theater tonight and sustained serious injuries”（今晚总统在剧场遇刺，身受重伤），一共才 12 个单词。这个纪录后来在 1945 年被打破，还是美联社的新闻，“President Roosevelt passed away suddenly today”（罗斯福总统今日突逝），仅 6 个单词。

> 案例阅读
> 倒金字塔结构文章案例：刘邦出席宴会时险遭刺杀

倒金字塔结构是把最重要的信息和最有价值的内容前置，放在文案的开头，越往后的段落重要性越小。因此，在倒金字塔结构的文案中，首段往往涵盖了全文的主要内容，甚至可以用“一句话新闻”的形式表述整篇文案的信息点，比如“刘邦出席宴会时险遭刺杀”的文案。

在这篇文案中，我们很清楚地看到，就算只把第一段的内容单独拎出来，也不影响读者对全文内容的理解，因为首段文字已经概括了全文的核心信息。这就是倒金字塔结构的一大优势，将用户最关心的信息放在文案最前面，方便用户以最快的速度获取信息。

2. 纺锤结构

纺锤结构的文案通常以故事作为导入，对文案要讨论的问题和主题进行说明，随后铺展开来，描述重点要讨论的问题，结尾部分再返回开

> 案例阅读
> 纺锤结构文章案例：鸿门宴，一次几乎爆发的政治危机

篇的故事上。文案从具体到一般，再回到具体，视角从微观扩展到宏观，再收缩回微观，如同纺锤的形状：两头尖，中间宽，比如，“鸿门宴，一次几乎爆发的政治危机”的文案。

3. 沙漏式结构

沙漏式结构的文案是按照故事发生的时间进程展开内容，也被称为“纵向结构”。它融合了倒金字塔结构和扩展叙述，通常以概括式导语描述出文案核心内容，随后是详细的细节描述，越重要的部分越会在文案靠前的地方出现。沙漏式结构最突出的优点是能够非常清晰地向读者展开事件发展变化的各个时段的状态和细节，便于读者对事件有完整而详尽的了解；缺点是只按照时间进程叙述事件的过程，容易让读者产生疲劳感。

在《进球了！不是乌龙！中文男足 2∶3 憾负软微》的沙漏式结构文案中，开篇呈现了最重要的信息，即“中文男足射进对方球门 2 次，射进己方球门 0 次，2∶3 憾负软微”；文案主体部分对这一信息进行扩展式具体阐释，对比赛各个时间阶段的进展和态势进行描述，读起来很有现场感。

案例阅读

沙漏式结构文章案例：进球了！不是乌龙！中文男足 2∶3 憾负软微

4. 并列结构

并列结构的文案由三个以上相互无联系的部分组成，分别从不同的角度对同一主题进行平行并列地说明、描述。如图 2－7 所示，文案“中国最容易失眠的城，左手咖啡右手茶”就采用了并列结构。文案的核心观点是“普洱也许是中国最能提神的城市”，围绕这个观点，分别从“普洱的茶叶”“普洱的色彩”“普洱的悠闲生活”等角度进行阐述。这些角度相互独立，但都为核心观点服务。

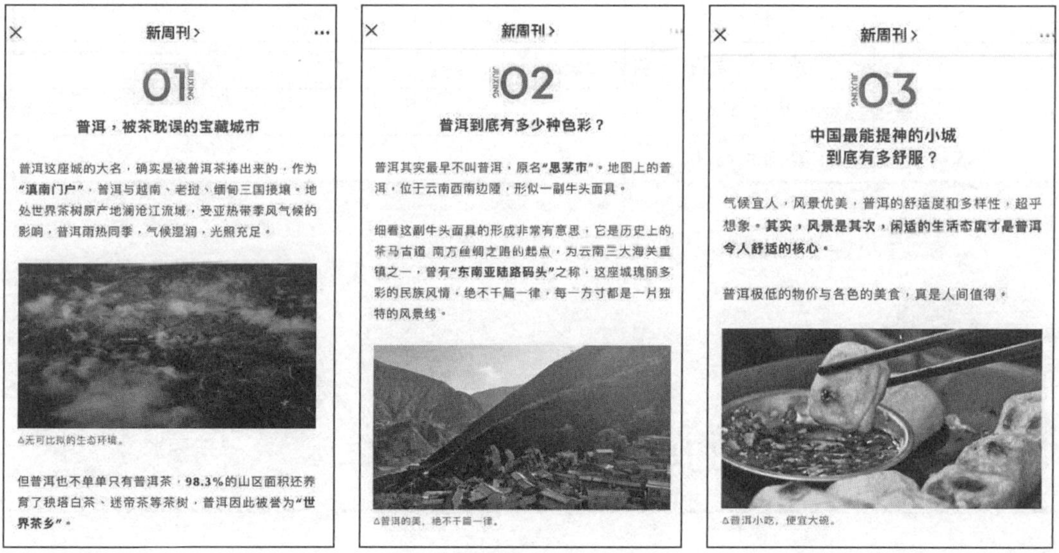

图 2－7　并列结构文案

5. 盘点式结构

盘点式结构的文案大多由创作者拟定小标题（盘点对象）并整合而成，省去了用户“找素材、做总结”的步骤，是最受欢迎的文案结构之一。盘点式结构的文案常常在标题中加入数据，给人直观的印象，比如“2024年度十大热搜”“职场人最受用的8种新媒体活动工具”等。盘点式结构具体表现如表2-2所示。

表2-2 盘点式结构

开头
小标题1
内容1
小标题2
内容2
小标题3
内容3
……
结尾

学中做2-6

根据所学知识，填写表2-3，为每种结构类型寻找3篇文案。

表2-3 不同结构类型对应案例标题

序号	结构类型	案例（列出标题）
1	倒金字塔结构	
2	纺锤结构	
3	沙漏式结构	
4	并列结构	
5	盘点式结构	

任务三

新媒体文案的写作逻辑

微课

写作逻辑之金字塔原理

为什么有的文章看上去辞藻华丽，读起来却不知所云？为什么有的文章观点鲜明、论据丰富，却抓不到重点？这是因为缺少了写作的逻辑。逻辑能让信息在文章中有序呈现，让读者轻松理解。想让文案的表达逻辑清晰、条理分明，运用“金字塔原理”是一个有效的方法。

一、金字塔原理的概念

金字塔原理认为，任何事情都可以归纳出一个中心论点，而此中心论点可由 3 ～ 7 个论据支持，这些一级论据本身也可以是论点，被二级的 3 ～ 7 个论据支持，如此延伸，状如金字塔，如图 2－8 所示。

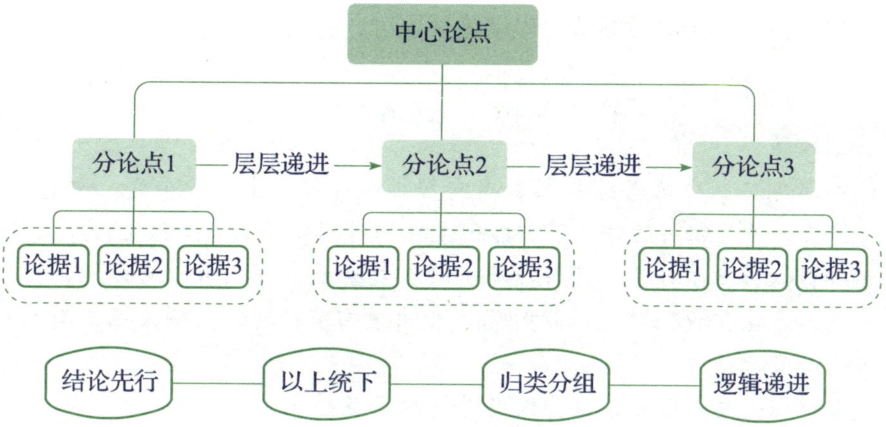

图 2－8 金字塔原理

人类思维有一个基本规律：大脑有对事物进行归纳组织的偏好，将信息归类分组，以某种逻辑模式组织起来，便于理解和记忆。同理，读者会将读到的内容进行归类分组和总结概括。所以，如果文案创作者按照大脑的运行规律进行写作，读者将更容易理解创作者想表达的意思。我们可以通过以下两则文案的对比来了解金字塔原理在文案内容梳理中起到的作用。

文案一：本次发布会拟邀请的 A 嘉宾在 4 月 18 日没有档期，在 4 月 22 日到月底之间才有时间参加发布会并发表演讲。B 嘉宾将会在 4 月 24 日回国。目前发布会场地在 4 月 25 日和 4 月 27 日可以预订。4 月 27 日是周六，非工作日会影响媒体记者的参会率，所以建议发布会的时间定在 4 月 25 日。

文案二：本次发布会建议安排在 4 月 25 日举办。因为这一天我们想邀请的 A 嘉宾与 B 嘉宾都有档期，会议场地可以预订，而且是周四，非周末时间也有利于提升媒体记者的参会率。

显然，第二则文案读起来感觉结论清晰、条理分明，而第一则文案的信息则是散乱的，让读者很难抓住重点。这是因为第二则文案的逻辑是呈金字塔状的，先讲结论，再由金字塔顶端向下分支展开论据，如图 2－9 所示。

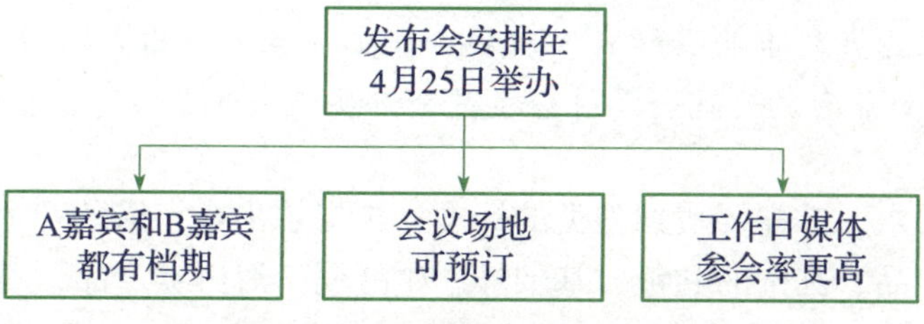

图 2－9 文案二的金字塔结构

二、金字塔原理的原则

（一）结论先行

在金字塔原理中，逻辑清晰的表达顺序是结论先行，即一次表达只能有一个中心思想，而且表达时先提出此次表达的中心思想，再提出中心思想之下的具体思想。具体表现为先总结后具体，先全局后细节，先结论后原因，先结果后过程。

学中做 2-5

今天是星期二，公司老总要求本周内召集所有部门主任开个会，所有主任必须参加不得请假。作为秘书的你，了解各位主任的时间安排如下：张主任今天下午 3 点钟不能参加会议；王主任不介意晚一点开会，把会放在明天开也可以，但上午 10 点半以前不行；李主任说他明天较晚时间才能出差回来；会议室明天已经有人预订了，但星期四还没有人预订。

你该如何向老总汇报并建议会议安排的时间呢？

（二）以上统下

从主题开始，每一层的信息要对下一层整个组的信息进行高度概括，而下一层的内容是对上一层的支撑，以此类推，直到金字塔结构的底部，称为“以上统下”，顺序就是先提出总结性思想，再提出被总结的具体思想。例如：“上个星期我去了趟苏黎世。你知道，苏黎世是一个非常保守的城市，我们到一家室外餐馆吃午饭，在 15 分钟内我至少见到了 15 个留胡须或胡髭的人……”我们阅读完后，可能不太明白作者想要描述苏黎世还是留胡须的人。假如换成“以上统下”的结构，就变成：“你知道吗？我简直难以相信，在商业圈子里，男人面部蓄须已达到了如此被广泛接受的程度。在苏黎世……在纽约……还有，在伦敦……”这样就很清晰地明白作者所要表达的思想了。

（三）归类分组

金字塔原理本质上就是要求文案创作者在写作时始终具备“归类分组”的思维与习惯，也就是说，将属于同一逻辑范畴的内容归纳到同一个组别当中，以便于理解和记忆。

做中学 2-4

尝试完成以下分类练习：

某天妈妈让你去超市购买鳕鱼、鸡蛋、牛奶、生蚝、番茄、酸奶酪、香蕉、橘子、花菜、基围虾等食物，你会怎样分类并全部买回来呢？

面对这样的要求，首先要找到分类的标准，再提炼出金字塔的“上层”。要购买的食物都属于生鲜类产品，其中的鳕鱼、基围虾、生蚝属于海鲜类产品，番茄、香蕉、橘子、花菜属于蔬果类产品，鸡蛋、酸奶酪、牛奶属于蛋奶类产品。有了这样的分类标准，就可以得到一张清晰的金字塔结构图了，如图 2－10 所示。在这个金字塔结构中，每个层级的内容都是对其下一层级内容的概括和总结，同一个分组的内容属于同一个逻辑范畴。这样的“信息分装”过程，能够让公众在接收信息时一目了然。

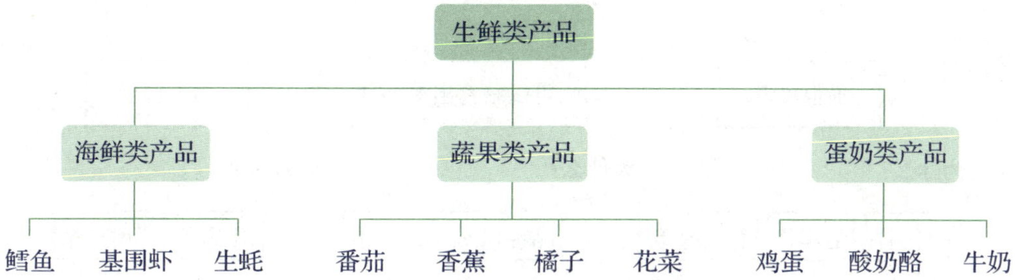

图 2－10　归类分组后的金字塔结构

（四）逻辑递进

逻辑递进是指在金字塔结构中，每组中并列的内容必须属于同一范畴，同时必须遵循逻辑递进排序。在陈述分组中的并列信息时，通常有 3 种顺序。

（1）时间 / 步骤顺序：按照前因后果的顺序来陈述。比如，领导通知本周的工作安排，陈述过程应该是从周一开始，接着到周二、周三直至周五。如果突然在中间加一句上周五我们应该做什么，就不符合时间顺序的递进关系。

（2）空间 / 结构顺序：按照地理概念来划分。比如，销售人员需要向主管汇报本月全国各地汽车的销售额，一般会按照华东、华南、华北、华中这样的顺序来讲。

（3）程度 / 重要性顺序：按照重要性来排列。根据分组中每项内容的重要性高低排序，先强后弱，先重要后次要。比如，“年轻人应该多运动”可以有“运动可以提高免疫力”“运动可以减轻压力”“运动可以交到新朋友”等几个理由，这时可以把重要的理由排在前面，强调多运动的最大好处。

三、金字塔原理的运用

（一）纵向关系

纵向关系引导一种疑问 / 回答式的对话，一来可以引发读者兴趣，二来可以让读者按照创作者的思路产生符合逻辑的反应。当要论证一个观点时，可以通过不断地追问和回答来推进整体的论述。比如图 2－11“猫适合当宠物”的观点。

（二）横向关系

在金字塔的横向关系中，同一组的内容之间存在逻辑顺序，具体的顺序取决于该组内容之间的逻辑关系是演绎推理关系，还是归纳推理关系。

1. 演绎推理

演绎推理是一种线性的推理方式，指一个结论是由一个大前提和一个小前提推断出来的，最终得出一个由逻辑词“因此”引出的结论。可以按照以下步骤进行推理：出现的问题或存在的现象，产生问题的原因，解决问题的方案。演绎推理过程如图 2－12 所示。

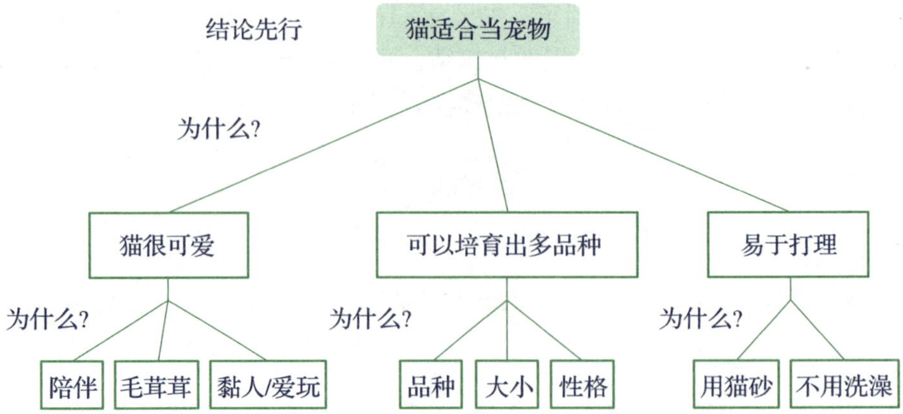

图 2－11　纵向关系案例：论证观点

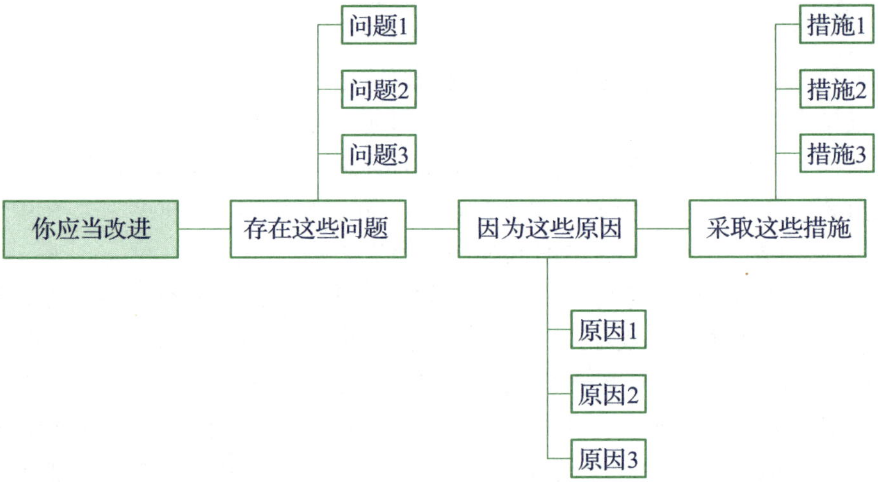

图 2－12　演绎推理过程

2. 归纳推理

演绎推理是从一个既定现象或规律推论出一个事实个例的过程，而归纳推理则是从大量已知的个例事实来总结一个现象或规律。比如，人们发现太阳今天是从东边升起的，昨天也是从东边升起的，过去的几千年都是从东边升起的，于是可以得出结论“太阳从东边升起”。

很多励志文案会运用归纳推理的方式来写。比如，某个首富经历破产失败后东山再起，某个运动员遭受伤病复出之后拿到冠军……最后归纳得出“苦难之后就是成功”。这是一种归纳推理，但其实存在逻辑错误，属于典型的幸存者偏差思维。归纳推理如果证据太少，就容易以偏概全。成功案例千千万万，不能依靠个例来推出结论。

学中做 2-7

1. 运用所学知识完成以下演绎推理结论：

所有的人都会死

苏格拉底是一个人

结论：________________________________

2. 运用所学知识完成以下归纳推理结论：

法国坦克已抵达波兰边境

德国坦克已抵达波兰边境

苏联坦克已抵达波兰边境

结论：________________________________

四、金字塔结构的搭建

在日常创作过程中，要把一堆信息搭建成一座逻辑清晰的“金字塔”，有两种基本方法：自上而下法和自下而上法。

（一）自上而下法

自上而下法是先提出结论，然后不断提供能支持以上观点的思想，紧扣读者疑问进行回答：提出主题思想—设想受众的主要疑问—回答主要疑问（背景、冲突、疑问、回答）—与受众进行疑问 / 回答式对话—对受众的新疑问再次进行疑问 / 回答式对话。如图 2－13 所示，当你向客户提出一个商业建议时，可以先提出结论再进行论证。

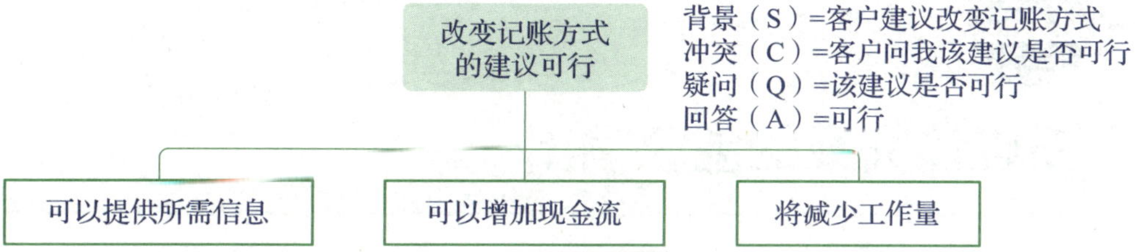

图 2－13　自上而下法案例

（二）自下而上法

自下而上法从金字塔的“底座”往金字塔的“塔尖”梳理信息，是一种将信息进行总结、提炼、抽象化的过程，即先发散，后总结：尽可能列出所有思考的要点—找出要点间的逻辑关系并进行分类—总结概括要点并提炼观点。自下而上法适合在一开始没有十分具体的观点但同时有大量素材的情况下使用，可以帮助创作者一边整理信息一边提炼核心观点。比如，当一个人思考是去大城市还是去小城市工作生活的时候，可以先将思考的要素罗列出来进行分类，再总结提炼出自己的决策。整体的思路呈现倒金字塔的形式。如图 2－14 所示，在选择大城市还是小城市工作、生活上，可以运用自下而上法。

在使用自下而上法时，要避免出现“过度跳跃”的情况。比如，“这款手机拥有超大存储空间，是送给女朋友的绝佳礼物”，这则文案因为逻辑关系过度跳跃而让人困惑，无法找到前后两句的联系点。想要表达得更清楚，可以修改为“这款手机拥有超大存储空间，是送给热爱自拍的女朋友的绝佳礼物”，将前后段落之间的因果链条补充完整，才会让逻辑显得清晰。

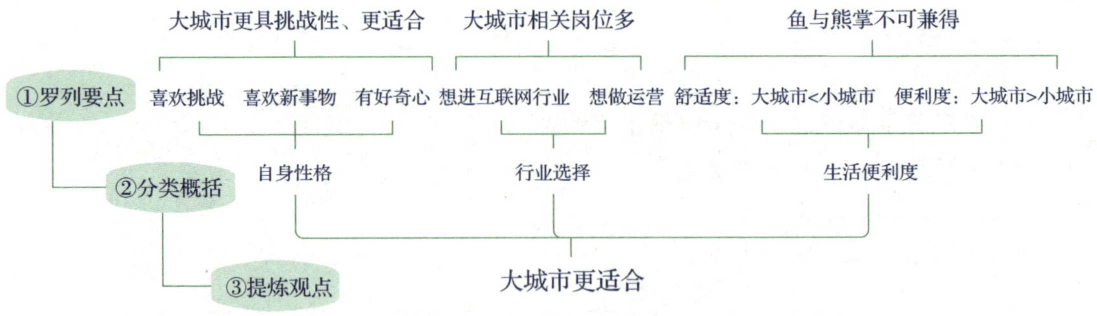

图 2-14　自下而上法案例

学中做 2-8

尝试运用所学知识，厘清思路，为以下案例搭建金字塔结构：

秋冬季节，天气干燥，许多人会购买加湿器。加湿器的价格从几十元到上千元不等。美的新推出一款家用加湿器，售价 89 元。商品特点有：加载有迷你香薰机，能存放精油；静音，使用时十分安静；容量大，一次加水能用 17 小时。

任务四　新媒体文案的创意输出

文案既需要有逻辑、有条理的输出呈现，又需要有创意的发散性思考。文案创作的核心任务就是把益处告诉读者，完成这个任务就需要运用创意。创意既能够让文案更有吸引力、更妙趣横生、更有感染力，也能够更加吸引用户，从而促进品牌的传播和销售转化。

做中学 2-5

请用一分钟时间为一位老师做宣传，对象是即将入学的学弟学妹，你会选择哪位老师？从哪些角度对这位老师进行宣传？请大家展开头脑风暴，尽可能多地提供宣传角度。

一、文案创意原则

（一）简单开始

文案创作的首要目标是写出能与公众沟通的语言，因此在创作初期，文案创作者要把语言写出来，写得越简单、越准确越好。简单开始有两个优点：第一，写下文字后，文案创作者就进入了提炼修改的阶段，毕竟修改比写作简单一些；第二，从最基本的内容开始，再不断增加元素，这比直接从错综复杂的东西起步，再试图把它拆解开要容易很多。

（二）元素关联

“打破界限”是创意中最关键的能力之一。很多文案创意都是打破了两种事物之间的界限，然后去重新组合和定义。成功有效的广告秘诀并不在于创造新的、精巧的文案和图片，而是要让熟悉的文字和图片产生新的关联。比如图 2－15 中的戒烟公益广告文案，将香烟与下载进度条进行结合，直观地呈现出吸烟可能带来的严重后果。

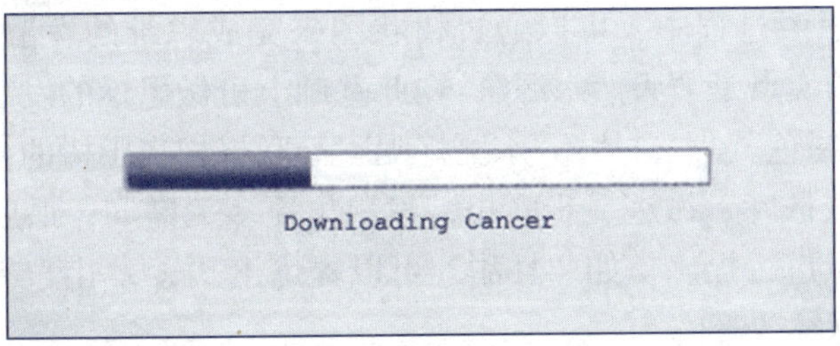

图 2－15　戒烟公益广告文案：癌症加载中

当然，在使用这种创意方式时，很容易出现一种现象，就是思维不够活跃，想象力的大门始终打不开。这时可以使用“水平思考法”：在一个箱子里装入许多写上词语的小卡片，每次随机抽出 3 张，然后从卡片上的 3 个词语中选择 1 个最为合适的，与要创作的文案主题词联系到一起。比如产品是“棉被”，抽到的词语是“异乡”，那么文案可以是：让每一次异乡的梦，再甜一点点。

（三）换个角度

换个角度思考文案创作的方向，如改变用途、改变使用场景等，可能会收到一些意想不到的效果。比如，某音乐播放器品牌的广告文案：“把 1 000 首歌装进口袋。”这句文案的高明之处就在于把 5GB、10GB 这样抽象的容量具体成了 1 000 首歌，再用“装进口袋”来表达出其便携的特点，这要比空洞的“容量更大”“体积更小”更能触达用户的内心，激发用户的购买欲望。

（四）使用暗喻

创作文案时，用大众所了解的事物来描述一些他们不熟悉的事物，可以把事物变得更加容易让人理解。比如体检文案：“你的身体该‘车检’了吗？”人的身体和汽车没有多少共性，但身体和汽车的“健康”都可以通过监测和维护来保障。文案把公众可能感兴趣的汽车与他们可能想试着回避的健康问题联系起来，两者之间的相似特征呼吁了公众既能很好地维护自己的汽车，也应该好好对待自己的身体。

（五）进行对比

在文案中进行对比，可以强调各个益处之间的区别，或强调同一益处的不同方面。比如，汽车广告“小车身，大个性”，这则文案把车的尺寸和个性进行了对比，如果用户对小型车感兴趣，这款车型比竞品拥有更多的个性特质；如果读者把车小看作缺点，则该文案暗示其他益处可以盖过这个车小的缺点——虽然车小，但是很酷。另外，恰当的句子结构和词汇选择能让对比更生动，比如“人人都想品酒，没人喜欢醉鬼”，文案中“人人”和“没人”、“品酒”和“醉鬼”的二元对立，加强了两句之间的联系，让文案显得非常生动有趣。

二、文案创意技巧

（一）发散思维树状图

在文案创作、思考过程中，可以通过树状图来完成思维的发散。如图 2－16 所示，某品牌天然矿泉水的卖点是“天然水源”，在此基础上可做思维的发散联想。“天然水源”就像是树的主干，“绿色”“大自然”“水更好喝”等联想相当于树的主要枝干，每个枝干上还可以进一步开枝散叶，做进一步联想，发散出更多关键词，最后在树状图中选择一个最能打动自己的点进行提炼，如“甘甜”可以提炼出“×× 山泉有点甜”，“绿色”可以提炼出“绿树、森林”等。

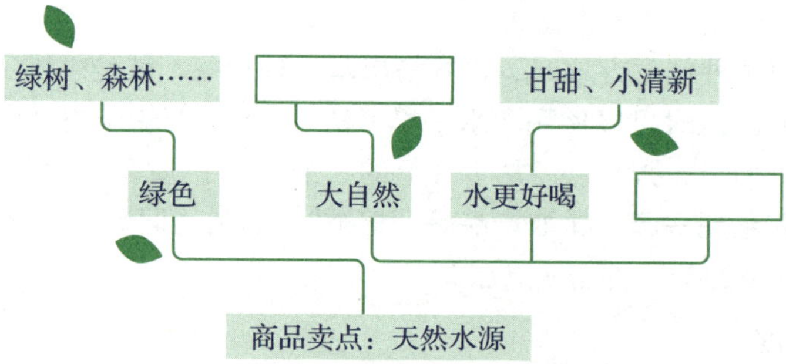

图 2－16　发散思维树状图

做中学 2-6

填写图 2－16 中的空白部分，写下你的联想关键词，尝试为该品牌天然矿泉水提炼一句广告文案。

（二）创意表格思考法

文案工作中有一种不确定的创意工作，如工作任务是开发一款新口味的糖果，该如何思考呢？这时就可以使用“创意表格思考法”进行口味的组合，将不同维度进行穷尽列举，可以获得无穷尽的创意结果。如表 2－4 所示，先找出某个主题可区分的不同维度，如口味、结构、形状、颜色等，再在每个维度分别列举，每个维度随机组合即可获得一种结果。

表 2－4 创意表格思考法

序号	口味	结构	形状	颜色	……
1	焦糖	单层	方形	黄	……
2	巧克力	夹心	圆形	黑	……
3	咖啡	……	三角形	棕	……
4	草莓	……	条形	红	……
……	……	……	……	……	……

使用创意表格思考法的步骤：

（1）从现有主题中抽象出分解问题的维度；

（2）对每一个维度尽可能进一步地细分；

（3）根据不同的维度建立不同的组合。

学中做 2-9

尝试运用创意表格思考法开发一款智能手机（见表 2－5）。

表 2－5 智能手机创意表格

硬件			软件		
维度 1：屏幕	维度 2：重量	维度 3：存储	维度 1：系统	维度 2：……	维度 3：……
如：6 英寸	如：200 克	如：512GB	如：安卓		

（三）元素组合法

不同元素的组合常常能带来意想不到的创意，如“耳机＋录音机”就组成了随身听，就是将不同的元素叠加起来创造出新的物品。广告文案的创意也同样可以运用这样的思维方式，如全球乳腺癌防治活动的公认标识“粉红丝带”的创意就是将具有女性特色的颜色、柔软有质感的丝带以及乳腺癌防治活动结合在一起。

三、文案的代入感

文案创作者可能会收到这样的要求：把文案写得有代入感一些。文案的代入感越强，越能拉近与用户的距离，从而有利于文案信息的传播，提高文案的影响力。

代入感通常会通过故事来塑造，故事中的主人公要贴近读者的生活。假设文案的读者对象是 30 岁左右的职场女性，那就可以把主人公设置成与这个年龄和职业相接近的人，她可能是一个小人物，虽然很平凡，有很多缺点，但是也有很多闪光的地方，完成了某一件读者在生活中无法完成的事情。当读者认同了故事中主人公的言行和处事风格后，代入感就会慢慢产生。

（一）找准用户

微课

代入感营造

文案创作的最终目的是要让用户阅读，而只有真正了解用户需求，为用户代言，才能让人产生代入感。要做到为用户代言，就要做好用户分析，即弄清楚目标用户的特征，包括性别、年龄、身份、经历、兴趣、需求等，换句话说就是“想用户之所想，急用户之所急”。

（二）描绘画面

假如你想购买一个牛排煎锅，在网上搜索相关产品，大多数品牌的描述是这样的：“使用这款煎锅，保证牛排鲜嫩多汁。”但网易严选的煎锅文案用“源源不断的热量”“曼妙的美拉德反应”“100 多种肉香”“粗海盐”等丰富的感官体验传递出享用牛排时的美妙（见图 2－17），更用细节构建出“星期五犒赏自己”的美好晚餐场景。这就是画面感，能帮助用户迅速代入文案营造的氛围当中。

图 2－17　网易严选铸铁珐琅牛排煎锅文案

（三）丰富细节

一段好文字的标准是看它能否更好地进行视觉呈现。比如朱自清的《背影》：

父亲是一个胖子，走过去自然要费事些。我本来要去的，他不肯，只好让他去。

我看见他戴着黑布小帽，穿着黑布大马褂，深青布棉袍，蹒跚地走到铁道边，慢慢探身下去，尚不大难。可是他穿过铁道，要爬上那边月台，就不容易了。

他用两手攀着上面，两脚再向上缩；他肥胖的身子向左微倾，显出努力的样子，这时我看见他的背影，我的泪很快地流下来了。我赶紧拭干了泪。怕他看见，也怕别人看见。我再向外看时，他已抱了朱红的橘子往回走了。

如果想将这段文字拍成视频十分简单，因为它已经将一个老父亲的形象，如衣着、动作、体态等细节都一一呈现了。读完之后，公众的脑海中已经自然形成一幅清晰的“胖而朴实的父亲，努力地翻越铁道和月台”的画面。而当公众看到一个年迈的、行动迟缓的父亲，爬高爬低、步履蹒跚地为孩子买橘子时，很容易就能感受到为何儿子会流下眼泪。

（四）制造场景

1. 背景熟悉

文案中塑造的场景最好是公众生活和工作中会接触到或者看到的场景，这能让公众更好地产生代入感。比如，凉茶的广告文案，一般都会先描写熬夜学习、加班、吃鸡打游戏的情景，然后就是撸串、小龙虾的宵夜情景，直视生活小场景制造关于“伤肝、伤神、伤胃、伤身”的危机感，最后插入凉茶元素，对刚才的场景进行补充，熬夜时喝凉茶，吃宵夜后喝凉茶……

2. 满足幻想

能够让公众产生共鸣好感度的故事结局一般是大团圆和美梦成真的结局。比如，淘宝女装店“步履不停”的文案：当你写 PPT 时，阿拉斯加的鳕鱼正跃出水面；当你看报表时，梅里雪山的金丝猴刚好爬上树尖；当你挤进地铁时，西藏的山鹰一直盘旋在云端；当你在会议中吵架时，尼泊尔的背包客一起端起酒杯坐在火堆旁。有一些穿高跟鞋走不到的路，有一些喷着香水闻不到的空气，有一些在写字楼里永远遇不见的人。出去走走才会发现，外面有不一样的世界，不一样的你（见图 2－18）。

图 2－18 制造场景案例

这则文案让人看到了都市文艺女青年心中的那份不安稳、不甘心、不高兴。她们渴望甩掉磨脚的高跟鞋、扔掉职业化的微笑、不理会没完没了的PPT和Word，然后穿上自己喜欢的文艺风服饰到阿拉斯加、梅里雪山和尼泊尔。而步履不停，把她们这些不起眼的小情绪统统表达了出来。“步履不停”品牌的文案，塑造了人格化意识，也让喜欢逛这家店的姑娘们在内心深处能够找到一种归属感。很多女粉丝都始于被店家的文字感动，继而穿上了这家店的衣服。还有人留言说即使不买东西，也习惯了上他家淘宝店看看，足见代入感营造的作用。

四、文案的故事性

文案的本质是沟通，而故事则是一种高明的沟通策略。在信息过载的新媒体环境下，“有故事感”的文案拥有比普通文案更强大的传播力，它们利用人类对故事的天然喜好，消解公众对广告的排斥感，以一种更巧妙的方式吸引眼球、走进心智，并且有更大的概率留存于公众记忆之中。

（一）洞察锐度：好故事身上带刺

不痛不痒叫事实，尖锐扎心才叫故事。有锐度的故事可以赋予文案穿透力，像针一样扎进用户的心中，而锐度则源于精准的洞察。以下两则健身房的宣传文案，哪个更能勾起公众管理体型的欲望？

A文案：Lily，25岁，健身365天，甩掉20公斤。

B文案：Lily，25岁，2016年体重80公斤，绰号“胖妞”；2017年体重50公斤，人称“女神”。

显然，B文案的冲击力更强，因为它尖锐直白地进行了对比，让公众直观地了解到健身前后的体型变化。

又如，下面这则大众甲壳虫汽车的广告文案：

我，麦克斯韦尔·斯内弗尔，趁清醒时立下以下遗嘱：给我那花钱如水的太太罗丝留下100美元和1本日历；我的儿子罗德内和维克多把我的每一枚5分币都花在时髦车上，我给他们留下50美元的5分币；我的生意合伙人朵尔斯的座右铭是“花钱、花钱、花钱”，我什么也“不给、不给、不给”；我其他的朋友和亲属从未理解1美元的价值，我留给他们1美元；最后是我的侄子哈罗德，他常说“省1分钱等于挣一分钱”，还说“哇，麦克斯韦尔叔叔，买一辆‘甲壳虫’肯定很划算”。我决定把我1 000亿美元财产全部留给他！

文案通过一则幽默故事，不仅传递出“甲壳虫”汽车的物美价廉，也勾勒出一个节俭明智的车主形象。这则广告文案即使放到今天都有剑走偏锋的意味，但正是这种有锐度的文案，才能刺进目标群体心中，建立起“甲壳虫”汽车可爱调皮又实用靠谱的差异化形象。

（二）反差设定：卸下平庸的枷锁

一个一本正经、工作认真的大叔，和一个穿粉色卡通T恤的一本正经、工作认真的胡茬大叔，哪个更容易吸引人的注意力？显然，后者更容易成为同事们的社交话题。平庸的信息只有被消费者的大脑过滤掉的命运，而具有反差设定的故事更能触动他们。

反差所带来的惊喜、“萌”感、泪点、新鲜感，可以让故事文案变得妙趣横生。所谓“官方卖萌最为致命”，当原本一本正经的权威官方也开始说些网友惯用的“黑话”时，不免卸下了些许严肃的面具，缩短了和大众的距离。

（三）善用“原型”：拨动用户心理共振

世上故事数量如天上星星，但几乎无一例外都是从为数不多的“原型”中演绎而来的。了解了这一点，对写出能够引发用户共鸣的故事文案非常重要。“原型”理论由瑞典心理学家荣格提出：它是一种记忆蕴藏，一种印迹或记忆痕迹，是某些不断发生的心理体验的沉淀。比如，“灰姑娘”的原型故事可以轻易地激起老中青各个年龄层女性观众的共振，反复不停地打动公众。拥有“原型”的故事，打动用户的门槛更低，因为它们可以激起其心中原本就存在的情感经验沉淀。

如果在“原型”的大框架下加入上文提及的“反差设定”，就更能够获得年轻群体的喜爱。某基金会拍摄的创意短片《不怎么样的 25 岁，谁没有过》，讲述了著名导演李安 25 岁时的简历被各企业高管痛批的故事，李安的简历被评价为“HR 不会通过”“第一瞬间就刷掉了”，但李安却在多年后获得两次奥斯卡金像奖。这个短片引起了广泛的社会讨论，其“原型”就是一个逆袭故事，这样的故事很容易引发用户的共鸣。

（四）情绪诱饵：扣动用户情绪的扳机

坏文案讲道理，好文案讲故事。故事之所以好，就在于它容易感染公众的情绪，让公众产生情绪投射。如果产品和品牌决定以情感诉求的方式去说服公众，从营销的角度来看，能够打动用户的故事不需要情节跌宕离奇，而需要充满情绪的诱饵，真实就是最有效的诱饵。

新世相公众号在《45 个关于爱与钱的故事》一文中，分享了一系列粉丝故事：

四岁，我爹给我五块，让我去商店买包四块五的阿诗玛，剩五毛我买了包麻辣牛肉干。回去后被我爹狠狠训了一顿，那包牛肉干放到漏气都没有让我吃。这五毛钱让我记住了什么叫契约精神。

当年北漂在昌平租房，退租时被二房东以各种各样的理由扣押金，我和男朋友很需要那几百块钱。我靠在门上，不退押金就不让房东离开，撒泼耍赖，最后还是男朋友抱着我让房东走了。出来后，我和他在马路上抱头痛哭。他心疼我，我心疼钱。

这样的小故事并不以情节见长，有的甚至毫无情节可言，但却贵在真实。离公众的距离越近，文案越充满情绪的诱饵，因为每个人都能从中看到自己的影子，容易引起情绪的波动。这也是目前 UGC 故事越来越流行的原因，新世相已经通过粉丝故事征集创造出数十篇“10 万 +”文章。

任务五

AI 辅助新媒体文案写作

在当今新媒体迅猛发展的背景下，人工智能技术应运而生，成为新媒体文案写作者的得力助手。AI 具备强大的数据处理能力和智能算法，能够辅助作者收集、筛选并整合相应的素材，帮助作者快速生成文案标题。通过分析海量的数据，AI 能够识别出热点话题、用户偏好以及市场趋势，为内容创作提供源源不断的灵感源泉。

更重要的是，AI 在素材整合方面的优势不容忽视。无论是个人经历、名人名言，还是文学影视作品中的经典桥段，抑或是最新的新闻报道和权威的研究数据，AI 都能够帮助作者在短时间内获取并加以利用，从而使文案内容更加丰富多样，更具说服力。AI 还能根据文案的主题和风格，自动生成吸引人的标题，提升文案的点击率和传播效果。

一、AI 辅助提供素材

在利用 AI 创作新媒体文案时，系统会根据所需表达的观点筛选出相应的素材。若感觉提供的素材不够丰富，可进一步结合主题，要求 AI 生成额外的相关素材和案例。新媒体文章的内容通常由素材与观点组合而成。撰写文章时，一般需要包含个人经历或身边故事等第一手素材，同时也需要引用间接素材，如名人名言、名人故事、书籍和影视作品中的情节、新闻报道、统计数据及研究成果等，以增强文章的可信度和说服力。

根据文章结构，我们可以将不同类型的素材整理成详细的表格（见表 2－6），以便在实际写作过程中参照，进行素材的收集与筛选。

表 2－6　素材类型及其应用示例

素材类型	描述	应用示例
第一手素材	讲述个人经历、观察或访谈结果等直接来源的信息。	"在我大学期间，一次偶然的机会……"
名人名言	引用知名人士的言论，增加权威性。	"正如马克·吐温所说：'历史不会重复自己，但常常押韵。'"
名人故事	分享著名人物的成功经历或失败教训，增强文章感染力。	"乔布斯在被自己创立的苹果公司开除后……"
书籍影视素材	利用书籍、电影、电视剧等文艺作品中的情节或台词。	"正如电影《肖申克的救赎》中所展示的那样……"
新闻报道	结合最新报道或时事热点，使文章更具时效性。	"最近，《人民时报》报道了一项关于……的研究。"
统计数据及研究成果	引用科学研究的结果或统计数据，增强论证的严谨性。	"据《自然》杂志发表的一项研究表明，……"

通过上述表格，作者可以在撰写文章时更有针对性地选择和整合素材，确保文章既有深度又有广度，既生动有趣又逻辑严密。

（一）AI 生成素材的提示词

使用 AI 工具辅助筛选素材时，首先要输入相应的提示词。假设你是一位情感博主，要写一篇提升亲密关系的文章，需要一些关于提升亲密关系的方法、名人故事等素材，可以使用 BROKE 模型框架对提示词进行设置：

问：

背景：工作压力、经济负担、社交圈的扩大等因素共同作用，使得现代人的婚姻关系变得比以往任何时候都要脆弱。数据显示，近年来离婚率呈现上升趋势，这反映出在快节奏的生活环境下，维持一段长期稳定的亲密关系变得愈加困难。

角色：现在你是一个情感博主。

目标：要写一条关于提升亲密关系的方法的微信文案。

关键结果：

1. 目标人群主要是都市白领，年龄在 30 ～ 50 岁。
2. 需要一些提升亲密关系的方法、名人故事、金句的素材。
3. 素材要求真实、有趣，不要虚构。
4. 素材的语言轻松自然。

AI：

方法一：爱的五种语言，找到彼此的频道

你知道吗？每个人都有属于自己的“爱的语言”，可能是肯定的言辞、服务的行动，接受礼物、精心时刻或身体接触。试着去发现你和 TA 各自最渴望的表达方式，然后用这种方式来传递爱意吧！比如，如果 TA 喜欢接受礼物，不妨在某个不经意的时刻送上一份小惊喜；而如果 TA 享受身体接触，那就多给 TA 一些拥抱吧！

方法二：学会倾听，让心靠近

真正的倾听不仅仅是听对方说话，更要用心去感受对方的情绪。每天找一点时间，关掉手机，面对面坐下来聊聊当天的感受。哪怕只是简单地分享一下工作中的趣事，也能让你们的心灵距离拉近不少哦！

方法三：一起做一件事，让爱更有温度

尝试一起参加一个兴趣小组或课程吧！无论是烹饪课、舞蹈班还是户外徒步，共同的经历会让你们的关系更加牢固。记得，生活不只是眼前的苟且，还有诗和远方的田野，让爱在每一个平凡的日子里闪闪发光！

名人故事：扎克伯格 & 普莉希拉・陈的甜蜜秘诀

说到模范夫妻，不得不提 Facebook 创始人马克・扎克伯格和他的妻子普莉希拉・陈。这对科技圈的金童玉女在大学时期相遇，并携手走过风风雨雨。尽管事业繁忙，但他们仍坚持每周至少安排一次专属的“约会时间”。扎克伯格曾说：“好的婚姻需要仪式感。”这句话告诉我们，无论多忙，都不应该忽略与爱人共度的美好时光。

金句分享：

“爱不是注视彼此，而是共同朝向同一个方向。”——安东尼·德·圣埃克苏佩里（《小王子》作者）

这句话提醒我们，真正的爱情不仅仅是相互依赖，更在于共同追求理想与目标。

（二）AI 生成素材的优化

微课

AI 生成素材的优化与排序

在新媒体文案创作过程中，确保素材的准确性和真实性是至关重要的。通过 AI 生成的内容，需要经过优化与改写，才能成为符合需求的优质素材。以下是从三个维度来优化素材的具体方法：

1. 缩写和删减素材

在引入素材时，应注意控制其篇幅，避免因内容冗长而影响文章的整体流畅性。为此，我们需要对原始素材进行必要的缩写和删减，保留其核心事实。

（1）删除无关细节：去除故事中的非关键性细节，如具体的日期、地点描述、不必要的对话片段等。

（2）简化叙述：尽量用简明扼要的语言概括主要事件，避免重复叙述相同的信息。

（3）提炼要点：聚焦素材的核心内容，剔除冗余信息，保留最能体现素材价值的部分。

2. 用自己的语言讲述

引用热点事件或新闻时，不能直接照搬原文，而应该对其进行总结提炼，改写成符合自身风格的语言。这样不仅能够规避版权风险，还能够使内容更加贴近读者，更具可读性。

（1）总结提炼：把握事件的主要脉络，提取最关键的信息点。

（2）改写叙述：将提取的信息点按照自己的理解和表达习惯重新组织语言，确保信息准确无误的同时，赋予其新的生命力。

（3）保持客观：在改写过程中，应保持中立，避免加入个人主观判断，以免引起误解。

3. 注明素材的来源

对于那些来自第三方渠道的素材，尤其是在引用书籍、研究报告或其他权威资料中的内容时，必须明确标注出处，尊重原作者的知识产权。这样做的好处在于：

（1）增强可信度：标明参考文献或信息来源，可以增加文章的权威性和可信度。

（2）避免侵权：正确引用可以规避不必要的法律纠纷，保障创作者的合法权益。

（3）提供佐证：为读者提供进一步了解相关内容的机会，增加文章的可验证性和可扩展性。

通过上述三个维度的优化处理，我们可以将原始素材转化为适合新媒体传播的高质量内容，既保证了信息的真实性与准确性，又提升了文章的可读性和吸引力。

（三）AI 生成素材的排序

合理搭配素材对于提升文案质量和说服力至关重要。通过精心挑选和组织素材，不仅能够更好地支持主题观点，还能增强文案的可读性和吸引力。

技巧一：正反素材使用对比

在确定选题和观点后，如果需要论证某一特定观点，可以采用正反素材对比的方法。这种方法通过先展示反面素材，再呈现正面素材，突出正面素材的优点，从而强化自己的论点。例如：如果你想表达“陪伴和教育孩子，就是在赚钱”这一观点，可以先讲述一个家长因忽视孩子教育而导致孩子未来发展受限的故事（反面素材），然后再描述一个家长通过陪伴孩子成长而最终收获孩子成功的故事（正面素材）。通过对比，读者能够更清晰地理解为何陪伴孩子成长同样具有价值。

技巧二：两个例子叠加

两个例子叠加指的是在论证某一观点时，连续使用两个具有相似性质的素材（可以是两个正面素材或两个反面素材）。这种方法能够进一步强化核心观点，使读者产生共鸣。例如：在论述“积极心态对健康的影响”时，可以先讲述一位乐观患者战胜疾病的故事，接着再介绍另一位同样保持积极态度的患者如何克服生活中的困难。两个相似的例子叠加在一起，可以加深读者的印象，增强观点的说服力。

技巧三：多种素材搭配使用

为了避免文案单调乏味，应当灵活运用不同类型素材的组合。在论证某一观点时，建议搭配使用 2 ～ 4 个不同种类的素材，如一句名人名言（金句）、一次亲身经历（直接素材）和一篇新闻报道（间接素材）。这样不仅可以丰富文章内容，还能从多个角度支撑论点，提高说服力。

此外，在文案中插入素材时，需要注意素材之间的衔接与过渡。不应将素材简单堆砌在一起，而应在每段素材之后添加几句自己的见解或评价，对素材进行解读和分析，然后再自然过渡到下一个素材。这样做不仅能使文案结构更加紧凑，还能引导读者跟随作者的思路深入思考。

二、AI 辅助创作标题

新媒体时代，浏览主动权已经转移到公众手中。面对大量的信息推送，再加上浏览时间有限，公众只能选择感兴趣的话题阅读，而标题决定了文案给人的第一印象。一般来说，读标题的人比读正文的人要多四倍以上。因此，每一篇优秀的新媒体文案，都要对标题反复进行设计与优化。

做中学 2-7

打开微信公众号时，哪些文章会让你点击进入阅读？思考并谈谈你会出于什么样的原因点开或关闭一篇推文。

标题的创作有很多方法，以下是六种常用且有效的标题写作方法（见表 2 - 7）。在撰写标题时，可以根据文案的具体内容和目标受众，灵活运用以下方法，以达到吸引读者注意力的目的。

表 2－7　常用的标题写作方法

序号	方法名称	描述
1	借势热点	将当前的热门话题或事件与文章内容相结合，以提升文章的吸引力和关注度。例如："从零到顶峰：揭秘郑钦文的夺冠之路"
2	数字量化	利用数字来量化内容，给人以清晰明了的感觉。例如："七天内快速提升英语水平的十个技巧"
3	名人效应	借助公众熟知的知名人物的影响力，来提升文章的吸引力和传播力。例如："马斯克眼中的未来：人工智能将如何改变世界？"
4	提出问题	直接向读者提问，激发其思考并寻找答案。例如："为什么聪明人都选择在早晨做这件事？"
5	制造悬念	使用引人入胜的语言，让读者产生好奇，想要了解更多。例如："你绝对想不到的五个省钱妙招！"
6	利益导向	强调读者可以获得的好处或利益，促使他们点击阅读。例如："只需五分钟，教你轻松摆脱职场焦虑"

（一）AI 生成标题的提示词

为了帮助创作者更好地利用 AI 技术来撰写具有吸引力的标题，可以通过向 AI 提供具体的标题写作方法，并展示一些成功的案例，让 AI 更好地理解和模仿这些技巧，从而辅助创作者写出更优质的标题。

示范操作

AI 辅助创作标题

假设你想让 AI 根据"制造悬念"的方法来创作标题，可以这样提示：

问：

"请用制造悬念的方法为一篇关于旅行的文章创作一个标题。"

案例：

"你绝对想不到的五个旅行目的地！"

"揭秘：世界上最神秘的五个旅游景点！"

"这些地方，去过的人几乎都不愿意告诉别人！"

通过上述提示词和案例，AI 可以学习到如何运用制造悬念的方式来吸引读者的注意力，并据此生成类似的标题。

AI：

"你从未听说过的五个隐秘旅行天堂！"

"揭秘：全球十大鲜为人知的美丽角落！"

"这些地方，只有真正的探险家才知道！"

通过这种方式，不仅能够充分利用 AI 的技术优势，还能确保生成的标题既符合爆款标题的特点，又能紧贴文章的实际内容，从而吸引更多读者的关注。

（二）与标题相关的更多提示词及示例

1. 借势热点

问：

我正在写一篇关于最近热门的“AI 写作”的文章，请生成 10 个有吸引力的爆款标题，这些标题要紧扣热点，引起读者的兴趣。

AI：

“AI 写作：未来的文字匠人？”

“AI 写作来袭：是威胁还是机遇？”

“AI 作家来了：你的下一篇文章可能是机器写的！”

“AI 写作时代：你准备好迎接了吗？”

“AI 写作：从科幻到现实的转变”

“AI 写作革命：颠覆传统创作方式”

“AI 写作：是时候了解这项新技术了”

“AI 写作：如何让机器理解人性？”

“AI 写作：下一个十年的创新趋势”

“AI 写作：重塑内容创作的未来”

2. 数字量化

问：

我正在写一篇关于时间管理的文章，请提供 5 个包含数字的标题，让数字帮助我清晰地表达信息，并吸引读者。

AI：

“五分钟搞定一天：高效时间管理的七大技巧”

“八小时之外：如何利用好每一分钟”

“七个步骤：让你的时间管理更高效”

“十个小窍门：轻松提升时间利用率”

“五个方法：助你成为时间管理大师”

3. 名人效应

问：

我正在写一篇关于鲁迅的写作故事的文章，请生成 10 个带有名人名言且吸引人的标题。

AI：

“鲁迅：真的猛士，敢于直面惨淡的人生——他的写作人生”

“不在沉默中灭亡，就在沉默中爆发——鲁迅的创作之路”

“鲁迅：其实地上本没有路，走的人多了，也便成了路——探索他的文字世界”

“鲁迅：希望是本无所谓有，无所谓无的——解读他的文学思想”

“哪里有天才？我是把别人喝咖啡的工夫都用在工作上的——鲁迅的写作哲学”

“鲁迅：我好像一只牛，吃的是草，挤出来的是奶、血——他的奉献精神”

"当我沉默着的时候，我觉得充实；我将开口，同时感到空虚——鲁迅的内心独白"
"绝望之为虚妄，正与希望相同——鲁迅的悲观与希望"
"鲁迅：世界上本没有路，走的人多了，也便成了路——追寻他的足迹"
"人必须生活着，爱才有所附丽——鲁迅与他的文学创作"

4. 提出问题

问：

我正在写一篇关于自我提升的文章，请生成 7 个以提问形式来吸引读者的标题，用问题来引发读者的思考。

AI：

"你真的了解自己吗？——自我提升的六个步骤"
"如何在忙碌中找到自我？——七个自我提升的小贴士"
"为什么你需要不断学习？——五个自我提升的理由"
"怎样才能做到真正的自我提升？——八个实用建议"
"自我提升真的重要吗？——八个理由告诉你答案"
"你准备好迎接更好的自己了吗？——四个自我提升的方法"
"如何在逆境中实现自我提升？——五个关键步骤"

5. 制造悬念

问：

我正在写一篇关于探险的文章，请帮我想出 10 个设置悬念的标题，通过悬念吸引读者进一步阅读文章。

AI：

"未知的秘密：一场惊心动魄的探险之旅"
"探险者的日记：神秘之地的未解之谜"
"探险：揭开古老遗迹的面纱"
"探险家的冒险：探索未知世界的奇妙之旅"
"探险：勇敢者的游戏——那些不为人知的故事"
"探险：深入无人区，寻找失落的文明"
"探险：那些隐藏在地图之外的秘密"
"探险：揭开古老传说背后的真相"
"探险：穿越时空，寻找失落的世界"
"探险：那些让人胆战心惊的未知之地"

6. 利益导向

问：

我正在写一篇关于健康饮食的文章，我会分享一些健康食谱，请生成 5 个包含提供福利的标题，让读者知道他们可以从文案中获得一些实用的食谱。

AI：

"健康饮食：五个美味又营养的食谱"

“免费赠送：十个健康早餐食谱，让你一天充满活力”
“健康饮食秘籍：六个简单易做的食谱”
“健康食谱大放送：八个让你爱上厨房的美味佳肴”
“免费下载：十个健康晚餐食谱，助你保持好身材”

通过上述提示词及示例，我们可以有效地利用 AI 技术生成具有吸引力的标题，从而提高文章的点击率和传播效果。

项目小结

新媒体文案创作需要“灵感”加持，阅读积累和思考观察可以帮助文案创作者渡过灵感匮乏的难关。

有人说“选择比努力更重要”，选题的重要性不言而喻。在选择新媒体文案主题时应确保选择的主题覆盖人群广泛、直击用户痛点、激发分享欲望。新媒体文案创作者可以运用马斯洛需求法、爆款借鉴法、热点追踪法来进行选题。根据不同文案的类型特点，创作者可以通过强调用户利益、引用流行语句或制造情感共鸣等方式，打造既能直击人心又能引发讨论的标题。根据选题的需求，采用倒金字塔结构、纺锤结构、沙漏式结构等不同的结构方式，将选题所蕴含的故事娓娓道来。

新媒体文案传播速度快，阅读习惯碎片化，严密的写作逻辑能够帮助读者快速掌握文案传递的核心内容。运用金字塔原理可以准确有效地输出信息。运用金字塔原理要遵循结论先行、以上统下、归类分组、逻辑递进的原则，按照实际情况使用自上而下法或自下而上法搭建金字塔结构，帮助创作者厘清文案创作的条理与结构。

新媒体文案的可读性来源于创意，通过发散思维树状图、创意表格思考法、元素组合法等技巧进行文案创意输出，从而提升文案的代入感和故事性，更好地达到广泛传播的效果。

人工智能工具在新媒体文案创作中发挥了重要作用，极大地提高了内容生产的效率和质量。通过对素材的选择与整合，AI 能够辅助创作者快速生成与主题相符的各类素材，包括但不限于个人经历、名人名言、案例故事等，使得文章内容更加丰富多样。此外，AI 还擅长创作吸引眼球的标题，能够根据文章的核心内容提炼出具有吸引力的标题，从而增加文章的点击率和传播力。总之，借助 AI 技术，新媒体工作者可以在短时间内创造出既有深度又有吸引力的作品，为读者带来更好的阅读体验。

知识检测

综合实操

1. 实训任务

假如你是某所大学的招生工作人员，你所在的专业正面临新一年的招生工作，请结合所学知识，尝试为自己的专业招生列出创意简报，要求：

（1）尽可能多地找寻宣传专业的角度。

（2）采用合适的选题介绍专业的情况。

（3）运用金字塔原理，列出招生文案的金字塔结构。

2. 实训指导

实训指导

宣传策划
方案撰写

素养园地

在新媒体运营的世界里，流量和热度往往是吸引用户的关键因素，但与此同时，如何在追求这些目标时不偏离正确的价值观，成为一个重要议题。作为创作者，我们也要守住底线，在新媒体文案创作中保持正确的导向。

某旅游文化推广公众号曾经因为一篇名为“最刺激的十大死亡探险地”的文章而引起广泛关注。这篇文章介绍了一些看似充满冒险精神的旅游目的地，但实际上，这些地方要么是私人领地，要么是法律禁止进入的区域。虽然这篇文章在短时间内为公众号带来了大量点击率和转发率，但也迅速招来了批评的声音。网友们纷纷留言指出，这种不负责任的行为不仅会对环境造成破坏，还可能误导粉丝进行危险的探险活动。

面对如此强烈的负面反馈，公众号的运营团队意识到，他们需要重新审视自己的内容策略。于是，他们果断地删除了那篇文章，并公开道歉。随后，他们改变策略，推出了一个新的系列——“发现最美乡村，寻找心灵栖息地”。这个系列聚焦于那些风景优美、民风淳朴的乡村旅游景点，倡导一种健康向上、回归自然的生活方式。同时，运营团队在文案中融入了对当地文化习俗的介绍，弘扬中华优秀传统文化，传递积极向上的价值观念。

习近平总书记在2020年11月16日至17日召开的中央全面依法治国工作会议上明确指出，要依法加强网络社会管理。在新媒体时代，即使面对巨大的流量诱惑，也不能牺牲内容质量和社会责任。相反，通过传播正能量和积极向上的价值观，新媒体平台不仅能够获得用户的长期支持，还能为社会带来正面的影响。

在选择新媒体文案主题时，必须具备底线意识，不能单纯为了追求流量而忽略社会责任。我们应该主动承担起引导舆论、传播正能量的责任，努力创作出既能吸引受众又能传递正确价值观的内容。只有这样，才能在激烈的市场竞争中立于不败之地，并赢得用户长久的信任和支持。

课赛融通

融媒体内容策划与制作赛项依据国家广播电视总局发布的融媒体中心建设规范与教育部发布的高等职业学校新闻传播大类专业教学标准等设计竞赛内容，竞赛内容符合行业标准及教学标准的“策采编发运”的典型工作流程及典型任务，其中重心设置在融媒体内容策划与制作上。目前，本赛项由融媒体专业知识、融媒体项目分析与策划、融媒体内容制作三个模块组成，总竞赛时长 360 分钟，每个参赛团队由 3 人组成，团队内容自行分工，共同完成竞赛内容。

融媒体专业知识包括融媒体内容策划与制作相关的专业理论知识和职业素养，主要考查融媒体内容策划与制作等方面工作应具备的基础知识、能力和思想政治、人文艺术等职业素养。

融媒体项目分析与策划包含项目分析和创意策划，在 120 分钟内完成编制融媒体项目分析方案与融媒体项目策划方案，主要考查融媒体内容制作、技术应用和团队协作能力。

融媒体内容制作包含图文新闻述评稿、短视频和 H5，在 225 分钟内，根据融媒体策划方案，制作完成图文新闻述评稿、短视频、H5 三个融媒体作品。

项目三

微信朋友圈文案写作

学习目标

知识目标

1. 了解微信朋友圈。
2. 认识微信朋友圈文案。
3. 了解微信朋友圈文案的特点。

能力目标

1. 学会打造个人微信朋友圈。
2. 掌握微信朋友圈文案的写作策略。
3. 运用 AI 增强微信朋友圈文案的吸引力。

素质目标

1. 自觉遵守网络空间法律法规。
2. 具备创新意识和创新精神。
3. 养成细心、专心的写作态度。

引导案例

朋友圈的第一次广告文案

2015 年 1 月 25 日，微信朋友圈中出现了这样一个现象：可口可乐、宝马中国、vivo 智能手机首次在朋友圈的营销广告功能中亮相（见图 3－1）。这三则微信朋友圈广告与正常的单条朋友圈一样，由文字和图片构成，点击之后进入广告完整的 H5 界面。用户不仅可以点赞或者评论，还能看到自己好友的点赞和评论，这波操作迅速引爆了朋友圈。

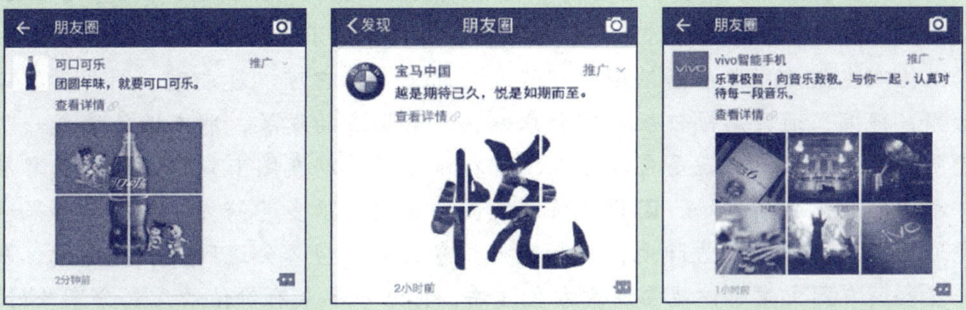

图 3－1　可口可乐、宝马中国、vivo 智能手机朋友圈文案

广告发布时正值春节前夕，可口可乐文案画面沿用了品牌颜色，突出了新年的喜庆气氛。4 张图片以拼图的形式，搭配“团圆年味，就要可口可乐”的文字，表达了对于新春的祝福以及对于团圆的渴望。而阿娇和阿福两个卡通形象，又大大增加了文案的趣味性和本土概念。

宝马中国文案采用“越是期待已久，悦是如期而至”12 个汉字，外加 6 张图片的整体设计，以拼图的形式展现出一个“悦”字。“悦”涵盖了驾驶乐趣之悦、成就梦想之悦、责任和分享之悦多个层次的情感。它不仅代表着高性能和有着纯粹驾驶乐趣的汽车产品和技术，也代表着创新和积极进取的乐观精神，以及关心社会和关注未来的公益心与责任心。

vivo 智能手机文案则以音乐为主线，故事性强——“乐享极智，向音乐致敬。与你一起，认真对待每一段音乐”。主题性强的广告语配上贝多芬、金色大厅、留声机、调音台、摇滚、vivo 六幅创意画面，对应天赋、梦想、经典、坚持、自由、极致六大主题，凸显出品牌的格调与追求，给用户留下了深刻的印象。

可口可乐、宝马中国、vivo 智能手机初次在朋友圈做广告就取得了成功，这种文案形式也给人带来了新鲜感，使得品牌传播渗透到朋友圈的各个角落。此后，越来越多的企业和产品都加入朋友圈广告的行列中，如星巴克、耐克、小米、美团、京东、美的等。朋友圈广告不仅能够精准地定位目标用户，而且能够通过各种创新的广告形式吸引用户的注意力，从而提高广告的转化率。

敲黑板　划重点

微信的普及是社交网络史上里程碑式的革命，它不仅成为全民最大的社交平台，而且成为全民最大的个人创业平台。微信朋友圈是微信中的一个应用，是微信好友中非匿名、强关系的一个熟人社交圈。微信朋友圈是基于QQ好友和手机通讯录的强关系社交圈，契合了传统意义上建立在血缘、业缘和地缘基础上的人际交往，维持了原有的“亲戚”“朋友”“同学 / 同事”之间的熟人关系。正是因为这种熟人在场的人际传播，人们才更加需要在朋友圈展现自我、打造精致人设。微信朋友圈极大地改变了社交的时空观念，提高了手机网络的交往价值和功能。从某种意义上来讲，你在朋友圈传达出来的所有信息，很大程度上直接构建了你的个人形象。

微信朋友圈文案是展示给微信“好友”的文案，它可以是文字、图片，也可以是音频、视频，通常篇幅较短、言简意赅。随着经济的发展，朋友圈已变成一个营销场所。无论是微商，还是自媒体人，都在试图通过朋友圈来宣传自己的内容和想法，希望以此来撬动市场，因此微信朋友圈中出现了很多营销文案。但是如果我们单纯地把朋友圈当成广告阵地，不断进行信息轰炸，势必会遭到抵制。因此，在写作并发表朋友圈文案时，就要注意方式方法，把好产品或有价值的信息分享给好友，这样才能成为朋友圈中受欢迎的人。

知识精讲

任务一　认识微信朋友圈

一、微信朋友圈的定义

朋友圈一般是指腾讯微信上的一个社交功能，微信 4.0 版本于 2012 年 4 月 19 日更新上线，用户可以通过朋友圈发表文字和图片，同时也可通过其他软件将文章或者音乐分享到朋友圈。用户可以对好友发布的照片进行评论或点赞，其他用户只能看到相同好友的评论或点赞。微信朋友圈是一个可以随时发布自己的动态、心情、分享链接等的地方。“发条朋友圈”成了许多人在生活中遇到开心、惊喜、意外时第一时间的反应。

学中做 3-1

请根据你的实际情况，完成表 3-1 的问卷选择，并用一句话说说你的朋友圈。

表 3-1 问卷选择

题目	选项			你的选择
	A	B	C	
1. 你使用微信朋友圈吗？	使用	不使用		
2. 你多久发布一次朋友圈？	每天	不定期	只看不发	
3. 你发布朋友圈的内容哪种类型居多？	个人生活	公众号链接	产品销售	
4. 你会经常给你的好友朋友圈点赞、评论吗？	经常	偶尔	从不	

二、微信朋友圈的发展历程

2012 年 4 月，微信发布 4.0 版本，朋友圈这样一个具有社交属性的产品正式上线，并成为微信最为核心的产品之一。

2012 年 8 月，微信 4.2 版本更新朋友圈，新增评论回复功能及增加选择可见范围。

2012 年 9 月，微信 4.3 版本更新，你可以不查看某人的朋友圈，并可以把朋友圈上的私密照片设为公开。

2013 年 8 月，微信 5.0 版本新增收藏功能，可以收藏聊天、公众号、朋友圈的信息。

2013 年 12 月，微信 5.0 for Windows Phone 上线，添加了分享信息到朋友圈等功能。

2014 年 3 月，微信 5.2 版本更新，发朋友圈时，可以附上你所在的餐馆或景点定位。

2014 年 5 月，微信 5.3 版本更新，发朋友圈时，可以创建新的位置信息。

2015 年 1 月，微信朋友圈广告正式宣布上线，出现在朋友圈中的三条广告分别来自可口可乐、宝马中国和 vivo 智能手机，它们也成为首批朋友圈广告的客户。

2017 年，微信朋友圈推出了“朋友圈最近半年 / 三天可见”的功能。一时间，微信好友纷纷给朋友圈上了一层密码锁。

2019 年 5 月，继 Android 版本后，微信发布 iOS 新版本 7.0.4。更新后，允许朋友查看朋友圈的范围增加了“最近一个月”的选项。

2024 年，微信朋友圈在不经意间又焕然一新。新增的朋友圈时间线功能，自定义修改权限功能，重新编辑发布功能、置顶功能，不但保护了用户的隐私，更实实在在地提升了用户的体验感。

作为一款国民级应用，微信朋友圈的每一次改版都牵连着上亿人的使用感受；它作为十几亿用户生活的一部分，已经成为移动互联网时代的生活方式的注脚。

三、正确认识微信朋友圈

朋友圈等社交媒体在给人们带来丰富的信息与娱乐的同时，也带来了不小的社交焦虑。人们在社交媒体上展示的生活、表达的观点比线下的社交更容易进行粉饰与伪装，人们往往倾向于展示自己生活的“高光时刻”，看上去都是光彩熠熠的，这样就很容易让平台上的用户因攀比而产生压力与失落感。另外，微商的兴起，让很多人说起朋友圈就会联想到广告、刷屏等不良体验。刷屏式的广告确实给人们造成了极大的信息干扰，面对层出不穷的推销信息，很多人只能眼不见为净，干脆拉黑了事。调研机构数据显示，有超过一半的 Z 世代成年人表示他们“正在减少对社交媒体使用”，甚至有 1/3 的人表示会永久关闭社交媒体账户。在国内年轻人中，也有不少人正在使用“关闭朋友圈”或“只显示 3 天朋友圈”的微信功能。

那么，朋友圈就没用了吗？不是的。我们或许应该重新了解一下微信朋友圈。

在微信朋友圈诞生之前，微信更多的只是一款即时通信工具，好友之间的关系链都是单向的。“朋友圈”功能改变了这种关系结构，从单向联系变成了网状联系。朋友圈就好比是小区的活动中心，所有住户都可以来这里下棋、听音乐、锻炼身体，大家有了更多熟悉、交流的机会。因此从这个角度来讲，朋友圈首先是一个让大家交往、沟通的社区，社交才是朋友圈的第一价值，各种商业推广只是人流聚集后产生的一种行为。艾媒咨询数据显示，朋友圈依然是受访网民表达自我的重要窗口，48.9% 的受访网民倾向于在朋友圈发表个人观点，42.1% 的受访网民偏好在朋友圈记录生活点滴，24.8% 的受访网民利用朋友圈推广产品或服务。

学中做 3-2

你知道朋友圈隐私权限如何设置吗？你发布朋友圈的时候有没有屏蔽好友或家人？为什么？

任务二 打造微信朋友圈

微信朋友圈就像是一个人的“名片”，无形地向身边的人介绍自己、展示自己，但是很多人的朋友圈都存在这样的问题——满屏广告、内容夸大其词或胡编乱造、无限制刷屏、只会转发无效链接等，这样长久持续，必然会导致关注朋友圈的人越来越少，朋友圈无任何意义。那么，如何在朋友圈里成为一个受欢迎的人呢？要学会打造个人微信朋友圈。

一、完善个人微信号

微信朋友圈是你在另一个空间的生存方式，它显示的是你的隐形简历，因此，打造微信朋友圈的第一步就是要完善个人微信号，包装个人品牌形象。一套完整的个人品牌形象包装包含 5 个元素：个人昵称、个人标签、个性签名、个人介绍及相关图片。

个人昵称是我们在微信里的名字，大多数情况下，用本名作为昵称是一个不错的选择，也可以是本名加从事的行当。如果不用本名，那么就要起一个好记且有一定辨识度的名字，不要太长，不要用英文名，不要有太多的符号和繁体字，以便更容易被人找到和记忆。个人标签是对个人价值的高度概括，也是个人优势和特点的体现。个性签名是对个人标签的解释以及对价值的具体塑造。个人介绍可以是个人经历介绍，也可以是成就成绩的展示，是对自己优势的进一步描述，字数不要太多，30 字左右为宜。相关图片通常选用本人照片，清晰度要高些，可以是正装照片，也可以是生活照或艺术照，以体现出个人良好形象为标准。

二、展示个人形象

微课

朋友圈个人形象塑造

但凡加入了你的朋友圈，那一定是已经认可你或想要成为你朋友的人，或已经是你朋友的人。无论是认识的还是不认识的，都得让大家了解你的为人。为了能够让他人更好地了解自己，在朋友圈里，应该展示这 3 个方面的个人形象——生活、专业、社交。

（一）生活方面

这是朋友圈形象的基础，也是最重要的内容。它可以让我们成为真实的人，而不是只会打广告的人。在微信上，我们应该把自己最朴实和最真实的状态展现给朋友们，多增加一点个人的生活动态，让大家看到一个真实、有趣、有内涵的人，比看到一个“移动广告”要有价值。

（二）专业方面

如果你渴望在微信中树立你的品牌、经营粉丝圈，那么就得在某些领域拥有专长或优势。所有人都有专业特长，这也是展示自己专业的一面。你擅长什么、你的优势是什么、你能帮助别人做什么，这方面的内容可以帮助你成为大家眼里“有用”的人。不过要指出的是，通过单纯的产品价值很难建立个人的专业形象。比如，一个服装销售者在朋友圈里展示很多漂亮衣服，她想建立的“价值”是帮大家买到漂亮衣服。这其实只是将“卖衣服”换了一种形式而已，同样在“卖衣服”的人很多。在这种价值的基础上，如果还有一些其他相关的优势，比如会搭配、会设计等，结合这些就可以形成在服装方面的专业形象。图 3－2 为某品牌服装的文案，在这个文案中，既有对服装材质的介绍，又分享了搭配效果，体现出文案创作者的专业性。

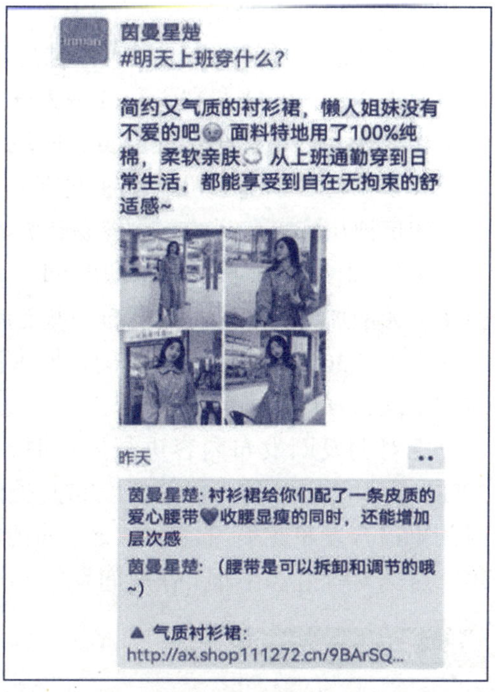

图 3－2 体现专业形象的文案

（三）社交方面

你和什么样的人打交道、你和人交往时是什么样子，这些内容可以让你的朋友们看清楚你是不是一个“好交往”的人。

综上，朋友圈里的个人价值如图 3－3 所示。

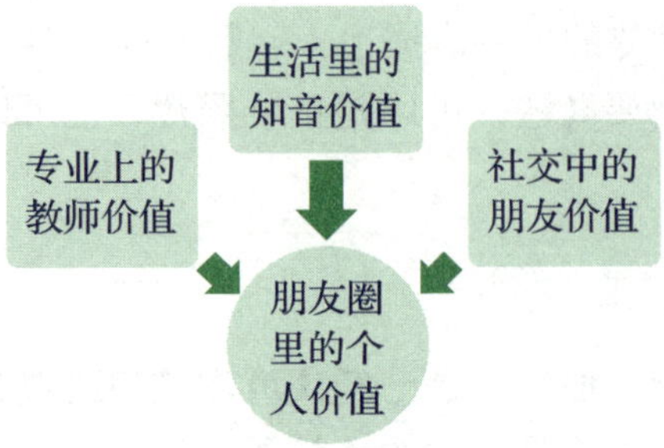

图 3－3　朋友圈里的个人价值

> **学中做 3-3**
>
> 你的微信朋友圈里有推广产品的好友吗？你能否从他 / 她的朋友圈文案中，分析出他 / 她的个人品牌、生活爱好、性格、品位等？他 / 她的朋友圈文案能否激发你购买的欲望呢？

三、规划发布时间

选择合适的时间发布文案，效果更显著。以微信朋友圈文案发布时间为例：

上午 7:00—9:00 左右，新的一天开始，人们的大脑得到充分的休息，对信息的需求量也相对较大，是推送文案的黄金时段。这时正好是微友们起床吃早餐的时间或上班路上，大家都喜欢拿起手机刷刷朋友圈或新闻。这时候发布一些正能量的内容，会让大家一天的精神从好心态开始，更容易让大家记住你。

中午 11:30—下午 2:00 这段时间，大家一般进入吃饭、午休的阶段，玩手机微信的概率大大增加，所以这时候发布一些有趣味性的内容，也能够引起朋友圈微友们的关注。

下午 5:30—6:30 是下班时间，回家路上看手机的微友们也特别多，也可以抓住这个时间段发布宣传文案。

在对朋友圈发布内容进行展示时，还有一个原则需记住：生活方面的内容不少于 30%，早中晚三餐前后更适合发布此类内容；专业方面的内容不超过 50%，上下午工作时间更适合发布此类内容；社交方面内容不需要每天都展示，保证每两到三天有体现即可，这类内容适合在非工作时间发布。

四、把握发布内容

发朋友圈有 3 个境界，低级展示的是广告，中级展示的是感觉，高级展示的是思想。

如何才能让自己的朋友圈不被人反感呢？发布朋友圈内容时就要做到有温度、靠谱、有干货。

（一）有温度

发朋友圈不能纯粹地只发广告，要想利用好朋友圈，首先得让别人知道，这个微信号是一个有思想、有品位的号，而不仅仅是个广告号。所以，朋友圈应该把自己最朴实、最真实的状态展现出来，需要经常发布自己的观点和生活状态，展示自己的个性，这样才更容易被关注，更容易打动人。如图3－4所示，这是一个做母婴产品的商家，她的朋友圈里既有店铺产品的销售信息，也有个人生活的展示，还会转发一些与母婴相关的知识。这样既增加了用户对产品的认同感，同时也加强了商家与用户的联系。

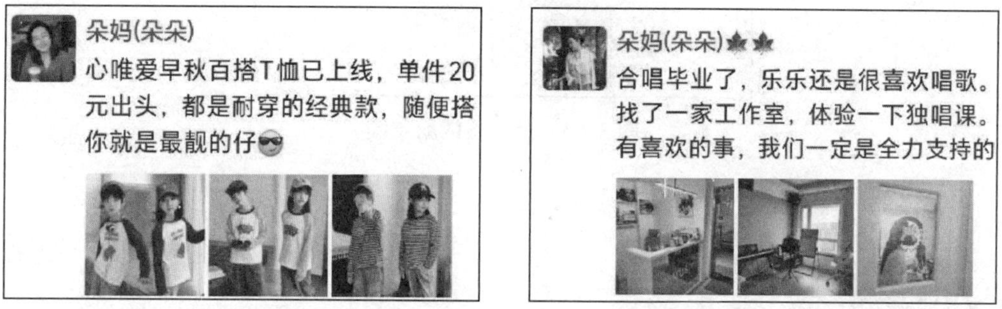

图3－4　朋友圈既有产品信息也有个人生活信息

另外还要注意，不要在朋友圈宣泄负能量和发布不开心的事，不要把自己在生活或者工作上的烦心事全都在朋友圈里说。工作了一天好不容易有时间翻看朋友圈，再看到这样消极的消息，会让人感受到十分不舒服。偶尔一两次也就算了，如果次数多了就会引起他人的反感，进而他人就会拉黑或屏蔽你。良好的朋友圈一定是让人快乐的，点开就能让人感觉有一种温暖的阳光照射在自己身上的舒服。所以朋友圈中多多展现生活中的美好，给对方树立一个积极生活、努力工作的榜样，这样可以感染到对方，让对方感受到你的热情与温暖。

（二）靠谱

靠谱对于解决信任问题非常有帮助。一个人要是做一件事情，坚持做三个月，每天分享心得，别人就会觉得你很厉害，做事情有恒心，会给人一种靠谱的感觉。当别人认为你靠谱了，自然愿意相信你。此外，写作朋友圈文案时不要过度夸大产品效果，否则当产品效果没有达到期望值时，就会降低用户对产品及你个人的信任。

（三）有干货

干货就是指有价值的东西，价值意味着吸引力，别人不知道的你却知道，这就是“干货”。分享这些“干货”，展示自己的专业优势，用户自然会被吸引。比如，现在妈妈们都很注意孩子们的营养，如图3－5所示的商家在售卖商品的同时，简单分享了关于乳铁蛋白的知识，对于妈妈们来说就非常有吸引力。

图 3－5　有干货的朋友圈

任务三

认识微信朋友圈文案

一、微信朋友圈文案的类型

微信朋友圈文案主要有两种类型：日常分享型和产品推广型。

日常分享型文案可以分享日常生活中遇到的各种趣事和心情，也可以分享因为当下热门新闻、话题而引发的各种感悟。同时，还可以参与分享集赞、打卡、抽奖等活动。这是微信朋友圈最常见的一种文案类型。

产品推广型文案是指直接在朋友圈中进行产品或品牌推广的文案，这种类型的文案主要在企业或商家营销人员的朋友圈中出现。它们有的是直接介绍产品信息，有的是将产品融入日常生活或个人经历中，还有的是通过展示用户评价来提高产品的可信度和文案内容的丰富度。

二、微信朋友圈文案的特点

微课
微信朋友圈文案的特点

（一）篇幅简短

在社交平台上，人们更愿意接受碎片式阅读形式，不喜欢长篇累牍的文字。微信用户一般都有快速浏览朋友圈内容的阅读习惯，因此在微信朋友圈中发布的文案就要符合篇幅较短、言简意赅的要求。一般来说，108～200字的内容就会被系统自动折叠，只展现其中一半到三分之二的信息，超过200字的内容就只剩下一行字了，其余内容需要点击“全文”才能看见，在一定程度上会造成不小的麻烦。假设有100个好友，同时看到了需要点击“全文”按钮才能阅读的信息内容，愿意阅读的人数可能连一半都不到，尤其是在显现的文字并不能吸引他们注意的情况下。因此为了使微信好友都能顺利地读完朋友圈文案，一定要严格控制文案字数，利用前3行120字左右来吸引用户的目光，这样才能使人们有继续看下去的欲望，而事实上100多个字已经足够我们去描述一个产品或一件事了。因此，文案人员每次在文本内容编辑完成时，都应该认真翻看几遍原有的文字，学会提炼重点，进行适当删减，去除那些啰唆的、并不需要的形容词、副词，让文案内容精短、一目了然。这样用白描手法写出来的东西反而让人觉得更加贴近生活。

如果文案的内容确实比较丰富，无法删减，可以将文案用软件生成图片文件。可以用手机自带的文稿编辑功能写文案，然后直接截图，这样的话虽然简单但是不太美观，因此建议还是用专业的软件来编写。一般长文的软件都会有很多不同的模板，除了文字以外还可以加入图片、图标、贴画等，进而能够生成精彩纷呈的画面，直观性更强，让人忍不住点开仔细品读。图3－6是一个月饼新品推广文案模板，先由团圆引出中秋，再由中秋引出新品月饼，介绍新品月饼的用料及制作方法，黄蓝两个底色加上卡通图案，既符合中秋的氛围，又吸引了人们的兴趣。

图3－6　长图文案模板

（二）形式多样

朋友圈发布的文案形式是多种多样的，可以发布长文案或短文案，也可以发布单张图或多张图，还可以发布图文结合的文案。文案中既可以包含站外链接，又可以支持单独发布30秒以内的视频。如果是纯文字形式，内容说服力较弱，一般不太建议使用。而图文结合，就比单纯的文字更加醒目、更加吸引人，文案会显得丰富有趣，蕴含的信息量也更大。要是再加上视频，则可以让内容立体呈现，拥有比文字、图片更强的吸引力。

在发布朋友圈的时候，要善用图片。最好提供自己的实拍图，这样会显得更加真实。选择图片时，数量最好为 1、3、4、6、9 张，这样发出来的朋友圈图片组合起来是完整的，更符合人的审美要求。若是使用 2、5、7、8 张图片，发出来的效果将不够完整，影响美观。

另外，如果朋友圈的内容太长，且没法精简提炼，那么也可以利用微信朋友圈的评论功能来发表文字，评论区域是不会折叠的，无论发多长的文字，都会展现出来。因此，新媒体文案创作者要善于利用朋友圈的评论功能，将他人看不到的内容写上去，或者将一些需要强调的重点内容写上去，通过评论功能将更多的信息传递给受众。

学中做 3-4

请说明微信朋友圈文案和微信公众号文案的不同之处。

任务四 微信朋友圈文案写作策略

作为微信“三驾马车”之一的微信朋友圈，其价值并不亚于微信公众号和微信小程序。为了能够更好地突出朋友圈这一价值，就要重视朋友圈文案的写作。下面主要介绍朋友圈营销文案的写作。

朋友圈营销文案是以个人身份做背书，以熟人经济为基础的篇幅短小且具有销售属性的文案。朋友圈营销文案写作需要站在用户的角度去思考，只有这样才能写出符合用户口味的文案。微信朋友圈营销文案在写作时可以采用以下五种策略。

一、分享生活，引发共鸣

微信在大家的印象中都是比较私人化的，人们更愿意看到一些简单、富有生活气息的动态。在微信朋友圈发布的文案，通常具有自我分享的特点，将产品的自用体验与自身的日常生活相关联，用原创图文、视频等形式营造真实、友好的场景，通过不断强化自身的身份定位，获取微信好友的好感与支持。文案人员可将在日常生活中遇到的趣事、囧事等分享出来，作为直接推广产品文案的调节剂，给用户眼前一亮的感觉；还可以将产品融入分享的日常生活文案中，让用户在浏览日常生活趣事时了解产品，淡化营销痕迹，增加用户对产品的认同感，制造温馨的朋友圈氛围；还可以分享互联网中一些有趣、有价值的内容，甚至将这些内容与自身经历相结合，给用户留下深刻的印象，提高用户转化率。在成长过程中，每个人都会有不同的经历、感悟，文案人员可以将这些经历与感悟发布到朋友圈中，这样既可以引起有相同经历用户的共鸣，又可以给其他用户一些启发。如图 3－7 所示的文案，就是将产品融入日常生活中，通过孩子就医的经历引出产品，说明功效。另外，如图 3－8 所示的文案，在转发链接的同时，结合自己的经历，引起用户共鸣，也让人更加信服。需要注意的是，朋友圈转发链接时，不能单纯地转发一个链接，要配以心得体会类的文字，这样才能引起注意。

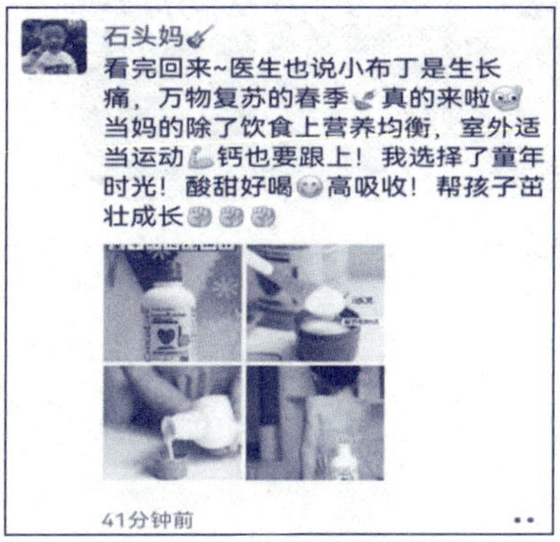

图 3－7　自我分享类文案

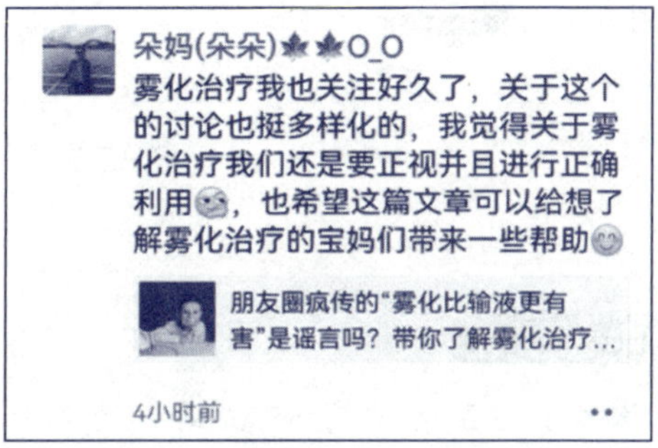

图 3－8　生活感悟类文案

二、重视互动，加强联系

微信好友那么多，为什么你的朋友圈能够脱颖而出，为什么你的朋友圈能够吸引关注？除了内容，更重要的是互动。互动能够让你的朋友圈从众多信息中脱颖而出，能让朋友圈里的好友感受到你的存在，能加深好友对你的印象，也能通过互动加强彼此的关系。

互动的形式有很多，晒生活、分享生活中的点滴是最容易让别人与你产生互动的方法。比如，你去某个地方旅行，拍几张美丽的风景照，自然会有人好奇你去了哪里，值不值得去，有什么经验分享；又或者今天做了一道好菜，拍照发到朋友圈里，也会有人来问做这道菜的材料和方法。这样一来二去，就可以和朋友圈中的一些好友保持友好的关系，让好友感受到你的生活态度，同样也多了一些聊天话题，这就是“人情味”。

也可以在朋友圈点赞、评论互动。当好友发了有趣或有价值的信息后，应该及时评论，如果拿不准写什么，那就点个赞。这样既有益于与目标用户加深情感连接，又给了潜在用户进一步了解自己及产品的机会。

还可以直接在朋友圈中发布一些互动性比较强的话题，让用户参与讨论。发布的互动话题最好比较新奇，要抓住热点或制造热点。为了提高宣传力度，提升用户的参与度，也可适当地以利相诱，在朋友圈中发布评论抽奖的文案，不少用户对这种活动内容的文案也很感兴趣。例如，发布互动话题后先请用户在话题下面留言或点赞，再从留言或点赞名单中抽取一位或几位用户送礼。也可以发表一些趣味话题，如脑筋急转弯、星座测试、性格测试、猜谜、竞拍等，引起用户的注意和关注，调动微信好友的热情，吸引好友参与。如图 3－9 所示，左边是一则抽奖文案，右边是一则趣味话题文案，目的都是吸引用户的关注，加强互动。

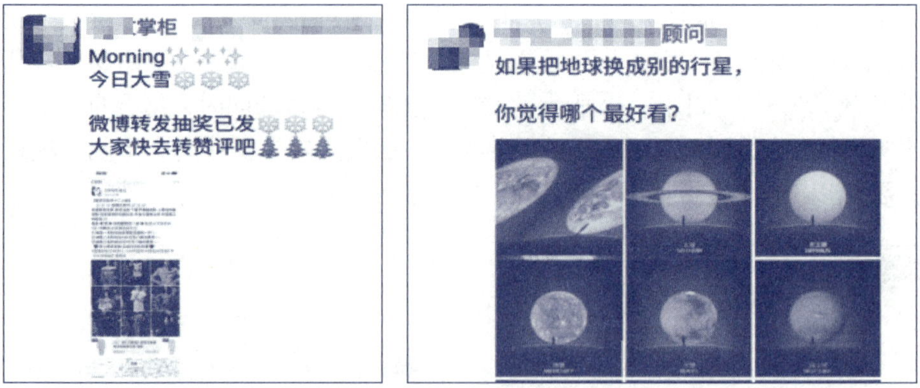

图 3－9　互动话题类文案

学中做 3-5

除了上述互动方式，你是否知道其他互动方式？

三、传递情感，建立信任

微课
情感型文案写作

微信朋友圈文案的传播基于社交信任，大家愿意看某个人的朋友圈文案，是因为对这个人有基本的信任，只有有了信任，才会有进一步转化的可能；如果没有信任，即便文案被推送到用户眼前，也会被用户忽略。这也是朋友圈文案和其他渠道文案的主要区别。大家看某人的朋友圈文案，首先会判断文案发布者本人是否值得信任，其次才会判断文案涉及的相关产品或服务是否值得信任。这就意味着朋友圈文案的投放效果与文案发布者的身份、格调、推荐口吻等紧密相关。

新媒体文案创作者可以通过情感型文案与用户建立信任关系。情感型文案可以分为以下 3 种。

（一）描述类

新媒体文案创作者通过细节描写、叙述等方式，借助生动细腻的描绘和刻画来渲染情绪，从而达到促进产品销售的目的，这种写作方式是最常见的。比如，近年来新中式服装的流行，传统文化和新材料、新工艺的融合是新中式服装的特点，因此在写作文案时就要突出这个特点。“国风之美——印花压褶半裙。高雅竹枝、多彩蝴蝶透露着国风古韵气息，采用高科技印花技术，面料轻薄如蝉翼；久穿不易散褶，行动起来褶间温柔荡漾。”通过这一描述，一条具有中式特征的压褶半裙跃然眼前。

再比如，想向用户推销一款 15 元的线上课程，如果直接用“课程便宜”这样的词显得太苍白，而如果用“用一杯奶茶的价格买下这节课，让你的思想长肉，而不是腰长肉”，不仅能明确地传递核心信息，也更生动形象。

（二）故事类

没有人喜欢听大道理，大家都喜欢听故事。新媒体文案创作者在发布朋友圈文案时，可以设置简单的人物和情节，通过讲故事的形式，传递产品的功能和价值。比如下面这则朋友圈文案：

今天，在老街的转角，我与一款手工皮具钱包不期而遇。每一寸皮质，都经过匠人精心打磨，触感温润如玉，仿佛能感知岁月的流转。钱包里，藏着一张泛黄的老照片，是匠人与他的第一件作品的合影，那份匠心与传承，让我瞬间心动。

这样的文案能够将微信好友代入同样的场景中，不仅能够感受到卖家是人性化、易于沟通的，同时还能消除对卖家销售的产品的戒备心理，增加对其产品的信任，为成交奠定良好的情感基础。这种治愈系的文案是当代人比较喜欢的，会让人感到放松、愉快、舒适。

学中做 3-6

用“石头、拖拉机、饼干、高跟鞋、啤酒”这 5 个词构思一个故事，写一则故事类的朋友圈文案。

（三）文艺类

新媒体文案创作者采用诗歌、散文、小说、童话、戏剧、歌曲等文艺形式，在文案中植入产品的性能、优点，以引起微信好友对产品的兴趣。比如下面这则咖啡文案：

清晨，拉开窗帘，阳光照进了小屋，一杯黑咖啡在一旁散发着诱人的香气，这是属于我的“清晨小确幸”。

文艺类文案几乎适用于所有的产品，但是它的数量应有所控制，不应过于泛滥。因为用户更希望通过描述类文案，了解产品的属性、卖点、用户体验等，或者从故事类文案中了解产品在研发、生产、销售、售后等过程中发生的真实故事，所以文艺类文案更适合锦上添花，而不能替代产品真实信息的传递及引导购买的内容。

为了更好地建立情感连接，天气转凉时，可以在朋友圈中提醒加衣；节日到来之际，可以在朋友圈中发布祝福。写文案的时候，用一些幽默的段子、语言，特别是运用一些流行词汇，不仅可以放松心情，而且可以加深文案丰富有趣的程度，使文案更具吸引力，加深与好友的联系。

文案写作者要多发一些有个人情怀的内容，因为情怀是很容易让用户产生共鸣的，同时也是一个拉近距离的好方法。偶尔也可以在朋友圈“诉诉苦”，将自己拿货、上货、培训的照片分享在朋友圈中，让用户看到一个努力认真为这份事业打拼的人，在向用户展示认真工作态度的同时，赢得他们的信任。

四、保持更新，绝不刷屏

朋友圈虽为私域流量平台，但并不意味着所有微信好友之间都具有非常可靠的社交关系，同时，潜在用户的付费意识和习惯也需要培养。有些人把自己的朋友圈当作日记本，密密麻麻且非常详细地记录自己的生活状态，不管是好的还是差的。如果一打开朋友圈就是这些动态，那么给人的观感就会特别不好。因此，文案写作者在发布朋友圈动态时，应遵循适度原则。

微信朋友圈文案的发布需要保持一定的更新频率，一般情况下，每天发布 4 ～ 5 条朋友圈内容不算频繁，这样既可以增加朋友圈文案被微信好友关注到的可能性，又不至于因曝光过于频繁而招致微信好友的反感。如果每日发布朋友圈内容较多，那么就不能每条都是广告，也不能发送大量无效的信息刷屏，这样会让微信好友对发布的信息感到麻木，而是应该用丰富的呈现方式，图文并茂，以足量的信息不断扩大文案在朋友圈的影响力，给人以新鲜感。如图 3－10 所示，左边朋友圈每天的发布频率都很密集，而且全部都是商品，甚至有的产品介绍都不清晰，这样的发圈没有什么实际效果。而右边朋友圈既有清楚的产品介绍，又有自己的生活内容，这就给看朋友圈的人们带来了新鲜感。

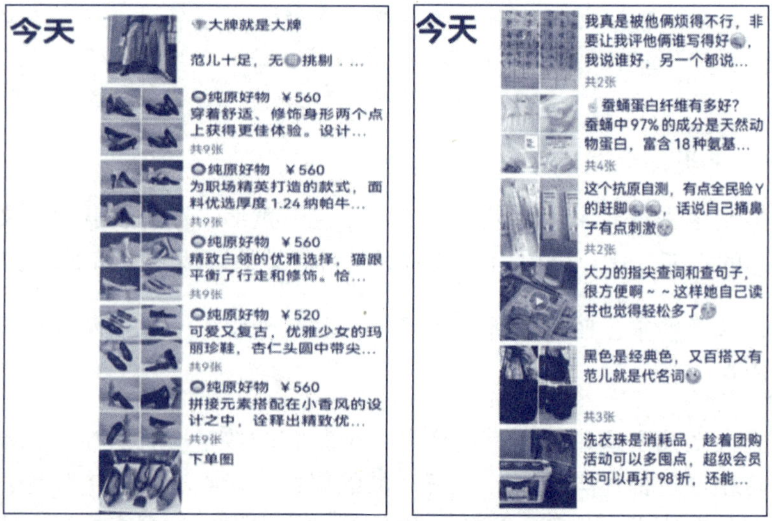

图 3－10 文案发布频率及内容

五、深挖专业，明确定位

作为在朋友圈中传递产品价值的人，新媒体文案创作者必须提升自己的专业性，做到内容专业、知识专业、服务专业，写出来的文案要有与产品相关的深度见解，能解答专业的问题，进行专业的分析，这样才能提高产品的可信度。专业知识也可以帮助用户解决产品在使用过程中可能遇到的问题，加强用户对产品或文案人员的专业性认知。文案创作者可以讲解的专业知识包括产品使用方法、使用技巧、产品功能、产品技术等。但是，专业不代表深奥，一定要注意，文案写作时应该用通俗易懂的语言展示产品的专业信息，不要用抽象的、不能提供产品信息的描述，那样很难提升接受度。比如一个释迦果的朋友圈销售文案是这样的：

本店新上释迦果，

表皮淡绿色，有多角形小指大小的软疣（子房与花托）凸起覆盖，果肉呈奶黄色，肉质柔软，香甜可口。

这则文案虽然描述得很具体，但是太过专业，产生不了共鸣。现在把它进行通俗化修改：

放大版的荔枝——释迦果上新啦！

吃一口，荔枝与芒果的味道在口中散开。

一种水果，吃出两种味道！

修改后的文案既点出了释迦果的形状，又形象地说出了它的口感，使消费者对这个产品形成具体的印象和联想，从而大大提升了购买的兴趣。

在微信朋友圈进行营销的过程中，除了发布产品图片和产品基本信息外，还可以将用户对产品的使用感受、评价等截屏，分享到朋友圈中，提高产品的可信度，增加用户的消费行为。用户下单后和确认收货后，文案创作者都要分享，要把购买的订单信息及和用户的对话内容都截图一起分享，这样才会让人觉得是真实的，以此激励其他朋友来购买产品。晒单可以刺激消费，但是要注意的是晒单必须适度，并且要真实，一定不能造假。如图 3－11 是某商家展示用户评价的文案，在感恩用户的同时，也表达了自己的工作决心，进一步提升了用户的信任。

图 3－11　展示用户评价的文案

此外，文案创作者还可以采用借助热点的方式。热点一般包括当下网络上的热门话题、新闻、时令、节日、节气等。热点能够满足用户的好奇心，为文案带来关注度。热点自带的热度可以使文案更容易被用户关注，文案创作者可以将文案与热点衍生的话题、讨论等关联起来，增加传播渠道，扩大传播范围。比如这则借助奥运会热点的文案：2024 年巴黎奥运会，激情与梦想同在！带上“运动风尚”限量版耳机，亲身感受这场全球体育盛宴的每一个精彩瞬间！

值得注意的是，在借助网络热点时，不要盲目跟风，要针对自己产品的调性，从不同角度撰写文案，发布自己的观点，这也是专业性的体现。另外，追热点要有度，向负面事件以及灾难借势是不可取的。比如，2017 年某位知名模特在维密大秀舞台上摔倒了，与之相关的话题热度急剧上升。面对这难得一遇的热点话题，很难有企业不动心。某陶瓷企业就推出了借势文案：“不恨天高，就怕地滑；× × 陶瓷，无惧地滑。”无论是从反应速度，还是从产品契合度，又或者是从文案的简洁性来看，该企业都做得非常恰当，但它最后却受到了网友的声讨，因为该企业触及了借势营销的禁区：天灾人祸。因此，蹭热点还要和自身定位、企业文化相关联，尽量避免蹭负面热点。若是负面事件，文案创作者要找准解决方案，提供正能量，同时不能从给当事人造成伤害的角度进行写作。

任务五 AI 辅助微信朋友圈文案写作

微课

AI 辅助微信朋友圈文案写作

现在越来越多的新媒体创作者，会把其他平台的用户导入微信，通过运营朋友圈来和用户建立信任，并以此获得更多的收益。写出有吸引力的朋友圈文案，就是获得朋友关注、后续能够盈利的关键。那么，如何运用 AI 来撰写朋友圈文案，提升朋友圈的吸引力呢？可以试试下面的方法。

第一步，询问建议。当你不知道什么样的朋友圈文案更能够吸引人，写作没有灵感的时候，不妨询问一下 AI，请 AI 提供思路。比如，中秋临近，你需要为某品牌月饼写一则营销文案并在朋友圈发布，那么可以先向 AI 提问。

问：

请写一则中秋节朋友圈营销文案。

AI：

中秋佳节至，月圆人团圆——您的温馨时刻，我们用心守护！

秋风送爽，丹桂飘香，又是一年中秋夜。在这个充满温情与思念的节日里，我们精心准备了一系列中秋特惠活动，只为让您的团圆时刻更加甜蜜、难忘！

精选月饼礼盒，每一口都是家的味道。无论是经典莲蓉、五仁的传统风味，还是创新冰激凌、奶黄流心的现代口感，总有一款能触动您的心弦，将这份甜蜜传递至每位家人的心间。

不仅如此，我们还准备了精美的中秋装饰品和礼品卡，将您的节日氛围更加浓厚，无论是家中布置还是赠送亲友，都能彰显您的品位与心意。

限时优惠，错过等一年！即日起至中秋当天，凡在本店购物满额即享超值赠品，更有机会参与抽奖，赢取神秘大奖！

让我们携手共度这个美好的中秋佳节，不仅品尝美味，更传递爱与温暖。因为，在这个团圆的时刻，有您，有我们，才最圆满！快来选购吧，让这份中秋的祝福与惊喜，先一步抵达您和家人的心田！

第二步，给出需求。为避免显示的时候内容被折叠，朋友圈尽量不要发布太长的内容，要做一些修改和删减，让内容更加精练。因此当 AI 给出相应建议后，你可以再给出具体一点的要求。

问：

请写得简洁一点，体现出 ×× 牌子的中秋月饼。

AI：

中秋佳节，月圆情更浓——×× 牌月饼，家的味道，爱的传递！

精选上等食材，匠心制作，×× 牌中秋月饼，每一口都是经典与创新的完美融合。不论是经典莲蓉的细腻，还是创新口味的惊喜，都能让您和家人共享团圆的甜蜜时光。

精美礼盒包装，不仅是味蕾的享受，更是送礼的佳选。×× 牌月饼，让您的中秋祝福更加贴心、有面子。游中秋特惠，限时抢购！选择 ×× 牌月饼，让爱与美味同行，共度温馨佳节。

立即选购 ×× 牌中秋月饼，让这份甜蜜与思念，先一步抵达您和家人的心间！

第三步：反馈迭代。一篇好的朋友圈文案通常是要配图的，所以还可以让 AI 给你提供一些配图建议，帮助你更好地完成这条朋友圈文案。同时，你应对于 AI 给出的朋友圈文案进行进一步调整。

问：

请再简短一点，突出团圆的主题，并配上图片。

AI：

团圆时刻，×× 牌月饼相伴！

精选美味，传递家的温暖。每一口都是团圆的味道。精美礼盒，送祝福，更送心意。（配图：一张温馨的家庭聚餐照，桌上摆放着 ×× 牌月饼礼盒，家人笑容满面）

示范操作

利用 AI 辅助微信朋友圈文案写作

这样，一则简短又明确的朋友圈文案就写好了。

借助 AI 写作朋友圈文案时，还可以参考以下指令。

（1）我想在朋友圈中推荐自己最近在用的一款 ××× 面膜，帮我写一篇“种草”这款面膜的朋友圈文案，150 字左右，要求用第一人称，体现自己真实的使用感受，不直接推荐产品，侧面说明好用即可，语言可以活泼一些。

（2）帮我想3篇朋友圈文案，每篇字数都控制在50字以内，文案的目的是告诉大家今天是我的结婚纪念日，文案背景为我和我的妻子结婚五年，虽然经历了一些困难，但是依旧快乐、幸福。

（3）现在请你用以下框架，写一篇朋友圈种草文案，向朋友们推荐×××。

1）痛点问题。

2）情感引导。

3）解决方案。

4）行动号召。

5）强调意义。

要求：用第一人称，体现自己真实的使用感受，不直接推荐产品，语言可以活泼一些，字数在150字左右。

项目小结

微信朋友圈于2012年4月上线，用户可以通过朋友圈发布文字、图片、音频、视频，同时也可通过其他软件将文章或者音乐分享到朋友圈，人们之间的联系因此变得更加迅捷、轻松、方便。微信朋友圈就像一个人的“名片”，因此，我们要从完善个人微信号、展示个人形象、规划发布时间、把握发布内容4个方面打造个人微信朋友圈。

微信朋友圈文案主要有两种类型：日常分享型和产品推广型。微信朋友圈文案具有篇幅简短、形式多样的特点。在写作微信朋友圈文案的时候需要注意以下5个方面的策略：分享生活，引发共鸣；重视互动，加强联系；传递情感，建立信任；保持更新，绝不刷屏；深挖专业，明确定位。

随着AI技术的不断发展和应用，对于想要在朋友圈平台上获得成功的品牌和企业而言，积极利用AI技术，可以创作出更具吸引力和感染力的文案内容，为品牌的发展注入新的活力。

知识检测

综合实操

1. 实训任务

（1）创作一条关于完成个人小目标（如读完一本书、跑完一次半程马拉松等）后的朋友圈文案，要表达成就感与自我激励的情感。

（2）请详细说明利用AI写一则朋友圈营销文案并发布的过程。

2. 实训指导

实训指导

朋友圈文案实训

素养园地

2015 年 12 月 18 日，《中国纪检监察报》头版刊发《党员能在微信朋友圈妄议中央大政方针吗？》一文。文中报道，东部某市公安局副局长、中共党员吴某在微信朋友圈转发了一篇文章，并发表评论大肆抨击、公然否定“一国两制”，由于吴某社会关系广、朋友杂，其观点被广泛转发，造成恶劣影响。吴某因为“妄议中央大政方针，破坏党的集中统一”这一行为，受到纪律处理。这则消息引起了舆论广泛关注。

互联网时代，微信朋友圈也属于公共空间，党员在朋友圈发表观点必须严格遵守党的纪律，这是不可逾越的红线。

课赛融通

全国大学生语言文字能力大赛是由中国语文报刊协会读写教学分会主办的面向全国高校在校生的语文类学科竞赛。

语言是文化的根基，立足汉语言文化，是培养民族自信的源泉。当代大学生注重全面发展，而语言文化修养和语言表达能力能考验一个人的临场应变能力。因此，为贯彻落实《国家中长期教育改革和发展规划纲要》《中华人民共和国国家通用语言文字法》，弘扬中华优秀传统文化，强化大学生规范使用国家通用语言文字的意识，促进语言文字教、学、测协调发展，提升当代大学生的语言文字知识和应用能力，特举办全国大学生语言文字能力大赛。

大赛共包括省赛和决赛两个环节。省赛题型有判断题、单选题、多选题。省赛考查范围包括但不限于读音、错别字、成语词语解释等，从多方面考查参赛者的汉语言文化基础。大学生报名后可获得往届真题并可进行模拟赛演练学习。决赛题型有命题写作、普通话朗读、硬笔字书写。

大赛对弘扬中华优秀传统文化，强化大学生规范使用国家通用语言文字的意识，促进语言文字教、学、测协调发展，提升当代大学生的语言文字知识和应用能力起到了积极的促进作用。

项目四

微信公众号文案写作

学习目标

知识目标

1. 了解微信公众号的相关概念。
2. 了解微信账号的分类。
3. 了解微信公众号常见的排版工具。

能力目标

1. 掌握微信公众号文案的各种写作技巧。
2. 具备熟练写作微信公众号文案的能力。
3. 能够运用 AI 工具撰写文案的逻辑大纲。

素质目标

1. 养成积累素材的习惯。
2. 培养探索精神和创新精神。
3. 具备良好的思辨能力。

引导案例

国家图书馆微信公众号和国家博物馆微信服务获评“走好网上群众路线百个成绩突出账号”

为深入贯彻落实习近平总书记关于走好网上群众路线的重要指示精神，进一步挖掘和推选一批利用互联网听民声知民情、解民忧纾民困、惠民生暖民心的优秀政务账号及党员干部个人账号，中央网信办网络社会工作局指导或主办“走好网上群众路线百个成绩突出账号”推选活动。其中，由文化和旅游部推荐的国家图书馆微信公众号和国家博物馆微信服务号获评“走好网上群众路线百个成绩突出账号”（见图 4－1）。

国家图书馆微信公众号于 2015 年创办，认证主体为中国国家图书馆、中国国家古籍保护中心、国家典籍博物馆。公众号旨在介绍国家图书馆藏特色资源，推送国家图书馆信息动态，进行数字图书馆服务宣传和推广。它坚持正确的政治方向和舆论导向，同时依托国家图书馆丰富的馆藏资源和专业的图书馆人才，不断创新服务方式，传承弘扬中华优秀传统文化。它积极推动全民阅读，着力满足群众精神文化需求，内容充实、时效性强，深受群众喜爱，曾荣获中国全民阅读媒体联盟评选的首届、第二届、第四届“大众喜爱的 50 个阅读微信公众号”和第五届“大众喜爱的阅读新媒体号”等奖项，真正实现了“传承文明、服务社会”的宗旨。

图 4－1 国家图书馆微信公众号、国家博物馆微信服务号图

国家博物馆微信服务号于 2012 年 12 月注册开通，为官方服务号，主要提供展览活动信息及语音导览等服务。该服务号立足于中国国家博物馆职责定位，一方面秉持服务公众的理念，及时把握展前预热、展览开幕、展出热点和重点等宣传节奏，致力于第一时间发布权威信息、开展文化传播，为公众提供方便快捷的信息服务和精神文化内容。同时，加大资源整合力度，通过多种途径和新颖形式为公众解决可能遇到的各类问题，充分践行了全心全意为人民服务的根本宗旨。另一方面秉持传承文明的理念，不忘初心，牢记弘扬社会主义先进文化、革命文化、中华优秀传统文化的使命，不断推出公众喜闻乐见和高互动体验的文化传播内容，让珍贵馆藏在互联网上活起来。

敲黑板　划重点

微信公众号要始终牢记创办的宗旨和目标。国家图书馆为了推动全民阅读活动，在其微信公众号精准发布服务资讯，如《定了，国家图书馆将于5月12日恢复开馆》《一篇干货在手，畅游国图无忧》，引领助力全民阅读；利用游戏的形式，如《永乐皇帝爱聊天》《我爱阅读》（见图4-2），丰富的展示和传播形式，传承中华优秀传统文化；发挥资源服务优势，推动创建学习型社会；多渠道解答读者问题，提升服务质量。

图4-2　国家图书馆微信公众号的游戏形式

知识精讲

任务一　认识微信公众号

一、微信公众号概述

微信公众平台，又称微信公众号，简称公众号，曾被命名为“官号平台”“媒体平台”，它是腾讯公司在微信基础平台上增加的功能模块。通过这一平台，企业可以在微信公众平台上申请自己的应用账号，打造自己的微信公众号，并在微信公众平台上以文字、图片、语音、视频的方式实现与特定群体全方位的沟通与互动。微信公众平台图标如图4-3所示。

图 4－3　微信公众号平台

二、微信公众号的作用

（一）企业信息入口

在 PC 时代，企业需要通过官网提供信息查询入口；在移动互联网时代，企业依然需要这样的官方入口。基于移动互联网的特点，用户不需要通过搜索引擎搜索关键词或输入网址来访问官网，只需要搜索微信公众号就可以获得企业介绍、产品服务、联系方式等信息，也可以单击微信公众号中的菜单直接跳转到官网。

（二）提供客户关系管理服务

客户关系管理的核心是通过客户分析来实现市场营销、销售管理和客户服务，从而吸引新客户、保留老客户以及将已有客户转为忠实客户，增加市场份额。订阅了微信公众号的用户，其行为数据都会被记录到后台数据库中。利用数据分析，企业可以更好地了解客户需求。

（三）开展各项业务

一是线上购买。一个消费者在微信公众平台看到某企业的产品或者服务信息后，想购买该件商品，可以不用跳出微信而直接在微信上完成下单、支付、交易、物流查询、客户服务等流程。这种方式不仅可以促成企业与客户之间的商品交易，也可以缩短企业的营销周期，还能满足线上线下的营销互通。

二是品牌传播。微信公众平台可以承载文字、图片、音频、视频等多元化形式，能及时有效地把企业最新的促销活动告知粉丝，让用户不仅可以接收品牌信息，还可以更方便地参与品牌互动活动，从而深化品牌传播，降低企业营销成本。

三是用户调研。调研是企业制定经营策略过程中非常重要的环节，而微信公众号可以直接接触精准用户群体。因此，通过这个平台可以对用户开展调研，不仅准确，还可以节省经费。

三、微信账号分类

在移动互联网快速发展和智能手机普遍应用的环境下，微信平台的用户数量迅速增加，政府、企事业单位、社会机构和个人等都纷纷进入微信平台创建账号。微信账号根据功能定位可分为公众号、服务号、企业微信和小程序。

（一）公众号

公众号又称订阅号，偏重于为用户提供资讯（类似于报纸杂志）。用户只要关注该公众号，之后每天都会收到其发送的信息。公众号每天发布一条群发信息，每条信息最多包含 8 篇文章。发给订阅用户的消息将会显示在对方的“订阅”文件夹中。公众号分为普通公众号和认证公众号，认证后，将会获得更丰富的高级接口，向用户提供更有价值的个性化服务。微信营销通常采用公众号。企业和个人可以通过公众号打造品牌、宣传产品、塑造形象，与客户交流互动等。中国政府网、国家图书馆公众号如图 4－4 所示。

图 4－4　中国政府网、国家图书馆公众号

（二）服务号

服务号主要偏重于服务交互，旨在为用户提供与企业相关的服务，通常适用于酒店、航空公司、银行、政府等面向特定公众开展服务的社会组织。服务号以服务为主，只有企业或者组织才能申请开通，个人不能申请。申请后自带自定义菜单。如图 4－5 所示，中国工商银行客户服务设置了“金融”“活动”“服务”3 个自定义菜单；浙江移动设置了“查询 / 监督”“热门活动”“福利优惠”3 个自定义菜单。

图 4－5　中国工商银行客户服务、浙江移动服务号

公众号和服务号都可以分为认证和未认证，其功能会有些许区别（见表 4－1）。

表 4－1 认证与未认证的公众号、服务号区别

功能权限	普通公众号	微信认证公众号	普通服务号	微信认证服务号
每天可以群发 1 条消息	√	√		
每个月可以群发 4 条消息			√	√
基本的消息接收 / 运营接口	√	√	√	√
聊天界面底部自定义菜单	√	√	√	√
高级接口能力		部分支持		√
微信支付 － 商户功能		部分支持		√

（三）企业微信

企业微信是一个面向企业级市场的产品，专门为企业量身打造的办公平台，具有与微信一致的沟通体验，是一个独立 App，也是一款好用的基础办公沟通工具。它拥有最基础和最实用的功能服务，适用于企业、政府、事业单位或其他组织，可以帮助企业高效沟通和管理。

企业微信功能广泛，可以在手机上轻松考勤，支持固定时间上下班、灵活排班、自由上下班和外出打卡；可以召开视频会议，支持文档演示和屏幕共享，支持用电话接入，可 9 人同时参与；可以将微信中的聊天记录、订阅文章，一键快速转发到企业微信，企业微信也可转发到微信；可以获取专属域名的企业邮箱，实时收取邮件通知，及时查询邮件，快速响应；员工通过日报、周报、月报汇报工作进展，管理者可在手机端方便的查看；企业微信提供完备的支付能力，企业可以在企业微信内给员工发红包，给员工付款或向员工收款；企业微信配置丰富，可个性化定义员工资料，设置通迅录查看权限和隐藏特殊部门或成员，还支持在手机启动页设置企业 Logo、宣传图，打造企业文化；协议全程加密，防止网络窃听，多重数据安全保护机制，抵御网络攻击和入侵。

（四）小程序

微信小程序是一种新的开放能力，开发者可以快速地开发一个小程序。小程序的主要优势有三，一是用户可便捷地获取服务，无须安装或下载即可使用；二是具有更丰富的功能和出色的使用体验；三是封装一系列接口能力，帮助快速开发和迭代。

微信小程序的接入流程：第一步，在微信公众平台注册小程序，完成注册后可以同步进行信息完善和开发；第二步，填写小程序基本信息，包括名称、头像、介绍及服务范围等；第三步，完成小程序开发者绑定、开发信息配置后，开发者可下载开发者工具、参考开发文档进行小程序的开发和调试；第四步，提交审核和发布，完成小程序开发后，提交代码至微信团队审核，审核通过后即可发布（公测期间不能发布）。

微信平台有四种类型账号，用户可以根据自身需要申请创建账号。如果想简单地发送消息，达到宣传效果，建议可选择公众号；如果想通过账号获得更多的功能，可以选择服务号；如果想用来管理内部企业员工、团队，对内使用，可申请企业微信。

学中做 4–1

你关注的微信公众号数量有多少？微信服务号数量有多少？
你关注的微信公众号和服务号内容主要是哪些方面的？
你关注这些号的理由是什么？

任务二 微信公众号文案写作训练

微信公众号文案属于新媒体文案的一种类型，其写作的策略、方法和技巧都与新媒体文案相通。但是由于公众号文案有着自身的特点，因此，在文案写作时，文案创作者还需要掌握一些有针对性的技巧，这样才能吸引公众关注。

以下以微信公众号中的订阅号为例进行说明。

一、公众号文案创作准备

（一）确定企业定位

企业要想做大、做好、做强自己的公众号，找准自己的定位至关重要。只有定位准确了，企业才能知道到底想要通过公众号做什么，达到什么目的，进而才能明确文案内容的范围，文案想要达到什么效果。企业定位可以通过分析企业需求来实现。企业对公众号的需求一般有以下几个方面：

（1）关注数量：关注企业微信公众号的用户数量，因为关注是进行传播的第一位。只有用户关注公众号，才有可能去查看公众号的内容。

（2）关注阅读量：企业微信公众号推送文章的阅读量。高质量的选题、内容可以提高用户的阅读量。

（3）关注互动量：互动主要有转发、评论、点赞和收藏等形式。用户的互动可以缩短企业与用户之间的距离，增强用户黏性。

（4）关注销售量：企业微信公众号，除了资讯新闻，很多文案都是用来宣传企业与产品的。企业通过微信公众号上的内容活动传播企业产品或服务，引导用户产生购买行为，给企业带来盈利。所以在写作前，先要了解自己所要推广的产品信息，然后基于这个核心本质，规划好这篇文案的切入点，并明确这篇文案要达成的目的。有了这个风向标后，文案的所有元素都要围绕这个点去推进。对于企事业单位以及政府部门的微信公众号来说，要找到受众需求与组织文化的契合点，然后围绕内容定位深度挖掘，推送垂直领域文案。

（二）确定公众定位

确定公众定位，即清楚目标公众是谁。这需要转换到用户视角，预估读者在看到每一个部分时的心理变化、行为及可能导致的结果，然后有针对性地去做设计。这样，读者会发现每当有疑问时，总能在下一句话中找到问题的答案，消除阅读障碍。对公众进行定位，可以通过公众调研完成，调研内容包括以下基础信息：

1. 公众的基本信息

（1）性别。不同性别的人对于文案内容的偏好是不一样的，通常情况下，女性关注的文案内容有服饰、美妆、食品等，男性对军事、科技、体育关注较多。因此，微信公众号运营定位如果不是单一男性或者单一女性的人群，就必须考虑到不同性别的倾向。

（2）年龄。每个年龄段的用户所关心的内容是不一样的，如青年人较多关注娱乐、音乐等，老年人可能较多关注的是健康养生。如果创作者不了解用户到底喜欢什么，那用户同样也不会喜欢创作的文案。

（3）收入。根据用户调研，影响用户是否决定购买产品或者服务的因素中，绝大部分人选择的第一个要素是价格。所以一定要考虑到目标用户的经济收入是否能够承担这样价格的产品，否则再好的文案也无济于事。

（4）受教育程度。相对来说，相同教育程度群体内流行的文化、风格、形式基本上保持一致。受教育程度越高的用户，一般来说，对文案的要求越高，对呈现的内容也会越挑剔。

（5）行业特征。用户工作的行业不同，他们的关注点与别人也不同。如互联网行业更关注电子科技，教育行业更关注教育产品。

2. 公众的阅读习惯和特征

阅读习惯是指人们在阅读过程中形成的一种行为方式和思维方式。公众常见的阅读习惯包括阅读的主题、阅读的方式、阅读的时间等。不同年龄、职业、文化程度的公众，会有不同的阅读主题，老年人可能更关注健康方面的主题，上班族可能更关注与工作相关的行业主题。在阅读的方式上，有些公众习惯无声阅读，有些公众习惯有声阅读。在阅读时间上，公众通常会有自己较为固定的阅读时间，有些人习惯睡前阅读，有些人习惯上班路上阅读。

（三）确定形式定位

有了完美的主题和内容，我们还需要用适当的形式将上述内容进行传递。在微信公众平台上，企业展示的主要形式有文本、图片和视频。确定采用哪种形式，一是要了解每种形式的优缺点；二是根据文案内容，如产品推广比较适合用图片，活动文案用文本更适合；三是根据公众的阅读习惯和需求。根据前期对公众阅读习惯的调研，选择公众喜欢的形式。除了文字、图片和视频这三种常见的展示形式，还有语音、H5 页面等形式。

学中做 4-2

请你对一家母婴用品生产企业和一家电子商务服务企业的公众号用户进行定位分析，并将相关信息填入表 4-2 中。

表 4-2　对用户进行定位分析

项目	性别	年龄	收入	受教育程度	阅读习惯	行业特征
母婴用品生产企业						
电子商务服务企业						

二、公众号文案标题写作

（一）公众号文案标题的功能

标题是一篇公众号文章的“敲门砖”。公众看一条信息时最先看到的就是标题，而是否愿意继续阅读正文，80% 取决于标题。一个好的标题可以起到 3 个作用：第一，传递完整准确的信息。要通过标题让公众知道接下来要告诉他们的具体内容是什么。第二，吸引公众的注意力。标题要通过一定的技巧，吸引公众的注意力，引发其继续阅读的兴趣。第三，明确读者。在标题中，因为有明确的内容，所以就限定了文章是写给哪些人看的，公众可以判断自己是否有阅读的必要。

（二）公众号文案标题的常见类型

公众号文案标题的类型多种多样，每种类型都有其独特的吸引力和适用场景。以下总结了一些常见的标题类型。

1. 新闻型

新闻型是采用新闻标题的形式，将文案内容的重要信息展示出来，适用于有新闻价值的内容，如新产品发布、行业动态等。这种方式通过自然流畅的语言将企业发生事件的重要信息如主体、事件等展示出来，能够让用户第一时间了解文案的主题。如大湾区之声公众号文案标题“中国代表团出征第 47 届世界技能大会”“国产操作系统银河麒麟发布首个人工智能版本”。

2. 指向型

指向型是指在标题中直接向目标用户喊话，在明确目标用户群体后，有针对性地输出内容，从而吸引全体目标用户及目标用户之外拥有相同需求的用户。指向型标题站在受众的立场指出了受众群体的一个痛点，会让公众不自觉地对号入座，觉得文案中会有解决办法，自然而然就会点击阅读了。如“那些整天熬夜加班的人注意了”和“要考四六级的小伙伴看过来了”这两个标题就有很明显的目标指向性，如果阅读者是上述群体中的一个且有一样的困惑，肯定会忍不住点开文章想继续阅读，寻求答案。

3. 疑问型

疑问型是指标题以问句形式出现，激发读者的好奇心和求知欲，然后通过正文帮助或带领公众一起寻找答案或者解决问题。这类标题中通常会出现“为什么”“怎么了”“是什么”等词语。如大湾区之声公众号文案标题“运动员手里的长条纸盒，到底是什么”，激起阅读者对巴黎奥运会获奖运动员收到的长条状纸盒“里面到底是什么”的好奇心，而正文可以给你答案。有时候，标题在提出问题后，还会将答案的关键词也一并呈现，如方太服务公众号文案标题“餐具放进消毒柜也会发霉？你可能少做了这3件事”，先提出很多人都存在的误区，然后点出出现问题的原因，吸引阅读者继续阅读正文。

4. 共鸣型

共鸣型标题旨在通过标题表达观点，而观点本身带有强烈的个人情感，容易引发读者共鸣。如杭州胡庆余堂国药号微信公众号标题“熬夜多、压力大……亚健康人群该如何唤醒身体”能够极大地引起“熬夜多、压力大”的亚健康人群的共鸣，使这些人迫不及待地阅读正文，了解改善的办法。

5. 命令祈使型

命令祈使型标题是直接告诉阅读者应该做什么、不应该做什么或者提醒阅读者可以干什么或不可以干什么等，具有强烈的引导性和行动力。如新华网公众号标题“注意！这些食品抽检不合格，不要买”，提醒公众最好做出“不要买”这个行动；方太服务微信公众号标题“注意！这些假冒服务千万别相信”，提醒用户认清官方服务渠道。

6. 突出重点型

突出重点型主要是将文案内容的重点用关键词或者句子凸显出来，使读者可以快速地了解文案重点。有时候为了突出重点，还可以重复关键词，强化效果。如12306微信公众号的一则标题“两条新建铁路，有重要进展！”突出两条新建铁路这个关键词，同时也吸引读者去探究是哪两条铁路；华为公众号文案标题“HUAWEI Mate XT 非凡大师”则是突出此次华为新品发布会的产品及它的特点；新华网公众号标题“220枚！中国队，断层第一”，内容是介绍2024年巴黎残奥会中国体育代表团成绩，用获奖奖牌总数、断层第一的关键词让大家快速了解中国运动健儿的战绩。

这些标题类型各有千秋，适用于不同的内容和目标受众。在实际应用中，可以根据文章的主题、目标受众以及期望达到的效果来选择合适的标题类型。同时，也要注意标题的准确性和吸引力之间的平衡，避免过度夸张或误导读者。

做中学 4-1

对比表4-3所示三行标题中的标题1和标题2，讨论哪一个效果好，并说明原因。

表 4－3　两组标题对比

标题 1	标题 2
留住员工的胃，就是留住员工的心	看看人家的食堂，再看看自己的食堂，没有对比就没有伤害
北京大雨中的一幕	就算大雨让这座城市颠倒，我还是会给你怀抱
郑州社保窗口低矮？现场图曝光	呼叫李达康！河南现《人民的名义》现实版窗口

（三）公众号文案标题的创意技巧

1. 制造悬念

每个人天生都有好奇心，这是行动的强大驱动力。因此，好的文案标题就要激发公众的好奇心，并且帮助公众理解文中的观点并保持文案的吸引力。制造悬念可采用问问题和省略号两种方法。

微课
公众号标题创意技巧

2. 具象化

具象化主要是通过数据实现。数据可以给读者更直观、更量化的感受，给人以权威、专业的感觉，增加可信度；数据还可以帮助读者掌握各种各样的信息，以获得精神或者现实的某种利益满足，因此，标题中的数据可以满足读者的得益心理。如标题“99% 的人都猜错了这支广告”，99% 这一数字让读者对这支广告很感兴趣，激发阅读动力。

3. 制造反差

制造反差主要是事实和大家原以为的不一样，从而形成了对比、矛盾、冲突，让读者清晰地看到正反、好坏，从而形成一种显著的反差效果，简单明了又切中要害，立刻能让读者了解文章要表达的意图。此外，反差可以通过反转和对比来实现。

4. 逆向思维

基于所受到的教育，大多数人往往对某类问题保持着一贯的看法，但是逆向思维的标题写法就是要打破这种认知，另辟蹊径，带给读者意料之外的结果：颠覆、奇葩、怪异、惊讶、新鲜……从而激发他们的阅读兴趣。如“会败家的女人更幸福”“$7 \times 7 \neq 49$？”，这两个标题打破了人们惯常的认知，无论公众是否认同创作者提出的观点，标题已经带来了冲击，让人忍不住点进去一探究竟，或者要“唇枪舌剑”辩论一番。

5. 感同身受

感同身受，就是要从读者立场下笔，站在他们的角度上看问题，这样才能引发双方感情共鸣。比如，“为什么做新媒体要会这么多技能，薪资却这么低？”这则标题在某种层面上触发了读者的共鸣，一下子让读者意识到“对，就是这样子的”，看到这样的标题仿佛就看到了自己，非常认同作者的观点。

6. 巧用热点

标题可以适当利用热点、“热词句”，引发读者的阅读兴趣。如一外国博主分享与家人在中国旅游视频日常时，总会带一句“City 不 City 啊”，使得这句话成为大家争相模仿的对象，这个梗也演变成了指代“城市化、洋气、新颖，甚至是刺激”的形容词。于是，很多公众号标题文案就采用了这个热词，如华为公众号标题“City 不 City，探索智慧体育场里的科技奇遇”、12306 公众号标题“三座超大高铁站，City 不 City”。

微信文案的创作者必须对网络动态保持高度的敏感，及时掌握并运用网络热词、流行语以及重大的网络事件。当然，标题也不宜盲目使用“热词句”，而是要巧用，应该找寻这些词句与广告诉求之间的逻辑关联，并巧妙地展示这些关联。

学中做 4-3

如果你负责运营一家餐饮企业的微信公众号，想要通过文案告诉公众本店菜品丰富、物美价廉，请你用上述技巧拟写一则文案标题。

（四）公众号文案标题拟写注意事项

1. 忌做“标题党”

创作标题有技巧，但是最终的目的不是做“标题党”，而是让大家真真切切地从文案内容出发拟一条合适的题目。在这个信息大爆炸的时代，流量直接与利益挂钩。为了获取更多的流量，越来越多的媒体开始做起“标题党”，甚至危言耸听，如“秘密”“真相”“千万”“竟然是”“万万没想到”“想不到”“揭秘”等关键词都逐渐被各大网络平台屏蔽，尤其以“震惊体”最甚。“标题党”片面追求耸人听闻的标题，违背了媒体“客观”“真实”的基本操守，UC、今日头条、网易等各大自媒体平台陆续出台措施严厉打击标题党。

微信公众平台自成立以来一直致力于为用户提供绿色、健康的生态环境，坚决打击涉嫌淫秽、色情及低俗类等信息。但自 2015 年发布关于低俗内容整顿公告以来，仍存在公众号继续发布低俗、虚假标题和内容的行为，并采取技术手段恶意对抗。针对“标题党”泛滥的现象，2018 年 1 月，微信发布了一则公告《微信公众平台公告：打击发布低俗、虚假标题和内容的行为》。该公告称，微信公众平台对于发送低俗、虚假标题和内容的公众号、文章进行删除并实施相应的处罚，重则封号。这一规定的出台，在一定程度上缓解了不合理利用标题博人眼球的现象，净化了网络环境，但是要根治这一乱象，单单靠平台一方面监管还不足，而是需要作者、读者、平台三方共同配合、共同努力。

2. 忌千篇一律

企业的微信公众号在定位时都明确了自己平台的特点和风格，这决定了文案的风格要跟它保持一致，文案风格又决定了标题的写法。文案创作者要学会“对症下药”，精准满足不同风格公众号的需求。

3. 忌长篇大论

微信公众号允许的标题字数为 64 个、百家号为 40 个、网易号为 27 个、头条号为 30 个，大鱼平台允许字数达到了 50 个。新媒体环境下标题越写越长，是一种“信息前置”现象，原因在于信息爆炸导致注意力资源越发稀缺。与其羞羞答答地被动等读者打开，不如直接把信息展示在入口上，让人一看便知。但是，这也会带来一个问题，公众在标题中就知道了要了解的信息，继续阅读正文的动力就降低了。

4. 忌打擦边球

为了让标题标新立异，吸引公众关注，博人眼球，有一些人自作聪明，打擦边球，破坏行业规则，触碰道德和法律底线，违反社会伦理道德等。这样做最终会使账号被封。所以，公众号文章的标题，一定要是符合社会时代进步的、积极健康的。

三、公众号文案正文写作

创作正文时，首先要明确正文内容的类型，常见的有以下几种：

（一）教程型

教程型文案主要是教公众某种技能，掌握某种技巧，实用价值比较强。实用价值强的文案会让公众收藏并自发转发，吸引公众长期关注这个账号。微信公众号 WPS 每周都会发布一些关于 PPT、Excel、Word 等办公软件技能操作的教程文章，如“10 个特色且好用的 WPS/PPT 功能，让你办公更高效”“批量录入数据还靠纯手打？ 10 个技巧帮你效率翻倍提升”。

（二）观点型

观点型文案主要是向公众传递自己的某个观点、看法，发表自己的评价，表达自己的态度。这种文章个性特色比较浓厚，内容涵盖广泛。自媒体公众号主要是解读热点事件，评论热门电影，发表对商业经济的看法，表达对生活娱乐的态度等，而企事业单位的微信公众号则主要侧重于对跟自己行业相关的热点事件的评论和观点。如图 4－6 所示，“小红书”微信公众号发布《2022 年十大生活趋势》。这些内容都表达了一定的观点和态度，代表了企业或个人的立场，如果该微信公众号粉丝基础好，这种观点型的文案比较容易引发公众的讨论和转发。

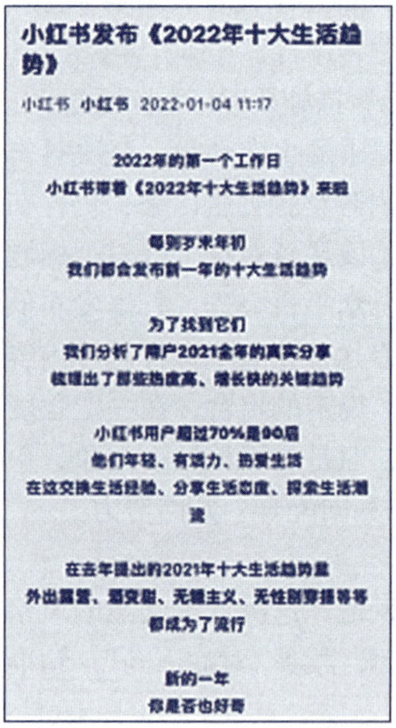
小红书发布《2022年十大生活趋势》
小红书 小红书 2022-01-04 11:17

2022年的第一个工作日
小红书带着《2022年十大生活趋势》来啦

每到岁末年初
我们都会发布新一年的十大生活趋势

为了找到它们
我们分析了用户2021全年的真实分享
梳理出了那些热度高、增长快的关键趋势

小红书用户超过70%是90后
他们年轻、有活力、热爱生活
在这交换生活经验、分享生活态度、探索生活潮流

在去年提出的2021年十大生活趋势里
外出露营、[illegible]、无糖主义、无性别穿搭等等
都成为了流行

新的一年
你是否也好奇

图 4－6 “小红书”公众号文案

（三）故事型

故事型文案是通过讲故事的方式吸引公众关注，常采用叙述的手法。企业微信公众号的故事侧重于企业的领导人物的成长奋斗历史、组织的发展壮大历程、跟企业相关的某种历史文化的源流、企业员工的工作故事等，借助故事不仅能吸引公众注意力，还能传播企业的正能量。如微信公众号“双童吸管”文案《楼仲平入选“中国入世 20 人”，与媒体分享一根吸管的全球贸易故事》，讲述了“双童吸管”创始人楼仲平的创业故事，传播了企业文化和精神。

（四）广告型

图 4－7 “CVCC 职业核心能力”公众号文案

广告型文案的主要目的是给产品或服务做广告，引发公众的购买、报名、转发等行为，从而达到盈利或传播的目的。广告型文案分为软广告和硬广告两种。硬广告就是纯粹介绍产品或者优惠信息的广告，商业目的明显。如图 4－7 所示，微信公众号“CVCC 职业核心能力”文案《银行新服务　服务更有型——银行服务质量提升之‘九重奏’》直接介绍了培训课程内容和优势。

软广告主要结合教程、故事、观点等，巧妙地将广告植入文案内容中，这样的方式不太会引起公众的反感。如图 4－8 所示，微信公众号“故宫博物院文化创意馆”文案《萌虎加持，“卫”你前行》，先介绍了产品的设计理念和文化元素，让公众了解产品内涵，再点明广告意图。

（五）资讯型

资讯型文案一般是向公众传达某个信息，让公众及时了解相关信息，如组织活动介绍、事件通知、相关政策、法律的传达等。政府机关、企事业单位等微信公众号比较常见这类内容。如图 4－9 所示，微信公众号“12306”文案《1235 公里 12 站！这两座城市首开直达高铁！》，向公众发布了关于中国铁路广州局从 2024 年 6 月 15 日开始开行往返张家界与香港之间的高铁。

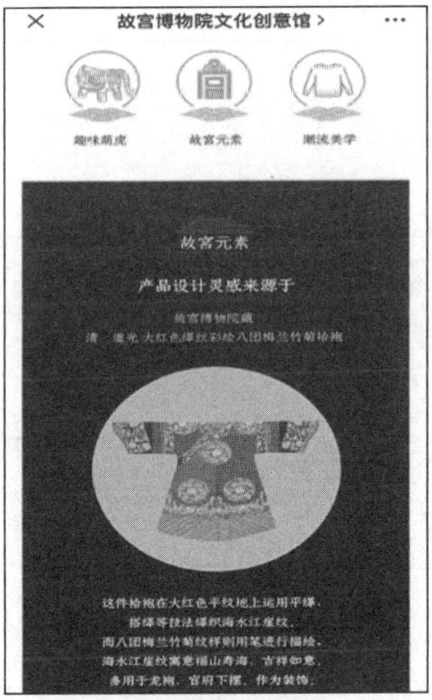

图 4－8 “故宫博物院文化创意馆”公众号文案

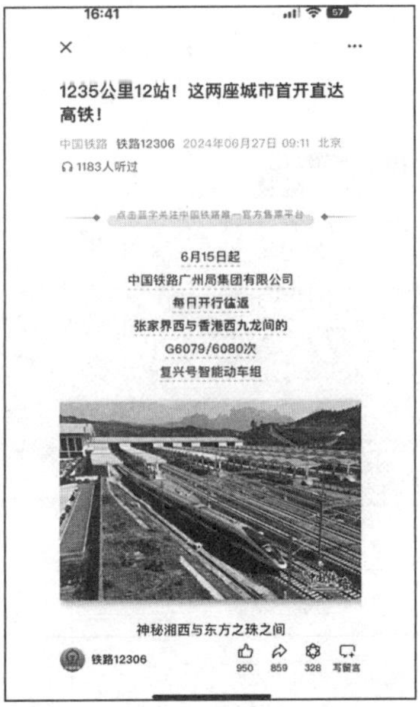

图 4－9 “铁路 12306”公众号文案

（六）整合型

整合型文案主要是将收集到的跟主题相关的内容整合在一起，创作者本身没有明确的观点或者看法，如推荐阅读书单、推荐娱乐餐饮场所、推荐日用百货商品等。如清华大学公众号文案《假期宜阅读！清华暑假书单来啦》，给大家整理了《离家的国宝》《卡尔·马克思：他的人生故事》等 10 本书籍。

四、公众号文案的框架

在明确了公众号文案的写作类型之后，精心搭建文案框架便成了创作过程中的关键环节，这关乎文章内容的逻辑性与连贯性。常见的段落框架样式如下：

（一）记叙文式

记叙文式是指创作者将事件按照时间、地点、人物、事件、经过、结果描述清楚。这种思路适用于资讯型、故事型内容构思。

（二）议论文式

议论文式是指创作者先提出观点，接下来分析观点，最后总结强化观点，也就是总—分—总的框架。这种思路适用于观点型内容构思。

（三）并列式

并列式是指创作者将一些内容整合在一起，为每块内容拟定一个小标题，帮助公众进行总结归纳。这种思路适用于教程型、整合型内容构思。

确定好文案框架后，就要开始正文写作，而一个引人入胜的开头能够迅速抓住读者的眼球，为后续内容的展开奠定良好的基础。因此，我们要精心设计文案开头。

微课

精心设计公众号文案的开头

学中做 4-4

如果你是学校融媒体中心的负责人，现在需要在学校微信公众号上发布一则纳新广告。请你根据“精心设计公众号文案的开头”微课中提出的 4 种类型写出 4 则文案开头，填入表 4-4 中。

表 4-4 文案类型及开头

类型	文案开头
开门见山式	
导入式	
引用式	
幽默分享式	

五、公众号文案正文创作

公众号文案标题的主要功能是吸引公众关注、吸引流量。正文是文案的核心部分，也是公众号文案开展深度说服的关键。因此，正文写作至关重要。

（一）正文写作要求

微课
公众号文案写作要求

在写正文时首先要拟出一个纲要，再写出主要内容，最后进行润色。文章必须简洁，核心突出。正文写作有以下要求：

（1）符合事实。正文所讲述的内容一定要是事实，介绍的产品也要是真实的。

（2）站在用户角度。正文内容应该从用户的角度来撰写，这样才能更好地说服用户，使其产生共鸣并去购买。

（3）有过渡性。段落和段落之间要有过渡，在正题出现的时候要和正文有良好的衔接，不能突然就出现产品介绍。

（二）正文写作要点

在公众号文案写作中，要紧紧抓住以下几个要点：

1. 有价值

公众号内容要体现价值。企业要注意到文案内容的实用性和价值性，符合公众的需求，对用户是有利的、有用的，能帮助用户解决问题。因此，建议发布一些知识技巧型的内容，如海尔集团公众号文案《offer 来了，海尔 2025 校园招聘正式启动》就 2025 年海尔集团的校园招聘时间、对象、岗位、流程等诸多信息进行了介绍，这则信息对于正在求职的大学生是非常有价值的。

2. 有感情

人是情感性动物，好的微信公众号文章不是喋喋不休地推广自己的产品，而是引起消费者的情感投入，甚至主动去扩散这种情感。容易唤起大家情感的情绪主要有快乐、兴奋、乐观、自信等积极情绪以及沮丧、悲伤、愤怒、焦虑等消极情绪。从公众的角度来说，需要唤起的是积极情绪。

3. 有个性

公众号喜欢抓热点话题进行文案创作。但是，热点话题是人们普遍关心的事情，这类话题文案可能会出现同质化现象，因此，文案更需要体现出个性，这样可以增强公众的黏性，让用户持续关注，这也是让文案具有高辨识度的重要途径。如微信公众号“国家图书馆”的有关中国传统节气的文章就会使用相同的风格。

4. 有故事

讲故事的方式适用于任何商品和品牌的推广，特别是当产品同质化较为严重，实在找不到卖点突破时，故事可以体现出差异化。好故事要始终围绕人的生活、情感和命运来展开，文案内容的主角不应该仅仅是企业和产品本身。如海尔集团公众号文案《另一个海尔 | 海尔特稿》，讲述了海尔工业园内开了 17 年公交车的司机、19 位每天负责接待来访客人的讲解员、唯一一位在 106 米高的空调试验塔工作的实验员、数位车间工人的故事。这些虽是真实人物的真实故事，不一定很完美，但却具有强大的力量感动人。

任务三

微信公众号文案的排版

完成素材收集、正文写作后，接下来就是微信公众号文案的美化排版。好的排版不仅可以提升用户的体验，增强文章的可读性，还可以形成个性化的风格，让微信公众号从外在形态上跟别的公众号进行区分。文案的排版需要利用排版工具。

微课
秀米编辑器的使用

一、排版工具

微信公众号的编辑器只能进行简单的内容排版，如果想有更好的样式效果或者提高排版效率，可以使用第三方排版工具，常见的排版工具有秀米、i 排版、135 编辑器。下面以秀米为例进行介绍。

秀米编辑器是相对来说容易上手的微信公众号编辑器，它的界面清晰，推荐新手入门使用。秀米不仅可以满足新手的需求，而且可以进行自由编写，满足更多设计需求。

使用秀米编辑器，需要先注册登录，然后新建一个图文，进入主页面进行编辑，包括标题、正文、图片等，里面有很多模板，可以根据需要选择，编辑好后进行预览和保存。

二、排版规范

（一）字号

微信公众号页面的字号太小看不清楚，太大显得空旷。在微信公众号文章排版中，常见的字号大小设置如下：

- 标题：18px ～ 20px
- 正文：14px ～ 16px
- 标注：10px ～ 12px

（二）字体颜色

微信公众号文章的文字颜色默认是黑色，但是黑色的字在手机屏幕上显示时会比较刺眼，影响用户阅读体验。因此，正文颜色不建议用纯黑色，推荐使用灰色字体，整篇文章颜色最好不超过 3 种。

（三）距离

行距通常设置为 1.5、1.75 或 2，段距一般采取首行不缩进的方式，段落与段落之间空一行。边距在文案两侧有适当的留白，通常可以采用编辑器中“两端缩进”的功能进行设置，设置值为 1。

（四）字数

字数控制在 600 ～ 800 字，文章中每一个段落行数控制在 5 ～ 7 行。一般来说，建议大家在写文案时，添加公众号文案摘要，控制在 50 字以内。如果不添加摘要，系统会自动抓取正文的前 54 个字。

（五）图片

建议一篇文章内使用同色系插图，单张图片大小不超过 5M。静态图图片统一尺寸比例，建议使用 16 ∶ 9 或 4 ∶ 3。动态图片的宽度为 1 080px，长度根据实际需求调整。常见的图文排版方式有上下排版和左右排版。

三、排版原则

（一）对齐

常见的排版对齐方式有两种：居左对齐和居中对齐。不同的对齐方式不要混在一起使用。若内容编辑后出现右侧文字位置不工整，则需进行两端对齐处理。

居左对齐：适合资讯、干货类文章等，首行不用缩进。

居中对齐：适合诗歌、散文、娱乐、活动、产品功能介绍类文章，文风较为活泼。

居右对齐：有些诗歌、散文类会使用居右对齐，相对来说，这种排版形式较少使用。

两端对齐：相对来说，也比较少见。

不同对齐方式示例如图 4 - 10 至图 4 - 12 所示。

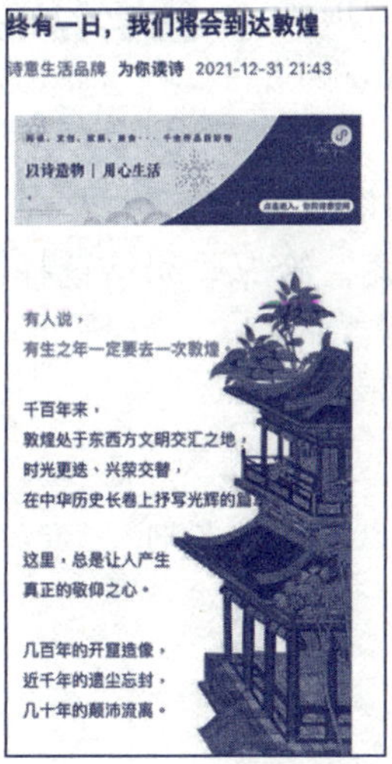

图 4 - 10　居左对齐

图 4 - 11　居中对齐

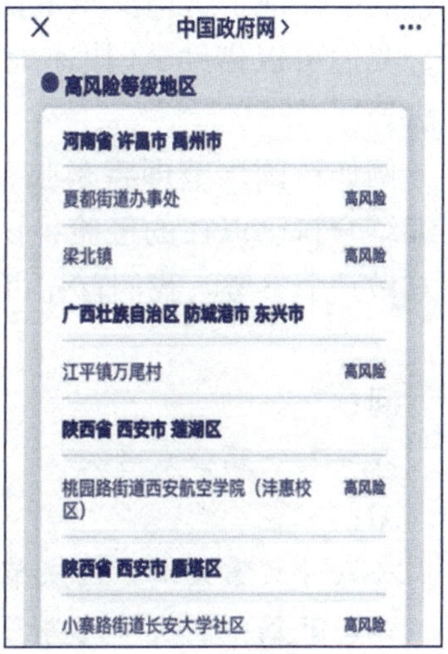

图 4 - 12　两端对齐

（二）统一

（1）每段文字正文字号大小、标题字号大小要统一。

（2）每个小标题的样式和颜色要统一。

（3）标题对齐方式、正文对齐方式要统一。

（4）插入的图片尺寸大小、清晰度要统一。

（5）插入的图片与文字之间的距离要统一。

（6）排版样式要统一稳定，同一篇文章中不可过多变化。

（三）重复

微信排版使用的样式遵循“少就是美”的原则，求精而不是求多，否则太过于眼花缭乱，会使形式盖住了内容本身。一个组织的微信公众号排版最好能够有几个固定的样式，这样便于形成自己的公众号风格。

任务四 运用 AI 快速梳理逻辑大纲

很多时候，我们看到一个主题、一个观点或者一个热点，想围绕这个主题、观点或热点写一篇公众号文章，因为公众号文章一般比较长，所以想写好它，先拟出一个思路清晰的大纲必不可少。大纲写得好，一定程度上保证了这篇文章最后的质量不会很差。在没有具体想法的情况下，我们可以借助 AI 快速地梳理出文章大纲，从而得到写作的思路和想法。

示范操作

如何用 AI 快速生成公众号文案大纲

例如：国庆节即将来临，要不要出去旅游成为很多人讨论的话题，小编结合自己以往的经验，认为不出游更好，现在要撰写一篇文案，给那些纠结选择的朋友做一个参考。我们首先可以通过 AI 先拟出文案提纲。

问：

我要写一篇公众号文案，主题为“国庆节，我不要出游”，请拟出文案大纲。

AI：

公众号文案大纲：国庆节，我不要出游

一、开篇：国庆节的另类选择

引入国庆节作为全民欢庆的节日，但提出不同于传统出游的另一种声音——“我不要出游”。激发读者好奇心，引出下文详细阐述。

二、家的温馨港湾

宁静的避风港：强调远离人群喧嚣，享受独处的时光，也是一种难得的幸福。

亲情的温暖：讲述与家人共度国庆的温馨场景，如共进晚餐、观看国庆晚会。

强调家人间的陪伴与关爱，是任何旅行都无法替代的宝贵财富。

三、自我提升的黄金期

知识的海洋：推荐利用国庆假期阅读书籍、学习新技能或在线课程，充实自我。

身体的充电：强调健康的重要性，鼓励读者利用假期进行体育锻炼或养生调理。

四、探索城市的另一面

本地文化探索：鼓励读者去探索所在城市的隐藏角落和文化底蕴，发现身边的美好。

社区活动参与：提倡参与社区组织的国庆庆祝活动或公益活动，增进邻里关系。

五、结语：选择适合自己的方式

总结“我不要出游”并非拒绝所有活动，而是倡导根据个人需求和喜好选择适合自己的方式度过国庆。强调无论选择何种方式，重要的是享受假期带来的放松与快乐。

以积极向上的态度结束文章，鼓励读者珍惜每一个与家人共度的时刻，同时也不要忘记自我提升和心灵成长。

问：

大纲分析了不出游可以干什么，希望能从出游的弊端来重新拟写一个大纲。

AI：

公众号文案大纲：国庆假期，深思出游弊端，拥抱宅家乐趣

一、引言：国庆长假的双面性

简述随着国庆长假的到来，人们普遍面临出游热潮与宅家静养的选择。引出主题：通过剖析出游可能遇到的弊端，倡导理性选择，享受宅家的别样乐趣。

二、出游的光鲜背后：不得不说的弊端

1. 人潮汹涌，体验打折

深入分析国庆期间热门旅游景点的拥挤现象，如何影响游玩的质量和体验。说明长时间排队、无法充分欣赏风景等常见问题。

2. 预算飙升，经济压力

探讨节日期间旅游成本的大幅上涨，包括机票、住宿、餐饮等费用的激增。分析这种经济压力如何影响旅行的愉悦感，甚至可能带来不必要的负担。

3. 身心疲惫，安全隐患

指出长途跋涉和密集行程可能导致的身体疲劳和精神压力。强调旅游中的交通安全、食品安全以及特殊时期的疫情防控等潜在风险。

三、宅家的魅力：不出游也能精彩纷呈

享受独处：描述宅家带来的宁静与自由，可以尽情享受个人时光，远离喧嚣。

自我提升：列举宅家期间进行的自我提升活动，如在线学习、技能培训等。

温馨陪伴：强调宅家与家人共度时光的珍贵性，可以共同参与家务、烹饪等活动。

四、从出游到宅家：一种生活态度的转变

分析从盲目跟风出游到理性选择宅家的转变背后，是人们对生活品质和个人需求的重新认识。强调每个人的生活方式和喜好不同，应尊重并鼓励多样化的选择。

五、结语：选择适合自己的方式，享受国庆假期

总结宅家与出游的利弊，鼓励读者根据自己的实际情况和需求做出选择。以积极向上的态度结束文章，祝愿每位读者都能找到属于自己的幸福与满足。强调个人需求和喜好在选择中的重要性，鼓励读者做出理性决策。

问：

第四点稍微具体一点，拟出 1 ～ 2 个小点。

AI：

一、引言：国庆长假的双面性

（内容同前，省略）

二、出游的光鲜背后：不得不说的弊端

（内容同前，省略）

三、宅家的魅力：不出游也能精彩纷呈

（内容同前，省略）

四、从出游到宅家：一种生活态度的转变

1. 个人需求的觉醒

阐述在快节奏的生活中，人们逐渐意识到个人需求和内心感受的重要性。指出选择宅家而非盲目出游，是对自己生活方式的尊重与负责。

2. 对品质生活的追求

分析现代人对品质生活的追求不再局限于旅行，而是更加注重内心的满足与成长。强调宅家期间进行自我提升、家庭陪伴等活动，是提升生活品质的重要途径。

五、结语：选择适合自己的方式，享受国庆假期

（内容同前，省略）

通过 AI，我们可以很轻松地拟出这篇文案的大致框架。可以发现，AI 生成的大纲在整体结构上会比较全面，逻辑思路清晰，但是有的板块内容可能过于宽泛，这时可以要求 AI 进一步具体化和细化模块提纲。当然，AI 生成的最后提纲我们还可以根据自己的需要进行适当删减，千万不能完全依靠 AI。

如果想要拟出的 AI 提纲更加符合自己的要求，具有个性化，我们设置指令时可以参考下面内容：

请你帮我写一篇文章的大纲，相关信息如下：

√文章主题：国庆节，我不要出游

√目标受众：上班族

√文章目的：让人们不盲目跟风，让放假成为享受而不是受罪

√文章类型和风格：采用真人故事引入，语言风格平实质朴

√文章长度：字数 1 000 字左右，提纲在 5 点左右

√关键元素：有出游和不出游的对比

学中做 4-5

4 月 23 日是世界读书日，某市新华书店想要在这一天举行好书分享、知名作家面对面等系列活动，现在需要在书店公众号上发布一则活动预告。请你利用 AI 拟写出这则公众号推文的大致框架。

项目小结

微信公众号是公众号运营方与公众之间进行互动、沟通与对话的平台，同时也是用户在移动端的一个重要信息接入口。随着微信用户的不断增加，微信公众平台市场也越来越大。打造一个好的微信公众号，微信文案的每个文字传递的价值都非常重要。微信文案作为微信公众号最直接的体现，在坚持与用户互动、为用户提供服务与原创内容生产等方面发挥了巨大的作用。微信公众号运营者要不断转变观念，满足公众不断变化的需求，掌握文案写作的技巧，以公众为中心，创作出有情感、有价值的微信文案。

利用 AI 可以拟出公众号文案的大致框架，尤其是小标题，这样可以让文案逻辑顺序更清晰，层次也更清晰。

知识检测

综合实操

1. 实训任务

目前，越来越多的高校为了丰富学生校园生活，纷纷开设了共享厨房。共享厨房不仅解决了宿舍安全用电的问题，同时也成为学生结交朋友、联络感情、开展社团活动的场地。如果你是学校微信公众号的运营者，请以“介绍推广学校共享厨房”为主题，完成一篇微信公众号文章的写作。

2. 实训指导

实训指导

学校共享厨房微信公众号推文

素养园地

在这个信息大爆炸的时代，流量直接与利益挂钩。为了获取更多的流量，越来越多的媒体做起了“标题党”。虽然这一现象一直受到读者的诟病，但却依然屡禁不止。

微信一直在打击“标题党”行为。针对标题党泛滥的现象，微信团队发布了一则公告《微信公众平台公告：打击发布低俗、虚假标题和内容的行为》，内容如下：

微信公众平台一直致力于为用户提供绿色、健康的生态环境，坚决打击涉嫌淫秽、色情及低俗类等信息。自2015年发布关于低俗内容整顿公告以来，仍存在公众号继续发布低俗、虚假标题和内容的行为，并采取技术手段恶意对抗。因此，依照《互联网用户公众账号信息服务管理规定》、《微信公众平台服务协议》及《微信公众平台运营规范》，将针对上述行为进行以下处理：从公告即日起，对于仍在发送低俗、虚假标题和内容的公众号，文章进行删除并实施相应的能力处罚，多次违规处理后仍继续发送违规内容的，或是故意利用各种手段恶意对抗，将进行永久封号处理。

发现标题过于惊悚、低俗、夸大等，当用户转发或分享该文章到朋友圈、微信好友、群聊时，会被提示该文章标题包含夸大误导信息，继续分享转发后，会把原标题和主图隐藏，取而代之的是“此标题包含夸大误导信息”。这一规定的出台，在一定程度上缓解了不合理利用标题博人眼球的现象，净化了网络环境，但是要根治这一乱象，单单靠平台一方面监管还不够，而是需要作者、读者、平台三方共同配合、共同努力。

课赛融通

在当今数字化时代，新媒体已成为信息传播的重要渠道。微信公众号作为新媒体平台的重要组成部分，具有广泛的用户基础和强大的影响力。同时，写作是大学生必备的基本技能之一，因此，一些高校的院系管理部门、学生会、社团或地方政府、媒体机构和高校联合举办微信公众号编辑大赛，为学生提供了一个实战演练的平台，可以帮助学生更好地了解新媒体的特点和传播规律，提升他们的新媒体素养，为未来在数字化时代的工作和生活做好准备。

如首届慈溪市网络技能比武——微信公众号图文创作大赛，这次比赛由慈溪市委网信办、市融媒体中心主办，市互联网发展联合会、长河镇新时代文明实践所承办。通过网络技能比武——微信公众号图文创作比赛，提升网络从业人员网络图文制作水平，发挥优秀网络图文在讲好慈溪故事和传播慈溪正能量方面的积极作用。

项目五

微博文案写作

学习目标

知识目标

1. 了解微博文案的定义、分类。
2. 了解微博中常用的符号。
3. 了解微博文案的写作技巧。

能力目标

1. 掌握微博文案的写作方法。
2. 能够根据要求撰写微博文案。
3. 能够利用 AI 进行微博选题。

素质目标

1. 关注社会动态，养成积累素材的习惯。
2. 注重团队合作，具备创新精神。
3. 树立良好的职业道德，传递正能量。

引导案例

北京政法矩阵微博影响力榜单TOP20出炉

2024年7月，在北京政法矩阵微博影响力榜单TOP20中，“北京公交警方”“平安北京”“首都网警”“平安北京海淀”等微博账号获此殊荣。

2024年6月24日起，中宣部与公安部联合发起“全民反诈在行动”宣传月活动。整个7月，北京政法系统80个官微积极参与，共发布1 162条反诈内容，涵盖多个热门微博话题。其中，“首都网警”发布量居首，达126条，“北京海淀法院”和“平安北京石景山”发布量均超70条。

宣传形式方面，北京政法系统官微不断创新。一是制作原创视频，如“北京公交警方”的微电影《出借银行卡涉嫌帮信罪》和海淀区检察院的Rap动画《守好银行卡，莫让帮忙变“帮信”》，通过幽默的方式宣传反诈知识，广受好评（见图5-1）。二是与主流媒体联合直播，“平安北京”与“央视新闻”联合直播，北京市公安局石景山分局民警在直播中讲解暑假期间频发的诈骗手法和手段。该直播时长近1小时，回放观看量累计近106万次，其间收到不少网民留言，反诈宣传取得良好效果。

图5-1　反诈微博视频

此外，第五届“新时代检察宣传周”期间，北京检察系统围绕“行政检察与民同行”主题，32个官微共发布1 128条内容。其中，“北京检察四分院”等多个账号发布信息超60条，形成矩阵效应。官微还转推政法媒体报道，开设“法治课堂”，聚焦“检护民生”“检察护企”，涌现出如微视频《看见·同心圆》和《“解冻”被天降罚单“速冻”的企业》等优秀作品，被多部门转发推荐。上述两个作品不仅被20余家北京检察系统官微转发，还被“最高人民检察院”转发推荐。

敲黑板　划重点

一直以来，网络强国建设成果显著，政务微博紧跟时代步伐，持续创新，练就了快速响应、议题设置、跨界融合、IP 打造等多重能力，政务微博的角色也从“发布”“问政”“行政”窗口，进一步成为政务宣传、产业创新、推动社会发展的网络基石。政务微博以正能量引领最强音，凝聚新时代社会共识。

知识精讲

任务一　认识微博

一、微博的概念

微博即微型博客的简称，是指一种基于用户关系信息分享、传播以及获取的通过关注机制分享简短实时信息的广播式的社交媒体、网络平台。由于用户每次更新信息通常限定在 140 个字以内，故名“微”。微博允许用户通过 Web、Wap、Mail、App、IM、SMS 以及 PC、手机等多种移动终端接入，以文字、图片、视频等多媒体形式，实现信息的即时分享、传播互动。

二、微博的历史沿革

微博的概念源自美国，全球最早的微博平台当属美国的 Twitter（现已更名为“X”）。2006 年 3 月，杰克·多西、伊万·威廉姆斯等人共同创造了 Twitter，并于同年 7 月向公众开放。2007 年 2 月，伊万·威廉姆斯又创建了 Obvious 公司。Twitter 诞生后，迅速风靡美国，成为美国网民社交聚会时获取信息、交流互动的绝佳平台。在之后的美国大选中，它更是发挥独特作用，凭借信息传播的即时性和广泛参与度，成为各方势力发声和选民了解选情的重要渠道，一时间风光无限。

拓展阅读：微博的发展历史

中国第一家带有微博色彩的社交网站饭否网由人人网的创始人王兴创建于 2007 年 5 月。2007 年 8 月 13 日，腾讯滔滔上线。2009 年 8 月，中国门户网站新浪推出“新浪微博”内测版。2010 年，四大门户网站均开设微博。与此同时，微博开始渗入中国社会生活的各个领域。腾讯微博在 2014 年后逐渐式微，活跃度和用户量下降。2014 年 11 月 5 日，网易微博宣布即将关闭。微博的未来发展是一个具有前瞻性的话题。相信微博在未来社会中将会发挥更重要的作用，也会变得更加强大和完善。

三、微博的特点

（一）传播快捷

微博信息共享便捷迅速，微博用户可以通过网页、Wap 页面、手机短信 / 彩信、即时通信软件（QQ 等）以及 API 接入的第三方互联网工具，在任何时间、任何地点即时发布信息，其信息发布速度超过传统纸媒及网络媒体。

（二）内容多样化

微博能借助各种媒体技术手段，如文字、图片、视频等形式进行多样化的传播。信息表现形式更加生动形象，增强了用户的阅读体验，提升了它的使用黏性。而且，微博采用跟随式的互动方式，可以实现点对点、一点对多点的互动，信息传播更为广泛、高效。

（三）原创性

博客的出现，已经将互联网上的社会化媒体推进了一大步，公众人物纷纷开始建立自己的网上形象。然而，博客上的形象仍然是化妆后的表演，博文的创作需要考虑完整的逻辑。在微博上，大量原创内容爆发性地被生产出来。正是因为原创才成就了经典。

（四）泛娱乐化

微博传播内容和传播方式都存在泛娱乐化倾向，具体表现为：微博热搜主体明星化显著；以“娱乐”“情感”“星座”为热搜关键词。微博事件评论的娱乐化，背离了新闻传播的初衷。人民网舆情数据中心主任舆情分析师称，微博娱乐化倾向表现为：内容软化、以文害辞、调侃不当、格调庸俗。

（五）互动性

微博可以添加文字、图片、动图、声音、视频、网址等，它的多媒体性吸引了公众关注。人们可以在微博内容下面发表自己的观点，可以回复其他博主的评论，对于自己喜欢的观点可以点赞，对于自己喜欢的微博内容可以转发；运营者可以通过在微博上及时回复、转发、@ 等功能实现跟公众的互动。

四、微博的类型

按照微博账户的用户类型，一般可以将微博账号分为企业微博、政务微博、个人微博、校园微博以及其他微博五种类型。

微课

微博的类型

（一）企业微博

企业微博是基于微博出现的又一商业化的网络工具，企业可以通过微博发布一定数量的动态信息，以保证其在不同时间段品牌的曝光量，内容可以是实用性分享、互动性活动、产品或服务广告、企业资讯等。

根据不同的功能，企业也会搭建不同矩阵的微博账号。如华为技术有限公司，搭建了"华为中国""华为终端""华为手机""华为商城""华为心声社区"等多个微博账号。

（二）政务微博

政务微博是指政务机构或公务人员开设的官方微博。政务微博可以即时公开新出台的政策和规定，有利于政府信息公开。同时，政务微博还可以拉近政府和民众的距离，有利于政府倾听民众的呼声。政务微博根据目的不同，分为宣传型、互动型、问政型、综合型等几种类型。

（三）个人微博

个人微博是微博中数量最大的部分，可以分为名人微博、企业高管微博、草根微博等。微博用户中的名人包括各行各业的专家、知名作家、娱乐明星、体育明星等，而企业高管微博则是另一种宣传企业的方式。

（四）校园微博

新媒体蓬勃发展，微博成为极具影响力的平台，校园作为社会的一个重要部分也加入微博阵营中。自2009年起，各地学校，特别是各大高校纷纷开设官方微博，传播信息、增进沟通，发挥着扩音器和凝聚节点的作用。微博在教育教学、危机公关等方面也发挥着作用，成为学校和学生沟通的纽带与桥梁。

（五）其他微博

这些微博比较庞杂，不方便分类。如新电影预热会开一个微博，企业的某个重要活动也可能会单独开个微博。这类微博有一定的时效性，通常来说，过了上映期或者活动发布期就会冷下去，但它发挥的作用是不可忽略的。

学中做 5-1

将你所关注的微博进行分类，并把典型代表填写在表5-1中。

表5-1 微博分类及典型代表

微博名称	微博类型	关注理由

任务二 认识微博文案

微博文案是基于微博平台发布的，对某项产品、服务或品牌形象等进行宣传或者推广的、有吸引力的文章。微博文案的吸引力不仅在于其惊人的增长速度和较低的成本，更在于其较强的交互性、高购买力的受众和较高的到达率。

一、微博文案的分类

微课

微博文案的分类

在不同的平台上做推广需要考虑不同的软文类型，从平台用户的习惯和喜好出发。撰写微博文案也是如此。常见的微博文案包括以下几种类型。

（一）时事资讯类

时事资讯类微博是指在微博平台上发布、传播和讨论当前社会、政治、经济、文化等各个领域最新动态、事件、新闻及其相关评论、分析的微博内容（见图 5－2）。信息时代，时事资讯类微博已成为人们获取信息、了解社会、参与讨论的重要渠道之一。它们不仅帮助人们保持对世界的敏锐感知，还促进了信息的透明化和社会的进步。

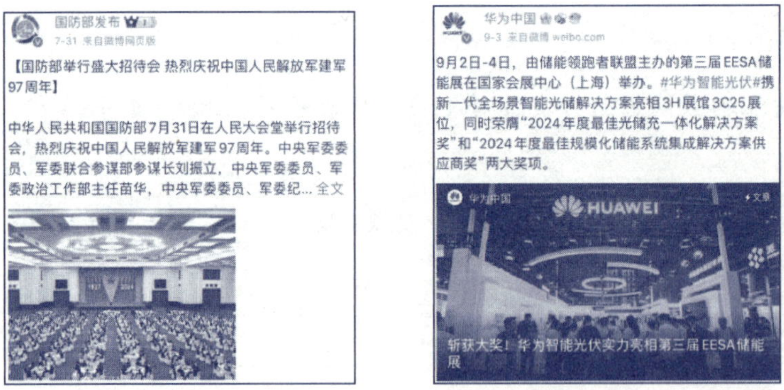

图 5－2　时事资讯类微博文案

（二）营销类

1. 广告营销

这类文案直白地披露营销意图，让人能一眼就能看出其广告本质。该类型文案常见于企业官方微博，是直接站在企业的角度出发，向粉丝进行品牌活动、产品、服务等宣传的一种形式。如图 5－3 所示，元祖食品官方微博在中秋来临之际，为流心奶黄月饼做了广告宣传。

图 5-3　广告营销类微博文案

2. 分享营销

这类文案一般是以消费者的身份道出产品的功能和优势，同时也在一定范围内起到推广的作用。微博上很多种草博主就进行这种分享营销，尽管大多数人能够很明显地看出其广告性质，但有需求的人依然会选择关注，其粉丝也同样可以接受这类内容。

3. 话题营销

话题类软文就是围绕某一事件抛出一个可思考议论的话题，带来广泛的讨论和转发，话题的打造可以从用户普遍的心理特点或者感同身受点来切入。如图 5-4 所示海尔微博的文案中，创作者发起了两个公众感兴趣的话题。

图 5-4　话题营销类微博文案

现在很多人都养宠物，但是如何打扫宠物的脱毛是个问题，海尔就发起了这样一个话题。又如过年时的年轻人面对七大姑八大姨的各种盘问，这个话题让很多人感同身受，愿意参与讨论。

（三）日常管理类

1. 日常关系维护

企业为了维护与各类公众的关系，通常会在节日、节气时发布一些问候，在一些特殊情况下发布一些提醒注意事项，展现对企业粉丝或者公众的关心，营造出企业的责任感，提高公众对企业的认可度。如图 5-5 所示，腊八节时，华为和海尔的官方微博都发布了对公众的节日祝福。

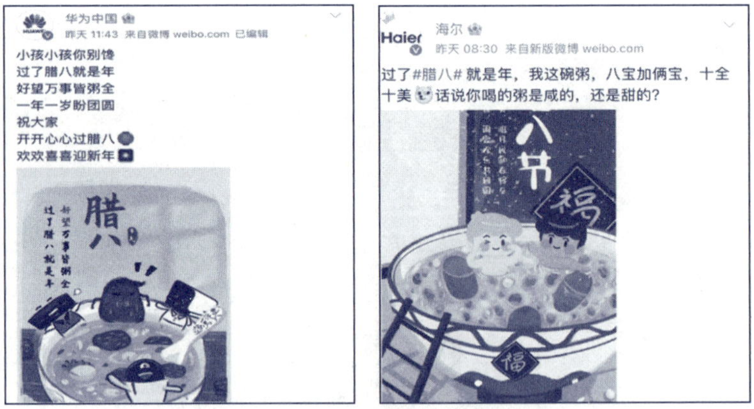

图 5－5　日常关系维护类微博文案（1）

还有一些内容不针对节假日，但通过简单的礼貌用语，拉近了创作者与读者或者用户的距离。如图 5－6 所示，北京大学微博“早安，北大”。与此类似，有些微博用“周一好，打工人”“打工人，辛苦了”这样简单的文案表达了同样的意图。

图 5－6　日常关系维护类微博文案（2）

2. 危机管理

当遇到危机的时候，社会组织可以通过官方微博表达立场，表明态度，公开危机处理过程。如图 5－7 所示，星巴克面对无锡门店出现的食品安全问题，通过官方微博第一时间表明态度，并随时更新，让公众知道处理过程。

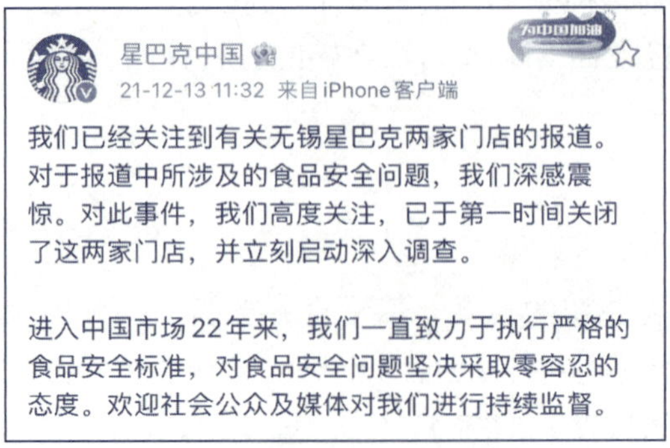

图 5－7　危机管理类微博文案

3. 客户服务

面对公众关心的一些问题，企业可以通过官方微博给予回答，或者帮助公众解决问题。

（四）心语随笔类

这类微博侧重于情绪表达，针对一些事情或现象有感而发，自由随性地记录情感、想法、感悟等。文案内容通常给人鼓励、称赞，引导读者积极向上。图 5－8 为东部战区微博文案和贵州省文化和旅游厅微博文案。

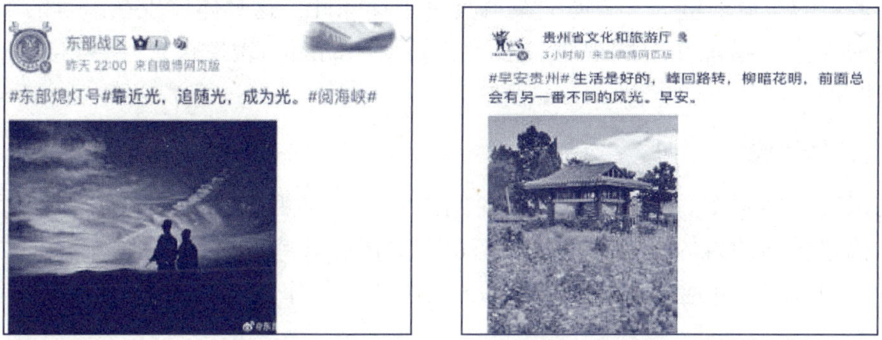

图 5－8　客户服务类微博文案

二、微博文案的特点

微博用户往往利用碎片化时间浏览微博、获取实时信息，因此，微博文案一般具有简短精练、主题明确、互动性强、话题性高、趣味性强、传播快速等特点。

（一）简短精练

在快节奏的生活环境下，很少有人能够耐心地阅读长篇幅的内容，微博消息多、刷新速度快，为尽可能地浏览到更多的信息，人们更倾向于阅读能够在短时间内获取、不需要自己分析和总结的文章。因此，写作微博文案时，千万不要长篇大论、随意堆砌，最好精练短小。微博文案字数以 100 ～ 120 字为宜。文案内容要通俗易懂。

（二）主题明确

不管是什么样的文案，都需要有明确的主题，这需要在写作前就做好定位，包括文案的读者群体、写作目的，是想要提升企业或者品牌的知名度，还是促进某个产品的销售等。如果企业的微博只是用于服务客户，那么明确目标后就能帮助企业更好地说服客户、驳斥客户不合理的要求等。写作过程中还要注意不要为了营销推广而虚构信息、歪曲事实。

（三）互动性强

微博作为一个社交平台，其用户与用户之间的交流性很强，而互动就是营销策划人员与微博用户进行对话的一个过程。如果微博文案的内容有一定的吸引力，就很容易引发微博用户对文案进行评论、点赞、转发，激发微博用户的参与兴趣，进而可能会使该用户成为该发文博主的忠实粉丝，增强文案的后续转化率。

（四）话题性高

抓住大家关注或者有吸引力的话题，能够获得微博用户的关注。这就需要注意日常的积累。日常生活、热门事件等都是可以积累的内容，只要找准切入的角度，就可以灵活运用。刚开始写文案时可能没有头绪，但经过一段时间的积累，对新闻的敏感度和寻找素材的渠道都会有一定进步。

（五）趣味性强

社会上的众多网络流行词汇、表情包、热点话题等，大多以微博作为源头，在这样一个丰富多彩的交流环境下，微博文案就具有了趣味性。这具体体现在语言的个性化上。同时，微博文案会搭配简短的视频、图片（长图、动图、表情包）、超链接等，形式丰富、趣味性强。

（六）传播快速

好的微博文案发布后，会在极短的时间内引起众多用户的共鸣，同时带来大量的转发，达到快速传播的目的，尤其能激起消费者的情感共鸣。这就要求文案作者能够有效地把握读者的心理，并通过自己的经验和方法来进行创作。

三、微博文案的符号

微博文案中的符号丰富多样，它们不仅用于装饰和美化文案，还能传达特定的情感和意义。文中可以适当添加一些符号，以此增加文案被用户浏览的机会，扩大文案的传播范围。以下是一些微博文案中常见的符号。

@ ：意思是“对某人说”，引起特定用户的注意。

\# ：参与话题讨论。

【 】：凸显某些重要信息或一些需要特别说明的内容。

🔗 ：链接符号，充实补充文案的内容。

// ：系统自动生成符号，用于转发内容的区隔和转发路径的展示，帮助用户更好地理解信息。

微课
微博文案符号

学中做 5-2

请关注 3 ～ 4 个微博，并对其一天的微博内容进行分类，看看包含哪种类型，并填写表 5-2。

表 5-2

微博名称	微博文案内容	文案类型

任务三

微博文案写作训练

微博是一个高度社会化的传播平台。微博文案创作者只有知道微博文案的写作要求，才能打造出成功的文案，给企业或产品带来较高的关注度和曝光率，提高企业的知名度，打造企业形象。

一、微博文案的写作要求

文案是由语言组成的，语言的好坏决定了文案的成功与否，好的文案需要逻辑正确、脉络清晰和结构合理，没有语法错误、错别字和语句不通顺的情况。因此，微博文案的写作要更符合语言写作要求。下面重点介绍语言文字要求。

（一）标题鲜明

与传统广告一样，阅读者在微博页面上只能大概的浏览，阅读一些关键的词语或者标题。只有标题鲜明独特，阅读者才可能有兴趣浏览整篇内容。标题要新颖，并不意味着将标题弄得很花哨，这样只能增加阅读者不必要的负担。因为阅读复杂的标题需要阅读者多花心思琢磨其含义，而通常阅读者是没有耐心这样做的。

（二）语言富有号召力

有些微博创作者使用微博并不仅仅是为了提升品牌的知名度、传播品牌形象，还希望能够吸引受众进行更深接触。以此为目的的微博，在文案写作中就应注意设置悬念，不把信息说尽；或者设置参与性内容，引起访问者兴趣，拉近他 / 她与品牌的距离。

（三）适当使用网络语言

目前，网络的绝大多数访问者都是年轻人，网络甚至在年轻人的推动下形成了独特的网络语言体系。在进行微博广告文案创作的时候就不能不考虑到这一点。微博语言要适当使用符合网民习惯的网络语言，吸引网友关注。

（四）增强亲和力

微博广告文案的语言不但要生动有趣，而且还应让读者在打开页面浏览的时候觉得轻松愉悦。微博广告的浏览者众多，如果能在文案设计上让他 / 她感觉文案内容是为他 / 她专门编写的，就会让受众产生很强的认同感，吸引力也会大许多。比如在具体写法上，可以将浏览者设定为第二人称，像“你一定很想知道你梦中的那个他 / 她在哪里吧”，语气亲切随和，富有感染力，无形中拉近了与浏览者的距离。

二、微博文案的写作步骤

（一）定位分析

微博与微信公众号一样，要有效地运营，就必须先对自身进行定位。定位主要包括用户定位和内容定位。

（1）用户定位。不管是写软文还是做销售，了解用户群体至关重要。如果做母婴产品，那么用户群体就是宝爸宝妈，分析用户是为了进一步了解群体的特点，他们需要什么，他们关注什么。只有设身处地，才能更好地分析微博软文的用户群体。

（2）内容定位。微博文案发布什么内容跟开设微博的目的有关，是宣传品牌、宣传产品还是监测舆情，不同的目的决定了文案本身的内容。

（二）寻找话题

新媒体时代，热点话题能更快地吸引粉丝，时时刻刻关注微博热点话题。站在消费者、用户的角度来思考问题，并根据用户特点、热点问题来策划一些有话题的内容，快速发布，一旦关注人数较多，就可以加入资源进一步宣传。

在写微博时，要平衡“你想要大家看的”和“大家想看的”这两者的关系。写微博，首先是展示自己。在展示自己的同时，能根据大家的喜好，选择适当的内容，就更加有利于在微博上传播自己的声音。既不要把微博变成纯粹的流水账，写些别人不感兴趣的内容，也不要纯粹依照大家的喜好来写，完全丢掉了微博的个性特点。

（三）撰写文案

创作者要根据选好的话题构思文案结构，精心拟写标题、开头、结尾等。为了更好地与用户建立沟通、提升信任，微博创作者还可以设计一些互动内容，比如问答、投票等。优秀的微博软文一定有非常良好的互动环节，这样在赢得公众好感信任的基础上，才能最终实现促成交易或达成其他营销目的。

三、微博文案的写作思路

一般来说，微博文案也可以分为开头、中间、结尾三部分。开头要吸引人的眼球，中间要清晰、有条理，结尾要突出重点。下面根据文案类型具体谈谈每种文案的写作思路。

（一）时事资讯类微博文案写作思路

微博本来篇幅就很短，所以只需要一个段落，不用分行分段，但是创作者需要用归纳概括的方法将最鲜明、最引人注意的内容放进去。如事实、主题、焦点、状态、形象、数字等要素，要在第一句话里表达出来，用这些亮点吸引读者继续阅读。然后，按照导语的写法，用精炼的文字把新闻的基本要素呈现出来。文案中涉及的基本名称要规范、统一，时间要素要标明。如果要发布的信息比较复杂，创作者可以选择以长微博的方式发布，或者以在短微博中加入音视频链接的方式来完成。

（二）营销类微博文案写作思路

这类微博以告知公众某个事实为主，包括发起微活动、微话题等，一般都请求受众的支持和参与。这类博文的写作重点要突出企业举办活动的意义。一则好的营销类博文的转发量、评论量以及受众的参与度都很高。

要写好这类微博，结构上的处理方式如下：

（1）主题前置。前后用［　］号加以强调，在最短的时间内让用户先看到宣传公司理念或活动理念的主题。

（2）介绍活动内容，突出参与方式和奖励方式。“转发”“赢取”等字样用方括号等相关方式强调，让用户明确主要做法；用户具体做法和赢取的具体奖品要写清楚。

（3）结尾发起互动。结尾可以加上鼓动性的话，如“……（奖品、礼品）准备就绪”“（××奖品）等你来拿”等，下面还可配长微博或海报，以进一步补充活动的细节。

拓展阅读

华美食品“会说话的月饼”活动微博

营销类微博文案的写作，应该考虑粉丝参与的可行性、可操作性，措辞要严谨，不能让公众产生误解和歧义，以免引发争执。

（三）日常管理类微博文案写作思路

1. 日常关系维护类

日常关系维护中主要是用户关系管理，这类微博的主要目的是为用户提供社交平台。比如借助节日宣传节日文化、表达节日祝福等。这类话题没有奖励，主要是为了满足粉丝的社交欲望，维系客户关系。以宣传节日文化为例，其写作思路如下：

开头用双＃号写明节日名称，用方括号表明话题名称，后面可简要介绍该节日的传统习俗，可表达自己的节日祝福，还可用提问如“这一天你吃了什么”“这一天你做了什么”“你小时候怎么过这个节”或者设置相关知识问答进行互动，激发读者回复的兴趣。图5－9为清华大学端午节微博。

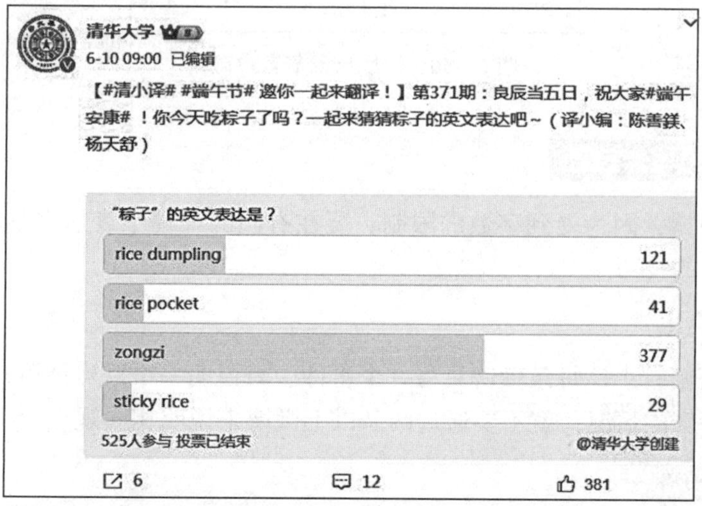

图5－9　清华大学端午节微博

2. 危机管理类

危机管理类微博主要是表达对公众的歉意及对此次危机的态度和做法等，要站在受众角度提出解决方案，因此，这类微博一定要让公众看到创作者真诚的态度，通过真诚反馈化解危机。通常写作思路如下：

（1）开头写明缘由。

（2）如果是己方的错误就要真诚道歉，提出解决方案，最后再一次道歉。时刻关注用户的反馈，使用户满意。

（3）如果是别人恶意中伤，要么置之不理，在微博中用事实回应造谣中伤；要么严肃表明态度，运用法律手段解决问题。

3. 客户服务类

客户服务一般都有正规的回复流程和标准的答案。如果只是日常咨询，注意该微博的内涵，根据情况判断后简单回复即可。如果涉及企业的负面新闻，微博编辑就要以真诚的态度，提炼出问题的关键答案，提供合理的解决办法，并关注顾客的反馈意见。如图 5－10 所示，海底捞针对网友“小浪演播室”关于海底捞底油是否为一次性使用的问题，通过微博给予了解答。

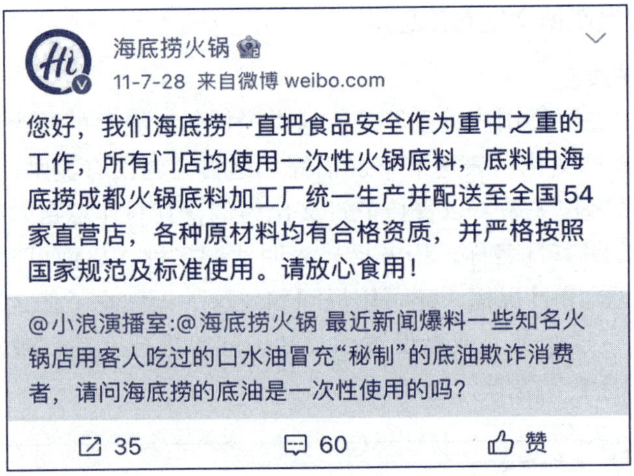

图 5－10　海底捞回复客户微博

四、微博文案的写作技巧

对于一般微博，因为受到字数的限制，要在有限的篇幅中表达完整的意思，就要在写作中掌握一定的技巧。

（一）主题突出

单篇微博篇幅较小，每条微博只写一个事件、只说明一个观点即可，保证主题突出。如果没有非常特殊的情况，就不要通过两条以上微博来说明相同观点。

（二）文字精炼

文字尽量简短，用关键词、亮点词在短时间内抓住用户，少用生僻词汇、专业词汇，少用长句和被动语态句子，多用动词、数字，多描述细节和场景，多表达独特、富有启发和令人回味的观点来吸引受众。

如浙江省文化和旅游厅微博文案：“人民日报整版聚焦贵州亚洲第一长洞——世界最大天青石洞穴，洞穴长度比贵阳到重庆还远。”这条微博不到40字，但言简意赅，可以让读者通过几个关键词快速了解贵州某一洞穴的特点。

（三）语言通俗有趣

根据写作主题和写作风格定位的要求，恰当运用幽默风趣、轻松活泼的语言传达信息。微博写作语言特点一定要考虑到写作内容和写作风格，如政务微博，应该以大气、严谨为主，但是不能缺乏亲和力与真诚。避免过度卖萌，否则就显得轻浮。

微课

善于讲故事

（四）善于讲故事

要善于结合产品和用户群体进行故事编辑，从而加深用户对微博、产品的认知度。如在图5－11中，海尔讲述的妈妈为孩子晒被子的故事，激起公众对于妈妈的爱的回忆，强化了情感共鸣。

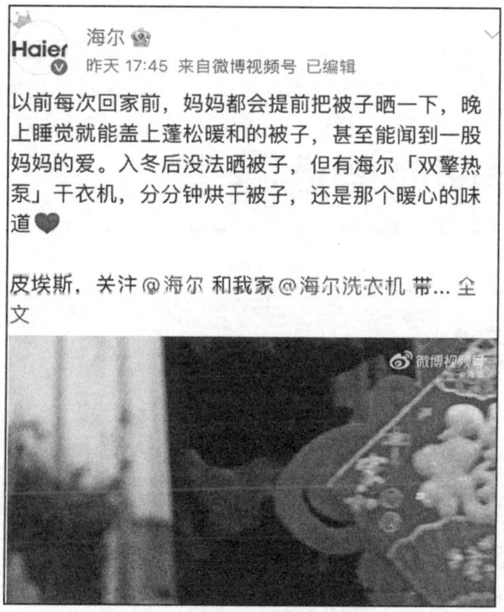

图5－11　海尔故事微博

（五）善于蹭热点

话题的阅读量通常比较高，拥有强大的流量，这对推广来说是很有利的。写作时，可以根据近期热门话题，结合企业特点或者产品特点，进行微博的策划与编辑，能够有效促使用户转发、评论，增强用户黏度。这一点与公众号文案写作是一样的。

（六）利用图片视频，强化视觉效果

微博文案应充分利用多媒体技术，使语言、图片、视频、超链接等有效配合，来增

加信息传播的趣味性和表现力。但是微博配图或者视频要尽量原创，如果用别人的图片、视频，不能随意去除水印，要注意版权。

（七）转发要有创新

转发不能单纯地转发，还应该在原来的基础上进行拓展和挖掘，让公众了解得更加全面；或者在原来评论的基础上加入自己的点评。2024 年 6 月 14 日，微博转发功能进行了调整，原先转发微博时 140 字数限制被放宽，调整为 500 字。这一调整旨在让用户更方便地在微博内进行分享和讨论，提高用户的互动体验。

拓展阅读

微博要善于蹭热点

（八）善用微博自带功能

善用“【　】”“##”等符号设置主题和标签，这样能够让公众一眼明确文章的主题思想和文章内容；时刻互动，保持随时 @ 别人的意识；使用链接，注明出处、尊重版权；善用“关注”，对有价值的关注对象进行合理分类，不断更新和优化列表以便高效获取和接收信息。

任务四

运用 AI 辅助微博选题

一、微博选题工作的意义

在这个信息爆炸的时代，微博作为最具活力的社交媒体平台之一，其文案选题的精心策划显得尤为重要。一个富有创意、贴近受众且紧跟潮流的选题，不仅能迅速吸引用户的眼球，激发他们的兴趣与共鸣，还能有效促进品牌与用户的深度互动，为品牌传播和价值传递插上翅膀。因此，无论是日常运营还是特定活动，我们都应高度重视微博文案的选题工作，力求每一次发声都能精准触达目标受众，留下深刻印象。

（一）精准定位，提升对目标受众的吸引力

选题直接决定了内容能否精准触达目标受众，引起他们的兴趣和共鸣。一个与受众兴趣、需求或生活方式紧密相关的选题，能够迅速抓住他们的注意力，提高内容的阅读率和分享率。

假设一家时尚品牌想要吸引年轻女性受众，其微博文案可以围绕“春季穿搭指南”“明星同款推荐”“日常美妆小技巧”“某热播电视剧女主角穿搭”等来做选题，这些话题贴近年轻女性的生活，容易引起她们的关注和讨论。

（二）塑造品牌形象，传递品牌价值观

通过持续发布与品牌调性相符的文案选题，品牌可以逐步在受众心中树立起独特的形象，并传递出品牌的核心价值观，这有助于增强品牌的辨识度和忠诚度。如一家环保品牌可能会选择“绿色生活小贴士”“可持续时尚趋势”“地球日特别策划”等选题，这些内容不仅传递了品牌的环保理念，还引导受众关注并参与到环保行动中来。

（三）激发用户参与，增强品牌互动性

优秀的文案选题能够激发受众的参与度，促使他们与品牌进行积极的互动。这种互动不仅增强了用户与品牌之间的黏性，还使品牌能够更直接地了解用户需求，从而优化产品和服务。同时，用户的积极参与也能为品牌带来更多的曝光机会和口碑传播。

例如：一家运动品牌可以发布“# 运动挑战赛 #”，邀请用户分享自己的运动成果或挑战视频，并设置奖项鼓励参与。这样的选题不仅激发了用户的参与热情，还通过用户的分享和讨论，增强了品牌的互动性和社交属性。

（四）紧跟趋势，保持内容的新鲜感

微博作为一个快速变化的社交媒体平台，其热点话题和流行趋势不断更迭。紧跟市场变化和受众需求，灵活调整文案选题，可以确保品牌内容始终保持新鲜感和时效性，吸引更多潜在用户的关注。例如：在重大节日或社会热点事件发生时，品牌可以迅速响应，发布与之相关的文案选题。例如：在春节期间发布“年味大赏”“春节习俗知多少”等选题，既符合节日氛围，又能吸引受众的眼球。

综上所述，微博文案选题的重要性不言而喻。它不仅关乎内容能否精准触达目标受众，塑造独特的品牌形象，还直接影响用户的参与度和与品牌的互动性。同时，紧跟时代潮流的选题策略，更能让品牌保持新鲜感，吸引更多潜在用户的关注。因此，在策划微博文案时，我们应当把选题视为核心环节，用心琢磨，力求每一个选题都能成为连接品牌与用户的桥梁，共同编织出精彩纷呈的社交媒体图景。

二、利用 AI 做好微博选题工作的步骤

无论是深入挖掘某一话题，还是广泛寻找其他创意性话题，微博创作者都可以充分利用 AI，从而获得丰富的选题灵感。当然，利用 AI 获取选题，也需要有步骤地进行，具体步骤如下：

（一）设定角色

创作者需要给 AI 设定一个角色，让它更好地认清自己的身份定位，理解马上要做的工作，如这样的表达：

假如你是某某官博的小编……

假如你是一个自媒体博主……

（二）设置条件

为了使 AI 生成的选题能够更符合创作者要求，创作者需要尽可能地设置好要求或者条件，给 AI 提供选题生成的来源，既可以是一个事件、一个主题，也可以是一个群体。

例如：

问：

假设你是一家企业官博的小编，请你帮我撰写5个微博选题。

AI：

1.【绿色行动，从我做起】

2.【植树造林，共筑绿色梦】

3.【环保小课堂】

4.【绿色供应链，共筑可持续未来】

5.【公益徒步，为爱前行】

问：

我没有给你事件或者主题，你是怎么拟出的选题？

AI：

非常抱歉，我误解了您的意思。在没有具体事件或主题的情况下，我将基于一个通用的企业积极履行社会责任的框架来构思5个微博选题，以便在将来有具体事件或主题时可以灵活调整。

问：

好的，马上中秋节来临，请你拟出5个微博文案选题。

AI：

当然，针对中秋节即将来临的时节，以下是5个微博文案选题，旨在传达节日氛围、企业文化或情感共鸣。

【月圆人团圆，中秋共此时】中秋佳节将至，愿这轮明月能照亮您归家的路，也照亮我们心中的那份团圆与温情。在这个特别的日子里，我们企业愿与您一同分享这份美好，共度佳节。

【月饼传情，感恩有您】亲手制作的中秋月饼，每一口都是对传统的致敬，对家人的思念，也是对每一位支持我们的客户与伙伴的深深感激。中秋佳节，愿这份甜蜜能传递我们的心意，让爱与感恩同行。

【中秋故事会，共话团圆情】每个人心中都有一个关于中秋的故事，或温馨、或感人、或充满欢声笑语。邀请您分享您的中秋记忆，让我们一起在微博上编织一个关于团圆与美好的故事集。

【赏月计划，与美好不期而遇】中秋之夜，何不约上亲朋好友，或是独自一人，找一个静谧的角落，共赏那轮皎洁的明月？我们企业特别推出“赏月计划”，为您精选最佳赏月地点，让这份宁静与美好成为您中秋记忆中最难忘的部分。

【中秋寄语，传递深情厚谊】在这个充满温情与思念的节日里，让我们用文字寄托对远方亲人的思念，对朋友的祝福，对合作伙伴的感谢。写下您的中秋寄语，让这份深情厚谊随着微博的传递，温暖每个人的心房。

（三）细化要求

好的选题更具有针对性。当看到 AI 生成的选题后，创作者可以给出具体的要求来帮助 AI 进行优化，从而生成更贴近需求的选题。要求可以是选题的风格、面向的人群、文章达到的效果等。

问：

以上选题请更具体点，明确到底要做什么事情。

AI：

当然，我会将中秋节的微博文案选题具体化，明确每个选题要执行的具体内容或活动。

【中秋团圆摄影大赛】

活动内容：邀请粉丝和员工分享自己中秋期间与家人团圆的照片，可以是传统的赏月场景、家庭聚餐、制作月饼的瞬间等。设置奖项鼓励参与，如最佳创意奖、最温馨家庭奖等。

目的：增强用户参与度，展现中秋团圆的温情氛围，同时提升品牌曝光度。

【月饼 DIY 直播教学】

活动内容：邀请知名糕点师傅或企业内部的烘焙达人，在微博上开展月饼 DIY 直播教学。教授不同口味的月饼制作方法，如经典豆沙、五仁、冰皮月饼等。

目的：提供趣味互动内容，增强用户黏性，同时展示企业的创新能力和对传统文化的尊重。

【中秋诗词大会】

活动内容：在微博上发起中秋诗词大会，邀请用户分享自己最喜欢的中秋诗词或创作新的中秋诗词。设置投票环节，选出最受欢迎的作品，并给予奖励。

目的：弘扬中华优秀传统文化，激发用户的文化兴趣，同时增强品牌的文化底蕴。

【寻找最美赏月地】

活动内容：发起“寻找最美赏月地”活动，鼓励用户分享自己发现的适合赏月的美景地点，可以是城市天台、乡村田野、海边沙滩等。通过用户投票和专家评审，评选出最佳赏月地点。

目的：引导用户探索自然美景，享受中秋之夜的宁静与美好，同时提升品牌与用户的互动性和参与度。

【中秋公益行动】

活动内容：组织或参与中秋公益活动，如为孤寡老人、留守儿童送去月饼和节日祝福，或捐赠图书、学习用品等。通过微博直播或图文形式记录活动过程，传递正能量。

目的：展现企业的社会责任感，传递关爱与温暖，同时提升品牌形象和公众认可度。

如果觉得选题还不够，可以继续加入条件，如增加特定的人群，让选题聚焦于更清晰具体的受众群体。

问：

公司员工都是20多岁的年轻人，选题请尽量考虑这一群体的特点。

AI：

了解到公司员工主要是20多岁的年轻人，以下是根据这一年龄段特点定制的中秋节微博文案选题。

【青春“月”宴，潮流中秋趴】

活动内容：策划一场线上中秋主题派对，结合年轻人喜爱的音乐、游戏、短视频等元素。邀请员工和粉丝参与，通过直播或社群互动，共享潮流与传统的碰撞。

亮点：设置主题妆容挑战、中秋说唱对决、DIY创意月饼比赛等环节，激发年轻人的参与热情，展现青春活力。

【月光下的青春故事】

活动内容：鼓励员工分享自己与中秋节相关的青春故事，无论是第一次独自在外过中秋节的感触，还是与家人共度的温馨回忆。通过微博话题收集故事，并精选部分进行展示或制作成短片。

亮点：贴近年轻人的情感需求，用故事触动心灵，增强员工间的情感共鸣和团队凝聚力。

【中秋AR寻宝挑战】

活动内容：利用AR技术设计一款中秋节寻宝游戏，员工需在虚拟环境中寻找隐藏的“月饼”或“中秋灯笼”，解锁特定任务或关卡，完成挑战者可获得虚拟奖励或实物奖品。

亮点：结合年轻人的科技兴趣，以新颖有趣的方式庆祝中秋节，提升员工参与度和娱乐性。

【月满中秋，潮玩创意市集】

活动内容：线上举办一个中秋创意市集，邀请员工展示并出售自己制作的与中秋节相关的手工艺品、设计品或美食。设置互动投票，评选出最受欢迎的商品。

亮点：展现年轻人的创造力和个性化表达，同时促进员工间的交流与合作，营造积极向上的企业文化氛围。

【穿越古今，中秋文化新解】

活动内容：组织一场线上文化沙龙，邀请历史文化学者或年轻的文化达人，以轻松幽默的方式解读中秋节的传统意义与现代意义。同时，鼓励员工提出自己对中秋文化的独特见解或创意点子。

亮点：融合传统与现代，让年轻员工在轻松愉快的氛围中学习和传承中华优秀传统文化，同时激发创新思维和灵感。

（四）反馈再细化

细化要求后得到的选题会更加符合创作者的需求，这时创作者可以选择其中感兴趣的选题，要求AI再进行细化，从而让撰写内容变得更容易。

问：

请对第四个选题进行细化。

AI：

当然，针对第四个选题“月满中秋，潮玩创意市集”，我们可以进一步细化其活动内容、执行步骤以及预期效果。以下是详细的策划方案：

活动名称：月满中秋，潮玩创意市集

活动背景：在中秋佳节之际，为了展现公司年轻员工的创造力与个性化表达，同时促进员工之间的交流与合作，特举办一场线上中秋创意市集。通过市集的形式，员工能够展示自己的手工艺品、设计品或美食，共同庆祝这一传统节日。

活动目标：激发员工的创造力和想象力，展现年轻一代的独特风采；促进员工之间的交流与合作，增强团队凝聚力；传播中秋文化，让传统与现代元素在创意市集中碰撞出火花。

活动内容：

1. 员工通过公司内部系统或指定邮箱提交报名信息，包括个人简介、创意作品简介及图片 / 视频资料。

2. 利用公司官网、微信公众号或第三方直播平台搭建线上市集，参展员工上传商品图片、视频介绍及购买链接，并设置合理的价格或参与方式（如免费赠送、抽奖等）。

3. 设置互动投票环节，让访客评选出“最受欢迎商品”“最具创意商品”等奖项。邀请部分参展员工进行直播，介绍自己的创意作品，分享创作背后的故事，与观众进行实时互动；设置优惠券、满减活动、限时折扣等促销方式，吸引更多访客关注和购买。

借助 AI 可以发散思维，扩大选题范围，但是如果需求不明确，信息太少，AI 生成的选题实用价值可能不高。因此，想要得到更符合自己需求的选题，就要给出更明确的要求，比如选题风格、面向人群、预计效果等。

对于已经生成的选题，如果范围比较大，可以对生成的结果进行反馈，挑选感兴趣的选题方向要求 AI 继续细化。常见的参考指令可以参考如下：

请帮我撰写 5 个中秋节的文案选题：

√文章主题：温暖

√目标受众：异地上班不能回家过节的年轻人

√文章目的：让年轻人感受到企业作为第二个家的温暖

√文章风格：不要煽情

√文章长度：字数在 500 字左右，提纲在 5 点左右。

学中做 5-4

企业文化对于企业的发展和员工的成长具有深远的影响。良好的企业文化能够激发员工的归属感和自豪感，能够塑造企业的品牌形象，促进企业的创新和发展，促使员工为企业创造更多的价值。

请以传播企业文化为目的，利用 AI 拟出微博文案的选题。

项目小结

企业官方微博在客户关系管理、活动宣传、树立企业形象等方面起着越来越重要的作用。微博写作灵活，要在有限的时间、规定字数内写出与企业目标一致、吸引公众关注的微博，就需要明确微博定位，了解微博类型，认识微博文案类别和特点，掌握微博文案的写作要求、写作步骤、写作思路和写作技巧。

创作者可以利用 AI 设计微博文案的选题，通过设置身份和条件，从 AI 选题中找出更优方案，提高微博传播效果。

知识检测

综合实操

1. 实训任务

假如你是某个企业的微博小编，春节来临之际，部分员工因为某些原因不能回家过年，企业计划组织系列活动让员工安心过好年。请你撰写一则微博文案表达对员工的关心与祝福。

2. 实训指导

实训指导

暖心祝福微博文案写作

素养园地

微博造谣怎么处罚？《中华人民共和国治安管理处罚法》第二十五条规定，有下列行为之一的，处五日以上十日以下拘留，可以并处五百元以下罚款；情节较轻的，处五日以下拘留或者五百元以下罚款。其中，行为之一就包括“散布谣言，谎报险情、疫情、警情或者以其他方法故意扰乱公共秩序的”；如果散布谣言构成犯罪的，要依据《中华人民共和国刑法》的规定追究刑事责任。《中华人民共和国刑法》第二百九十一条之一规定，“投放虚假的爆炸性、毒害性、放射性、传染病病原体等物质，或者编造爆炸威胁、生化威胁、放射威胁等恐怖信息，或者明知是编造的恐怖信息而故意传播，严重扰乱社会秩序的，处五年以下有期徒刑、拘役或者管制；造成严重后果的，处五年以上有期徒刑”。

建设和谐社会需要彰显文明大国应有的国民道德境界，不能借助微博造谣、谩骂和人身攻击。微博言论更不能与国家的法律法规相抵触，要做文明人，为社会传递正能量。

课赛融通

微博文案写作比赛通过模拟或真实的微博营销场景，要求参赛者创作具有吸引力、创新性和传播力的微博文案。这类比赛不仅考查学生的文字表达能力，还注重市场洞察力、创意策划能力和社交媒体运营策略。活动的举办方通常包括微博平台本身、政府部门、企事业单位、媒体机构以及各类社会组织和团体。这些比赛往往由多个单位联合主办或承办，以扩大影响力、吸引更多参与者。具体比赛内容包括微博征文比赛、微博故事创作大赛、微博话题挑战赛等。

1. 微博征文比赛

微博征文比赛通常由微博平台联合其他机构或单位共同举办。例如：有些比赛是由微博平台与出版社、文学社团、高校等合作举办，旨在挖掘优秀的文学作品和作者。这类比赛往往设有明确的征文主题、投稿要求和评选标准，参赛者需要在规定时间内提交原创作品，并通过微博平台进行展示和评选。

2. 微博故事创作大赛

微博故事创作大赛的举办方也多为微博平台与各类机构或单位合作。这类比赛注重短小精悍的故事创作，鼓励参赛者以微博为平台，用简洁的文字和生动的情节展现自己的创意和才华。比赛过程中，参赛者需要遵循比赛规则，提交符合要求的作品，并积极参与互动和分享。

3. 微博话题挑战赛

微博话题挑战赛则更多是由微博平台自主发起或与其他合作伙伴共同推出的活动。这类活动通常围绕特定的社会热点、节日庆典、品牌宣传等话题展开，鼓励用户通过微博发布相关内容并参与挑战。挑战赛的形式多样，可以是文字、图片、视频等多种形式的结合，旨在提升用户参与度和话题热度。

在一些高校中，辅导员职业技能大赛中设置了微博写作的比赛项目。例如：辽宁铁道职业技术学院举办的第五届辅导员职业技能大赛中，就设置了微博写作的比赛项目，旨在促进辅导员队伍向职业化、专业化发展，提高辅导员的职业技能与服务水平。此外，上海高校辅导员职业能力竞赛中也包括对微博写作的考核，以此来测试辅导员运用网络开展大学生思想政治工作的能力。这些比赛不仅考查了辅导员对学生使用社交媒体的了解，还检验了他们如何利用网络与学生进行有效沟通的能力。

目前，虽然尚没有由教育行政机构组织的专门针对微博文案写作的学生技能比赛，但是很多技能比赛中可能会有跟写作相关的内容。各学校可以结合专业特点，与学校媒体部门合作，组织新媒体写作方面的比赛项目，让学生能够学以致用，提高写作兴趣和能力。

项目六

电商文案写作

学习目标

知识目标

1. 了解电商文案的概念。
2. 熟悉电商文案的常见类型。
3. 掌握电商文案的特点。

能力目标

1. 掌握常用的电商文案写作方法。
2. 掌握电商文案中卖点创作的技巧。
3. 掌握AI辅助电商文案写作的技巧。

素质目标

1. 弘扬实事求是的精神品质。
2. 具备诚信经营的商业道德。
3. 具有全球意识和开放心态。

引导案例

百雀羚：电商营销中传统文化的传承者

在 2024 年度“全球最有价值的 50 个化妆品和个人护理品牌”排行榜中，百雀羚获得第 13 名，是该榜单 TOP15 中的唯一中国品牌。百雀羚作为国货护肤品牌，有着深厚且悠久的历史底蕴。在当今的电商营销浪潮中，它巧妙地把传统文化元素融入其中，打造出别具一格的产品包装，展现出与众不同的品牌魅力。

百雀羚推出过一系列以中国风插画为亮点的产品包装，如以古代四大美女的故事为主题的限量版礼盒。礼盒上绘制着貂蝉拜月、西施浣纱、王昭君出塞、杨贵妃赏花等精美插画，这些插画细腻地展现了古代美女的风姿以及相应的历史场景，充满古典韵味，仿佛让人穿越时光，置身于那段韵味悠长的历史之中。不仅如此，与之相得益彰的产品宣传文案同样匠心独运，详细且深入地讲述了四大美女背后所蕴含的历史典故以及丰富的文化内涵，引领着消费者去用心领略传统文化的博大精深与独特之美。这些带有传统文化元素的产品现身电商平台进行售卖时，瞬间吸引了众多消费者的目光，尤其受到年轻消费者的喜爱。这不仅提升了产品的销量，还进一步巩固了百雀羚作为国货经典品牌的形象，让其在竞争白热化的护肤品市场中脱颖而出。

正如纪录片《新国货》所言：“中国的百年现代化进程，是中国国货不断变化的一个投影。我们的每一个商品，到最后，都会演变成一种生活方式，演变成一种思想，演变成一种价值观，然后慢慢地在全球消费世界中，让喜欢这种商品和生活方式的人们，跟我们形成共同的语言。”一切走出国门的品牌，都有着鲜明的民族特色与浓郁的民族气息。它们就像是文化交流的桥梁，不仅能够唤起本民族人们内心深处强烈的归属感和自豪感，更能引发其他国家、民族人们的好奇与向往，进而产生一种独特的民族品牌效应。百雀羚品牌定位的成功之处，在于其精准地把握了民族品牌突围的核心要素，巧妙地将中华优秀传统文化与现代市场多样化的需求紧密结合起来，创造出了独具魅力、辨识度极高的品牌形象，在国内外市场中赢得了广泛认可与赞誉。

敲黑板 划重点

当前，越来越多的文案人员在创作过程中逐渐意识到传统文化的重要性，并从中挖掘出了很多文化资源。正如党的二十大报告指出，中华优秀传统文化源远流长、博大精深，是中华文明的智慧结晶。这一论述，不仅是对中华优秀传统文化价值的高度肯定，更为新时代的文化创作指明了方向。新时代的文案工作者必须坚定历史自信与文化自信，遵循古为今用的原则，勇于推陈出新，通过巧妙的构思与精湛的表达，将传统文化与现代审美有机融合，共同打造出文案佳作。

知识精讲

任务一

认识电商文案

一、电商文案的概念

电子商务是从1990—1993年的电子数据交换时代开始的。1997年，广告主开始使用网络广告，产生了最早的电商文案。电商文案是文案的一种特殊类型，它具备文案的所有特性，主要适用于电子商务平台，目的是促进商品销售。常见的可供消费者选择的电子商务平台有三种：专业的C2C拍卖类网站、可以注册个人卖家会员的综合型购物网站、可以注册个人卖家会员的单项购物网站。

二、电商文案的类型

对于电商文案创作者来说，理解文案的类型十分重要，不同类型的文案，其写作方法及应用场景都是不同的。除了品牌文案和销售文案，电商文案还有主图文案、店铺首页文案、详情页文案、商品评价回复文案等类型。

（一）主图文案

主图文案也称为横幅广告文案，是最早的电商文案类型，通常为矩形，以JPG、GIF等格式的图片或Flash形式呈现。现在由于手机等移动设备的广泛使用，主图文案为了适应这些终端设备的屏幕要求，通常设计为竖直形状。主图不仅出现在电商网站的搜索结果页面中，还会出现在一些站外活动结果页面上或合作平台的页面上，这些页面都需要精彩的主图来吸引消费者点击，如图6-1所示。

图6-1　某电商平台上的主图文案

消费者在购物时往往会通过主图文案中的图片和文字来了解商品，图片展示的是商品的真实情况，文字是对商品的说明。现在主流的电商文案主要通过以下两个方面对图片进行说明。

1. 巧用数字

数字是电商文案中使用最多的元素，因为数字通常能直接展示商品的销售量，以及商品的性能等。在图片中巧妙地运用数字，容易激发消费者的购买行为。

首先，消费者都有从众心理。这表现为大部分消费者更喜欢购买有人气的商品。如果商品的销售量较高，那么消费者就会更信任该商品，所以很多商品主图中都会出现有关销量的数字。如图 6－2 所示，文案中“爆售 200000 罐＋”就是以数字的形式展示商品的销量和火爆程度，从侧面说明了商品质量好、物美价廉，值得购买。

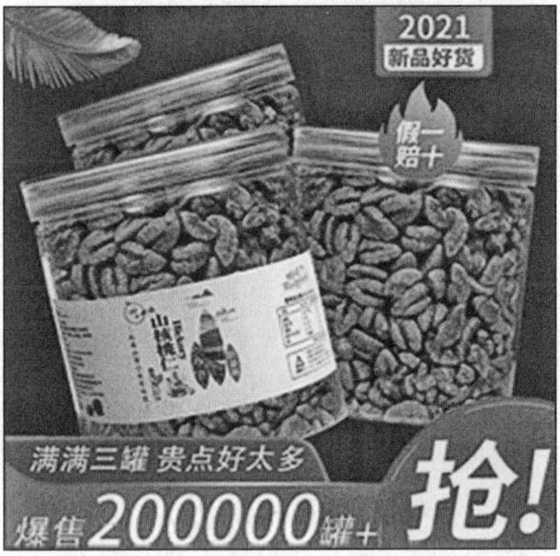

图 6－2　某品牌山核桃在电商平台售卖图

其次，数字可以直接展示优惠力度。很多电商文案都用数字将商品的优惠价格直接展示出来，让消费者更清楚地了解自己能够得到的利益。如图 6－3 所示，某电商平台在活动中用数字直接说明了“5 折”“满 198 减 100”的优惠，从而让消费者对商品优惠情况一目了然。

图 6－3　某电商平台上超市生鲜促销的主图文案

最后，数字可以展示商品性能参数。用数字清楚地标注商品的容量、体积等参数，让消费者在选购相应大小、体积的商品时更简单方便，有利于快速促进消费者的购买行为。如图 6－4 所示，是某品牌水壶的主图文案，该商品是户外用水壶，使用这种水壶的消费者通常希望水壶的容量更大，保温时间更长，该文案则将消费者关注的问题用数字的形式直接展示出来。

图 6－4　某品牌水壶电商平台售卖图

2. 结合特点

主图文案需要解决的主要问题是消费者为什么要购买该商品，即文案必须直击商品卖点，说服消费者购买，这就要求主图文案具有特色，以区别于其他同类商品，从而从同类型商品中脱颖而出。如厨邦酱油的品质和生产过程与竞争对手本质上没有什么区别，但其创作出一句“厨邦酱油美味鲜，晒足 180 天”的广告词，以此来告诉消费者厨邦酱油是最鲜的酱油，因为被阳光曝晒了半年。

（二）店铺首页文案

店铺首页文案是指在电商平台或网站店铺的首页上，为了吸引顾客注意、传递品牌信息、促进销售而设计的一系列文字内容。这些文案通常位于店铺最显眼的位置，如页头、轮播图、产品推荐区、促销信息区等，旨在通过精练而富有吸引力的语言，引导访客深入了解店铺、产品或服务，并激发其购买欲望。店铺首页分为以下 7 个模块：

1. 店铺招牌

店铺招牌展示的是店铺的名称、logo、口号、优惠券和收藏店铺的图标等。店铺可以根据自己的品牌定位设计出有特色的店铺招牌。

2. 导航

导航的主要功能是可以快速连接到相应的制定页面。导航可以依据店铺产品的功能、属性，消费者的消费习惯，季节等进行划分。

3. 海报

海报可以分为全屏海报和产品促销轮播海报。全屏海报主要展示店铺的主推活动、折扣优惠、主打产品的推荐，让客户一进入首页就能看到该店铺的重点内容。产品促销轮播海报主要用于推广产品的促销内容，因为是滚动式的轮播，卖家可以设计出多个理由，从多角度来吸引买家。

4. 商品分类

为了方便买家根据需求在该店铺快速找到想要的商品，可以对商品进行分类。商家可以根据价格、产品功能、产品属性等来进行分类。

5. 店铺联系方式

不同的平台使用的沟通软件可能有所不同，但都是为了方便买家联系商家。在如今竞争激烈的网店销售领域，买家除了要提供优质的产品，还要提供优质的服务。

6. 店铺公告

店铺公告主要可以做一些店铺声明、紧急信息公告等内容。比如在春节期间，很多物流会停运，那么网店就可以运用店铺公告模块告知消费者这一重要信息。

7. 店铺尾页

店铺尾页主要展示快递、包装物流、售后等信息。

（三）详情页文案

详情页文案是对商品的具体功能、特点等情况进行详细描述的文案。消费者在购买商品时，会通过详情页文案中的图片和文字来具体了解商品，并决定是否购买，因此详情页文案必须文字简洁、图片美观。

值得注意的是，详情页的图片、文字描述、排版设计等都与商品转化息息相关。如果店铺销售的是日常生活用品，如沐浴露、卫生纸、洗洁精等，那么详情页中的商品功能等信息就不是太重要。因为相较于用途，消费者可能更关心此类商品的价格、美观性、材质等，此时详情页文案应从消费者更关注的方面着手。但如果店铺销售的是设计类商品、个性商品、电器等，店铺经营者在销售商品的同时还希望消费者能进一步了解商品背后的故事、商品的独特之处、商品对消费者的作用、商品的评价等，那么就需要对详情页进行视觉设计，撰写详细的商品文案，这样才能让消费者产生购买行为。一般来说，详情页文案主要有以下 5 类样式：

1. 商品展示类

商品展示类是指通过平拍的方式展示商品的色彩、细节、包装和场景效果，并说明商品的卖点和搭配等。比如几乎所有的详情页都有关于商品的详细图片。

2. 实力展示类

实力展示类是指通过介绍商品的品牌、荣誉、资质和销量，以及该企业的生产和仓储等情况，展示该企业的综合实力。

3. 吸引购买类

吸引购买类是指通过商品品质或者企业声誉来打动消费者，促使消费者购买商品，最常用的方法是展示大量的买家好评。

4. 交易说明类

交易说明类是指通过商品的详细交易项目，对消费者的购买行为给予保障，促进消费者下单购买，主要项目包括商品的规格、维护保养、质检保障、发货、验货、退换货和保修等。

5. 促销说明类

促销说明类是指通过展示商品的各种促销和优惠活动，刺激消费者购买。

（四）商品评价回复文案

商品评价回复文案是指商家在评价区对用户留言的积极回应，内容包括对用户评价的感谢、对负面评价的合理解释，以及引导购买等，旨在构建良好的互动氛围。

三、电商文案的特点

（一）个性化

借助大数据和人工智能技术，电商平台能够深度分析用户的浏览历史、搜索关键词、购买记录等数据，精准把握用户的偏好和需求，从而生成个性化的商品推荐文案。

（二）视觉化

短视频的兴起为电商文案提供了全新的表达形式，它能生动呈现商品特性、使用方式与应用效果，增强用户的购买欲望。

（三）简洁化

随着智能手机的普及和移动支付技术的发展，移动端成为电商的主要渠道之一。文案需要更加简洁明了，适应小屏幕阅读，便于快速做出购买决策。

（四）社交化

社交媒体平台的影响力日益扩大，电商文案需结合社交特性，鼓励分享、评论和互动，以提高用户参与度和转化率。

（五）智能化

基于人工智能技术的智能文案，能迅速分析海量的文本数据，并根据不同用户的特征和兴趣，快速生成针对性强的文案，提高营销效果。

（六）注重隐私保护

数字经济时代，数据隐私保护成为关注的重点。电商企业在创作和传播文案时，必须严格遵守相关法律法规，确保用户数据的安全和合法使用，以赢得用户的信任与支持。

学中做 1-1

1. 请在招聘网站上搜索电子商务文案相关岗位，调研电子商务文案岗位的工作内容和相关要求。
2. 选择电商平台上的一件商品，阅读其详情页，分析文案的样式和内容，找到文案中宣传的重点。

任务二

电商文案的写作技巧

做中学 1-1

猜猜下面哪款儿童运动鞋的销量高？

A: 一双鞋重 208 克，助力儿童健康成长。

B: 孩子成长的每一步都很重要，爸妈的责任就是选一款安全的运动鞋，××× 专业儿童运动鞋，通过 ××× 安全认证，每一步，都脚踏实地！

时至今日，电商文案已经发展了二十多年。在现在的各种电子商务平台中，很容易就会出现卖出 1 万双小白鞋、10 万把小黑伞、30 万台榨汁机等爆款产品的现象，但很多同类产品的价格虽然只有这些爆款的一半，销量却还不足这些爆款的十分之一，是什么造成了这种销量的差异？其实，这些产品的质量、售后服务、营销平台、宣传手段等都是相同或相似的，之所以销量有差距，关键因素就在于文案，很多爆款都是通过文案来说服消费者购买的。上面两款儿童运动鞋，从销量上看，B 款是 A 款的几十倍，造成这种结果的原因之一就是文案内容不同。儿童运动鞋的使用对象是儿童，但是购买者却是父母。B 款文案找准了产品的消费对象，把父母对孩子的爱在文案中体现出来，激发了父母的情感，明确了消费导向，因此获得了销售的成功。

一、电商文案的写作准备

文案人员在创作电商文案前需要做一系列细致而周全的准备工作，以确保文案能够精准定位目标消费群体，有效传达产品价值，激发购买欲望，并最终促进销售转化。

（一）调研市场

微课

如何进行高效的市场调研

市场调研是指有目的、系统地收集市场信息，分析市场情况，为营销决策提供依据的活动。通过调研，文案人员可判断营销决策是否可行，了解用户需求，使文案更贴近用户。

1. 市场调研的对象

为电子商务文案写作而进行的市场调研以所售商品的市场营销活动为主体，调研对象一般以用户、商品、竞争对手、销售情况为主。

2. 获取调研资料的途径

文案人员可以通过企业内部管理系统、专业数据机构、社会调研来获取用户反馈信息。另外，当前一些网络平台会提供专门的数据工具供用户收集数据，如淘宝的生意参谋、百度的百度指数、字节跳动的巨量算数等。

要注意的是，企业在调研和分析用户的数据时，一定要获得用户的同意，切记要合法合理地收集、保管和使用数据，维护安全的数据环境是我们每个人的责任。

（二）分析环境

完成市场调研后，文案人员需全面、系统地研究企业或品牌的市场环境，依据分析结果制定精准营销策略，对市场实力进行清晰定位。其中，SWOT 分析法为常用的市场分析方法。

1. 优势（Strengths）

这是指分析企业或商品在成本、营销手段、品牌力等方面的优势，挖掘竞争点以超越竞争对手。

2. 劣势（Weaknesses）

这是指识别企业或商品的弱势以及竞争对手的优势，分析用户反馈的不足之处。

3. 机会（Opportunities）

这是指探讨企业内部目标实现的策略，比如短期、中期和长期目标达成的关键因素；分析企业外部发展机遇，如商品迭代升级、新兴营销策略及渠道拓展等。

4. 威胁（Threats）

这是指分析制约企业发展与商品营销的因素，涵盖行业动态、经济形势及竞争对手威胁，并制定应对策略。

（三）认识商品

文案人员只有熟悉商品特性，才能撰写出契合商品特点、凸显独特卖点的文案，吸引目标客户。这要求他们熟知商品的分类、属性及文化内涵等关键信息。

1. 商品的分类

目前，电子商务平台中的商品分类多借助“类目”进行，如一级类目（服装、食品）、二级类目（男装、女装）、三级类目（连衣裙、裤子）。

2. 商品的属性

商品的属性是指商品本身所固有的性质，如服装商品的属性包括风格、款式、面料、品牌等。

3. 商品的文化内涵

商品的文化内涵是指蕴含于商品中的文化元素，诸如品牌理念、文化符号、历史底蕴及传统价值等。

（四）洞察用户

任何商品都有特定的消费群体，电商文案人员在写作前，需明确商品的目标用户群体及其特征，通过构建详尽的用户画像来确保文案的针对性。用户画像不仅涵盖性别、年龄、教育、职业等固定特征，还涉及兴趣、社交、收入、购买偏好等多维度信息。

二、电商文案写作技巧的具体内容

微课
电商文案标题的写作技巧

一般来说，电商文案通常由标题和正文两部分组成，好的标题是吸引消费者注意的首要因素，而精彩的正文则是引导消费者了解品牌或购买商品的关键因素。同时，商品评价回复也不容忽视，它能增强消费者的购买信心，解决其疑虑，展现品牌责任心。

（一）电商文案标题的写作技巧

有三个电商产品的标题是这样的：

澳洲 swisse 清洁面膜麦卢卡蜂蜜泥膜深层清洁收缩毛孔控油吸附黑头
乐扣乐扣不锈钢 1 200ml 保冷保热超长保热大容量户外家庭旅游必备壶
女短靴齐踝春秋新款女鞋百搭中跟粗跟瘦瘦靴短筒增高网红单靴

这三则标题乍一看不太像标题，但是这样的标题却可以在电商平台上被更多地搜索到。可以说，电商文案的标题跟其他新媒体文案的标题不同，其制作标准是以能够更容易被搜索到为目的。因此，标题创作的基本公式为“品牌名称 + 商品名称 + 商品属性”。具体来说，创作更易搜索的标题有以下几个技巧：

1. 标题明确消费者想要的结果

消费者在购买电商的商品之前，最想知道这个商品能带来什么利益或好处，因此电商只有通过文案，特别是文案标题，把消费者所期许的利益或好处提前告知，才能真正打开消费者购买的第一道“阀门”。如消费者买美白面膜的目的是让自己的面部皮肤变得更白，那么“美白”就是消费者想要的结果，美白面膜只是帮助消费者实现这个结果的手段。

对于电商文案来说，最有效的标题写作方式就是直接向消费者承诺购买商品的利益，或者直接说明某商品或服务的好处，介绍如何解决某种问题等。比如一篇文案直接在标题上明确告诉消费者这款丝袜既透薄又防勾丝，质量好到连菠萝都可以装，如果消费者需要这种丝袜，就会直接购买。

2. 标题中包含卖点

很多商品通常都是靠一个核心卖点成为热销商品的，甚至一个卖点足以成就一个品牌。所以，在电商文案中能否寻找到恰当的卖点，是能否使商品畅销、建立品牌的重要因素。比如老板牌油烟机的电商文案标题中会有“大吸力”这个核心卖点，公牛牌插座的商品标题中通常有“安全”这个核心卖点，纯甄酸牛奶的商品标题中有“无添加”这个核心卖点，OPPO 手机的商品标题中通常有“闪充”这个核心卖点。

撰写卖点型标题时，原则上要简洁，卖点要突出，写作公式为“品牌名称 + 商品名称 + 商品的核心卖点”。品牌名称和商品名称最好都出现在标题中，因为据统计，80% 的消费者只看标题不看内容，如果没有名称，消费者即便认真看完了标题，也不会对品牌和商品留下印象。

3. 锁定目标人群

一篇电商文案很难满足所有目标消费者的需要，在写作标题时，可先选出合适的消费者，排除不属于潜在消费者的用户。比如中国老年人口较多，当双星推出一款专为老年人打造的功能鞋时，立即受到了市场的欢迎。因为随着年龄增大，老年人对鞋子的功能要求更多，其“‘双星八超鞋’八大标准打造老人鞋”的文案标题对目标人群的吸引力很大，大家很想了解具体的“八大标准”。

4. 巧用修辞手法

为了创作出优质的电商文案标题，可以在标题中巧用比喻、引用、双关、设问、对偶、拟人等修辞手法。比喻可以化抽象为具体，帮助消费者更好地理解品牌或产品的特性；引用是将诗词歌赋、名言警句等融入标题，可以提升文案的文化底蕴；拟人则可以使产品人格化，促进品牌和消费者的沟通。品牌“淘鲜达”就曾用“大众情人”“慢热男孩”“宇宙甜甜女孩”“真·暖男”的标题分别描述五花肉、玉米油、火龙果和纸巾，吸引了消费者的目光。

（二）电商文案正文的写作技巧

电商文案的写作目的是要用“最容易理解的方式”来传达商品的好处，在通过标题和开头的吸引和引导后，文案的正文需要对商品进行详细的描述。以详情页文案为例，正文描述需要注意以下几点：

1. 用事实说话

调查显示，不知所云的文案会导致电商页面跳失率增高。消费者浏览商品页面的耐心不足，如果文案表达不清楚，就容易失去潜在消费者。一般来说，电商文案的正文是与商品详情相结合的，产品性能与使用效果是消费者购买产品的必看项。所以在创作详情页文案时，可以将产品的性能一一列举，以此与消费者建立信任关系，提升产品的销量。例如：某品牌声波电动牙刷的详情页如图 6-5 所示，该详情页文案先列举了自家声波电动牙刷的三大特点——高效清洁、智能洁齿、牙缝清洁，然后在具体的描述中，用“50 天长续航”“压力感应提醒”“高频脉冲水流”来阐明商品的这些特点，让消费者对这款电动牙刷的功效和优势有了较为清晰的认知，从而提升消费者下单的概率。

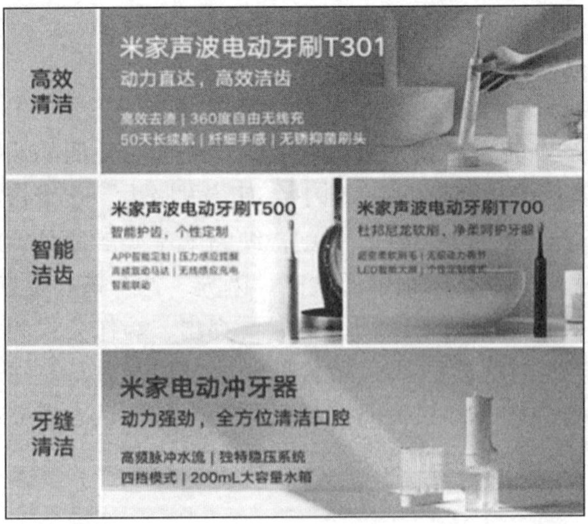

图 6-5　某品牌声波电动牙刷详情页（局部）

2. 用优惠说话

大多数消费者在电商平台购买产品的第一原因是线上产品比线下产品更便宜，优惠力度更大。如今线上店铺的常用做法莫过于用最大的让利来刺激消费者在最短的时间内下单，从而提高店铺的整体销量，每年的“双 11”购物节就是最好的例子。在撰写这类文案时，直接在正文中写明产品的优惠信息或促销内容即可。

如图 6－6 所示的文案主要包含三层信息：第一层信息是店家促销“狂降 1 400 元”，让消费者看见优惠力度之大，从而引起消费者的购买欲望。第二层信息是告知消费者“库存告急”，如果不提前下单，可能会错失良机，这可以促使消费者将购买的想法转化为行动。第三层信息是告诉消费者下单后还会有赠送、抽奖、服务等多重好礼，让消费者下定决心购买。总之，电商文案创作者在创作文案时，可以着力突出优惠，打动消费者。

图 6－6　某电商平台的促销文案

3. 借“势”说话

借“势”说话即将产品和其相关的事件联系起来，吸引消费者注意力，提高流量的转化率。如图 6－7 所示，乐高推出的某款圣诞节玩具是电视剧《老友记》的周边玩具，因此它的详情页文案就是围绕《老友记》来创作的，其具体内容为：“剧迷珍贵典藏套装，拼搭感受美好友情。”这样的文案瞬间让人联想到《老友记》的剧情，再加上该玩具的整体特写，让消费者顿时生发一股熟悉之感与怀旧之情。如果你曾经是《老友记》剧迷，一定会忍不住下单购买。

图 6－7 《老友记》主题乐高玩具详情页（局部）

4. 用画面说话

用画面说话也就是用“功能＋场景”的样式来创作详情页文案，即先阐明产品的作用，然后构建产品的使用场景，促使消费者的脑海中产生产品的使用画面，从而打动消费者。一般来说，详情页里的场景图是指实拍图或在搭建的场景内拍摄的图片，这种图片可以让商品不再单调，以充满生活气息的方式呈现在消费者眼前，给消费者良好的视觉感受。如图 6－8 所示，为了让消费者真切地感知这款智能扫地机器人“实时感知周围环境，防止台阶卡困和跌落”的优势，详情页文案就用了“功能叙述＋场景呈现”的样式。

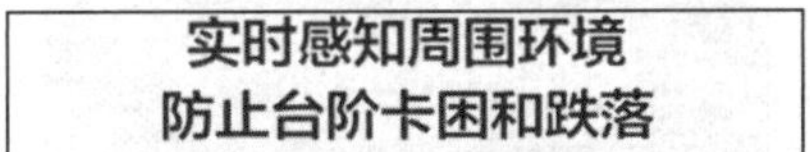

图 6－8 某品牌智能扫地机器人的详情页（局部）

（三）商品评价回复的写作技巧

商品评价是指消费者在购买和使用商品后对其进行的评价和反馈。在电子商务领域，商品评价不仅是消费者做出购买决策的重要依据，也是商家与消费者建立信任、优化产品、提升服务质量的关键渠道。

微课
商品评价回复文案的写作

1. 商品评价回复的基本原则

（1）及时性。迅速回应评价，特别是负面评价，展现商家的重视与责任感。

（2）真诚性。确保回复内容诚恳真挚，避免机械化回复，让顾客感受到被尊重。

（3）针对性。无论是赞扬还是批评，针对评价中的具体内容均进行细致回应。

（4）积极性。始终保持正面、乐观的态度，以积极的方式对话，传递正能量。

2. 商品评价回复的基本结构

（1）开头致谢。简短致谢，表达对顾客评价的重视和感激。比如“非常感谢您的宝贵意见，您的满意是我们不断前进的动力”。

（2）具体回应。对于正面评价，要强化正面情感，并邀请顾客继续支持。比如“很高兴我们的产品能给您带来愉快的体验，期待未来能为您提供更多优质的服务”。对于负面评价，则要承认问题，表达歉意，提出解决方案，力求让顾客满意，如“非常抱歉给您带来了不便，我们已悉心记录下您反馈的问题，并即刻着手进行针对性的改进工作。若您对此次体验实在不满意，我们完全理解并支持您申请退货的决定，同时，我们将为您提供便捷的运费险服务，以减轻您的后顾之忧”。

（3）邀请再次交流。鼓励顾客继续提供反馈，表达愿意持续沟通的态度。比如“若您有任何进一步的建议或需要帮助，请随时联系我们，您的声音对我们至关重要”。

（4）结尾祝福。以温馨的话语结束回复，以增强情感连接。比如“祝您生活愉快，期待再次为您服务”。

3. 商品好评回复的写作

商品好评是商家宝贵的财富，不仅增强了品牌形象，还为新顾客注入了购买信心。在撰写好评回复时，除了表达感谢，还要加深顾客的正面印象，强调品质和服务，鼓励顾客分享购物体验，承诺提供后续优质服务。

对于商品好评，文案人员可以准备多个不同版本的回复文案。版本与格式越多，用户就越不会觉得是模式化的回复。此外，诸如“亲”“先生”“女士”等称呼，都可以根据具体场景灵活选用。

4. 商品差评回复的写作

虽然商品差评会给商家造成负面效应，但如果妥善处理差评，不仅能挽回顾客信任，还能彰显商家的责任感和解决问题的能力。对于商品差评，可以依照真诚道歉、确认问题、合理解释、提供解决方案、表达感激、做出承诺的步骤来撰写回复。

学中做 6-2

1. 假如你的电商产品是防晒喷雾，请根据电商文案标题的写作技巧，创作一则标题。

2. 假如你的产品是一款电动美容仪，清洁能力非常强，你认为电商文案正文创作的 4 个技巧，哪个最适合该电动美容仪的详情页文案的创作？请说明你的理由。

任务三 电商文案卖点的创作技巧

电商文案创作的终极目标就是销售商品。根据统计，电商企业中 20% 的商品贡献了其整体销售业绩中约 80% 的销售额，这些商品叫作爆款。而爆款之所以能成为爆款，往往是因为该商品有核心卖点。所以，对于电商文案创作来说，提炼出商品的核心卖点并在文案中进行展示显得极为重要。

一、卖点和核心卖点

（一）卖点和核心卖点的概念

卖点是指商品所具有的别出心裁或与众不同的特点。这些特点一方面是商品与生俱来的，另一方面是通过广告策划人的想象力、创造力创造出来的。表达卖点可以从很多角度进行，而核心卖点就是能够体现商品核心竞争力的一个点。核心卖点可以瞬间让客户记住商品，从而使该商品区别于其他竞品。

比如对于洗衣液类商品来说，衣服洗后干净、柔顺、留香等，这些都是卖点，但不一定是核心卖点，因为大多数洗衣液都具备这些特点，这不能将某个洗衣液类商品和其他竞品明显区隔开。立白洗衣液另辟蹊径，其销售文案从不伤害用户的双手出发，提出“不伤手”这个核心卖点，从而与其他品牌区别开来。不仅如此，这个卖点也具有很大的竞争力，因为“不伤手”是消费者非常看重的一项商品特质，它便于从情感的角度唤起消费者对商品的需要。

（二）核心卖点的表现形式

当前电商产品同质化严重，当消费者在电商平台上搜索一款产品时，会出现众多产品。要想让你的产品突出重围，必须找到核心卖点。核心卖点有以下三种表现形式：

1. 超级卖点

超级卖点即比同行有超越性的竞争力的卖点。比如华为 P30 系列手机上市时，最引以为傲的卖点就是拍照，像 P30 Pro 就拥有 50 倍变焦和徕卡四摄，号称手机中的“望远镜”，官方在宣传时曾多次放出 P30 Pro 拍月亮的图片引发热议。

2. 独家卖点

独家卖点是某个商品本身所拥有的，而其他同类商品无法具有的唯一卖点。独家卖点是客户对某个商品的唯一识别点，即在客户心中这个卖点就代表这个品牌。核心卖点具备唯一性，拥有不可复制的行业壁垒，竞争力独一无二。独家卖点的推广效果一旦形成，就会给其他同行带来非常巨大的冲击。一般来说，企业的独家工艺、独家配方、某种专利技术很难被同行复制和模仿，这具有唯一性，容易成为独家卖点。如图 6－9 所示，金龙鱼通过“1：1：1 调和油”的专利技术提炼独家卖点，让竞争对手无法复制和模仿。

3. 新卖点

新卖点就是与同类商品的卖点相比具有明显差异化特征，独树一帜，让人耳目一新。比如美的油烟机文案“一台会自己洗的油烟机”。虽然油烟机的最大功能诉求是油烟处理能力，但是美的通过这个文案，在抽油烟技术很成熟的油烟机市场上，进一步提出了蒸汽洗的新卖点，提升了油烟机的功能，得到了消费者的认可。

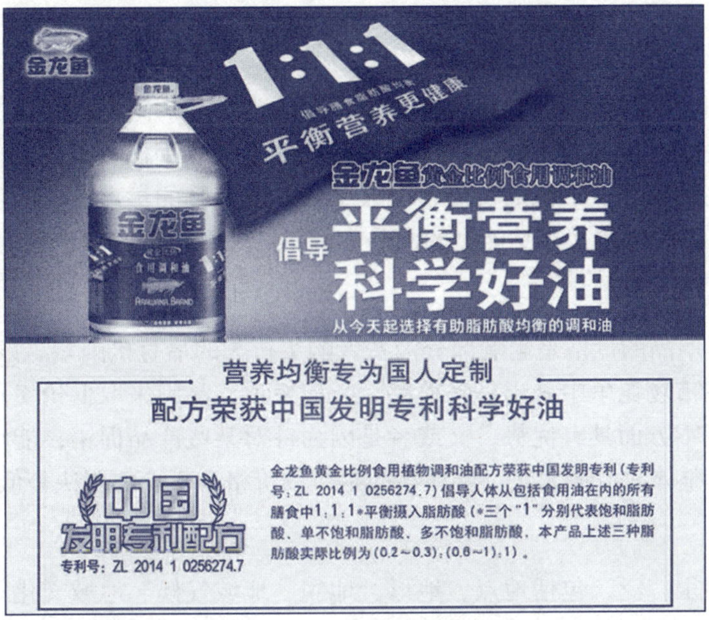

图 6－9　金龙鱼文案

二、寻找卖点的常见角度

微课

如何寻找卖点

文案人员在寻找电商文案的卖点时，可以从以下 7 个角度进行挖掘。

（一）外观

产品最直观的卖点就是外观，外观是对产品自身最显性的表达，是客户第一印象最直接的来源，也是最容易创造差异化的地方。比如欧莱雅的紫熨斗淡纹眼霜的文案。现在生活节奏快，熬夜成为年轻人的一大习惯，随之而来的眼袋、黑眼圈和干细纹则成为许多人的困扰。欧莱雅紫熨斗淡纹眼霜不仅利用紫色和熨斗样式来形成外观上的差异，而且暗示消费者这款眼霜能像熨斗一样轻松、快速抚平眼袋和细纹，因此成了独特卖点。

（二）材质

消费者往往都相信好的材质才能做出好的商品，所以说材质本身也是一种独特的卖点，很多标榜材质特殊的做法就是在做差异化。充分描写材质是很多品牌一贯的做法，典型的案例就是农夫山泉。文案“我们不生产水，我们只是大自然的搬运工”告诉消费者农夫山泉的水来自自然界，有别于人工加工过的自来水，突出了水独特的材质。

（三）工艺技术

工艺技术本身就是一种卖点。如果产品的工艺技术具备差异化特征，或者这门工艺技术是独家所有，那么该产品就具备了强劲的竞争力。如当年纯净水刚开始盛行时，消费者不知道哪个品牌的水是真纯净或更纯净，乐百氏纯净水则突出“27层净化”的工艺技术，给消费者“很纯净，可以信赖”的印象，提高了品牌知名度，创造了当时的销售奇迹。

（四）功能

产品的使用功能和产生的效果通常是消费者非常关心的问题，所以文案需要找出产品有竞争力的一个功能，并且突出这个功能。比如OPPO手机“充电五分钟，通话两小时”的功能，这不仅成了手机的卖点，也成了OPPO品牌的卖点。功能型卖点是最能被客户认同的卖点，所以很多非功能型的商品也试图用文案把自己“包装”成功能型商品。

（五）价格

不可否认，产品的价格是影响部分消费者购买行为的最直接因素。以价格作为卖点，很大程度上能在市场竞争中杀出一条血路。一般来说，品牌采取低价卖点策略，或是因为在控制产品成本方面具有优势，又或者是因为针对某些产品促销，能够带动后端产品的销售，从而使整体收益最大化。要注意的是，以价格为卖点的要诀是低价不低质。

（六）地域

地域的范围很广泛，包括地点、地形、地貌、地域气候、地域文化等多种因素。因为地域不可移动、不可复制，具有唯一性，所以向来都是表现产品出身的最好卖点。用地域特色作为卖点的商品很多，如阳澄湖大闸蟹、西湖龙井、宁夏枸杞、青海虫草等，这些地名实际上承载了消费者对商品地域特征的记忆及对商品优良品质的高度认可。

（七）情怀

情怀被很多新品牌当作卖点，因为情怀能够把商品人格化，赋予商品人情味，消费者不是在消费一件商品，而是在与一个高尚的精神、品格、价值观进行“交流”。比如褚橙的文案“人生总有起落，精神终可传承”，褚橙的畅销除了品质这个因素，更重要的是它拥有不可复制的情怀价值。褚时健大起大落的人生经历被看作精神的传承，褚时健种出来的橙子变成了一种可贵的时代精神。

总而言之，寻找产品卖点的角度有很多，但是作为电商文案创作者，一定要切记，在进行文案创作时，商品要确实具有卖点所宣传和承诺的功效或特征，确实能够满足消费者的某种需求。商品的品质是企业的生命所在，其核心卖点必须依托实际的功效，这点必须真实可靠。不能违规操作、不能欺骗消费者、不能进行虚假宣传，这是文案卖点创作的首要原则。

三、归纳和表达商品卖点的方法

（一）使用 FAB 法则归纳

FAB 法则是一种销售法则，旨在通过突出商品的特性、优势及为客户带来的实际利益，增强说服力。

（1）特点（Feature）：商品的基本属性、技术规格或功能。比如一部手机的 6.7 英寸大屏、高性能芯片、256GB 存储空间等，这些特征描述构成了商品的基石，是顾客通过直观观察或查阅说明书即可获取的详细信息。

（2）优势（Advantage）：此环节阐述商品特性如何转化为实际效用。比如手机的大屏幕便于观影和阅读，高性能芯片确保流畅运行，大容量存储满足多样需求等。

（3）益处（Benefit）：这是产品的特性和优势能为顾客带来的实际价值和好处。比如享受极致视听盛宴、延长电池寿命、为应用下载和数据存储提供空间等。

例如：有一款高端电饭煲，采用 3D 立体加热技术，米饭受热均匀；内胆采用不粘涂层；配备智能预约功能，可提前设定煮饭时间；外观简约时尚，采用高品质不锈钢材质；还具备多功能菜单，包括煮粥、煲汤、蒸菜等。使用 FAB 法则提炼该商品卖点，其中 F 列主要是表述商品的属性，A 列是根据 F 列的属性推导出的作用，B 列则是站在用户需求和体验的角度总结提炼的益处，如表 6－1 所示。

表 6－1　FAB 法则提炼商品卖点

序号	F	A	B
1	采用 3D 立体加热技术，米饭受热均匀	米饭口感更佳	满足高品质生活追求
2	内胆采用不粘涂层	易于清洗，保养方便	减轻清洁负担
3	智能预约功能，可提前设定煮饭时间	省时省心	享受便捷生活
4	外观简约时尚，采用高品质不锈钢材质	外观高档且耐用	提升家居格调
5	具备多功能菜单，包括煮粥、煲汤、蒸菜等	满足多样化烹饪需求	轻松应对各种烹饪场景

（二）优化商品卖点

卖点优化就是对卖点进行升级，让卖点比同行的核心卖点更深入一步，让卖点比同行的卖点更领先一点，从而实现同质化卖点向差异化卖点转变。卖点优化分为两种：

第一，级别深度进化。在电商文案中，卖点的级别深度进化的标准主要有初级、中级、高级和特级。如图 6－10 所示，初级文案是描述性文案，仅仅描述商品的基本功能；

中级文案是指有卖点的文案，卖点圈定了具体的针对群体——高频用眼的学生群体，并且用“抗蓝光，不闪屏、不刺眼”升级了商品竞争力；高级文案是指有核心卖点的文案，卖点不多，但是很聚焦，消费者的认知也会更加深刻；特级文案是指有独有的核心卖点的文案，告诉消费者这是医学专家和光学专家联合研发的润眼灯，并且是唯一的。

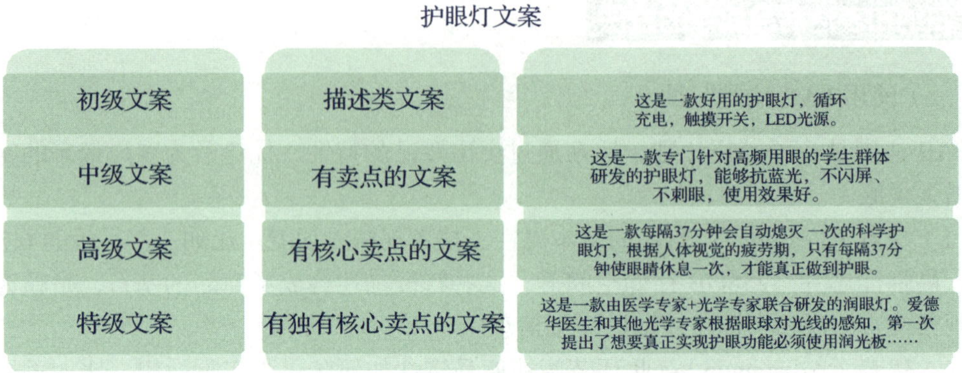

图 6－10　级别深度进化的文案流程

第二，描述修饰优化。文案人员可以在原来卖点的基础上进行描述修饰优化，以此来实现卖点的升级。这种优化既可以跳出原来的卖点进行思考，也可以进入新的思考层次，或者对原有卖点不断进行修饰加深，完成卖点的深入进化。如下面奶瓶的描述修饰优化。

商品：奶瓶
进化：防呛奶奶瓶
防呛奶硅胶奶瓶
防呛奶全路径硅胶奶瓶
防呛奶偏头全路径硅胶奶瓶
育婴师推荐的防呛奶偏头全路径硅胶奶瓶
育婴师推荐的美国进口防呛奶偏头全路径硅胶奶瓶

其实，从某种角度来看，在文案工作领域，没有同质化的卖点，只有同质化的思维、同质化的表达、同质化的层次。文案的创作者要学会归纳和优化商品的卖点，帮助商品实现突围。

学中做 6-3

1. 假如你的产品是手工牛轧糖，根据上述卖点的 7 个挖掘角度，你认为哪些角度适合你的产品？请说明你的理由。

2. 某品牌蓝牙耳机采用先进的混合主动降噪技术，配备前后双馈麦克风。其设计遵循人体工程学原理，耳塞柔软贴合耳道。此外，耳机内置高保真音质解码芯片，支持多种音频格式，续航时间长达 10 小时。请使用 FAB 法则归纳该商品卖点。

任务四

AI 辅助电商文案写作

人工智能为电商文案写作带来了前所未有的机会，不仅提高了文案创作的速度和质量，还促进了更深层次的用户互动和更高的转化率。随着技术的不断进步，AI 将在电商文案领域发挥更大的作用。

一、AI 在电商文案写作中的具体应用

伴随着 AI 技术的日益进步，众多企业已逐步采用 AI 技术进行电子商务文案创作。AI 凭借强大的数据分析能力，深入洞察用户行为、消费喜好等关键信息，从而打造出具有特色且符合个人需求的文案内容。

（一）优化关键词

AI 可以精准识别并优化关键词，提高搜索引擎排名，增加网站流量。通过分析竞争对手和行业趋势，AI 可以智能推荐最有效的关键词组合。

（二）优化内容

AI 能根据不同产品的特点和目标客户的需求，生成极具针对性的文案；能全面分析竞品文案、用户行为等数据，为文案创作提供有力支持；能检查语法错误、拼写错误和句子结构，确保文案的专业性和流畅性。

（三）支持多语言

机器翻译技术的进步使得多语言文案的准确性和自然度不断提高。对于跨国电商平台而言，AI 可以轻松将文案翻译成多种语言，帮助商家拓展国际市场。

（四）匹配文案风格

AI 可根据不同的电商平台、品牌定位、产品类型及目标受众特点，智能匹配与之相契合的文案风格，有效传达产品信息，提升目标客户情感共鸣度。

二、借助 AI 撰写电商文案的思路

相对其他文案，电商文案的创作需要考虑产品特点、消费者需求、市场趋势等，因此，新媒体文案写作者可以从这几个角度出发，借助 AI 撰写文案。

（一）分析需求和喜好

在撰写电商文案前，需要明确电商产品的类型和目标受众，从而分析受众的需求和喜好。只有这样，才能捕捉用户的心声，激发用户的购买欲望，提升文案的转化效率。

问：

我想写一篇智能手表的电商文案，目标受众是60岁以上的老年人。请帮我分析他们的需求和喜好。

AI：

撰写针对60岁以上老年人的智能手表电商文案时，深入了解他们的需求与喜好至关重要。这一年龄段的用户群体往往关注健康监测、紧急联络、操作简便、佩戴舒适、便捷沟通以及生活辅助等方面。

扫码查看
AI分析需求和喜好

（二）列举亮点和优势

让AI列举产品的亮点和优势，是一项至关重要的策略。这一步骤不仅能够贴合用户的实际需求，还能凸显产品的独特魅力和过人之处，有效吸引潜在客户的目光。

问：

请根据上面分析的老年人的需求和喜好，为我列举智能手表的产品亮点和优势。

AI：

智能手表的产品亮点和优势有：全方位健康监测、一键紧急呼救、大字体易操作、语音助手、天气预报、日程提醒等。

扫码查看
AI列举产品亮点和优势

（三）增强信任

在电商文案的创作中，增强用户的信任感是促成交易的关键一环。为了建立这种信任，可以巧妙运用一系列心理学原理，如从众心理、权威效应等来提升文案的说服力。

问：

你是一位擅长写作电商文案的专家，请根据刚刚给出的产品亮点和优势，写一篇智能手表的电商文案，文案中需要含有权威证明和达人测评。

AI：

智能手表，为长辈的安心生活保驾护航

【献给长辈的智选礼物】

在关爱长辈的每一刻，我们都在寻找那份能够给予他们全方位呵护的礼物。今天，我们为您推荐一款专为60岁以上老年人设计的智能手表，它不仅功能全面，更在细节处体现了对长辈的深情厚意。

【权威认证，品质保证】

这款智能手表经过国家权威机构严格检测，获得了多项健康监测功能的认证。无论是心率、血压的实时监测，还是睡眠质量的精准分析，都让您对长辈的健康状况了如指掌。同时，它还通过了ISO质量管理体系认证，品质有保障，让您买得放心，用得安心。

【一键紧急呼救，安全守护】

在紧急情况下，长辈只需轻轻一按，手表便会立即发送位置信息和求救信号给预设的紧急联系人。这一功能已经过多次实战演练，救援响应迅速，成功率高达99%。更有无数用户亲测反馈，称赞其“关键时刻能救命”。

【简易操作，便捷生活】

考虑到老年人的视力与记忆力，我们特别设计了大字体、大图标的简易操作界面，搭配智能语音助手，让长辈轻松上手，享受智能生活的便利。此外，超长续航电池确保手表在长时间佩戴下仍能稳定运行，无须频繁充电，省心更省力。

【亲情沟通，情感纽带】

支持语音通话和信息提醒功能，让长辈与家人随时保持联系。无论是分享日常琐事，还是传递关怀问候，都能让彼此的心更加贴近。

【生活辅助，贴心陪伴】

天气预报、日程提醒等实用功能，为长辈的日常生活提供便捷服务。无论是出行前的天气查询，还是重要事件的提醒，都能让长辈的生活更加有序、轻松。

【达人测评，口碑推荐】

知名科技博主××在测评中表示：“这款智能手表真正做到了以用户为中心，无论是健康监测的精准度，还是紧急呼救的响应速度，都让人印象深刻。更难能可贵的是，它在操作便捷性和续航持久性方面也做得非常出色。”众多用户也纷纷留言称赞其“功能强大、性价比高”。

【限时优惠，错过等一年】

现在购买，还可享受限时优惠活动。数量有限，先到先得！让我们一起为长辈送上一份贴心的关爱，让他们的生活更加美好、安心。

立即行动吧！让这款智能手表成为您献给长辈的最佳礼物！

（四）动态调整

AI创作出文案之后，工作并未就此结束。相反，这仅仅是一个开始。为了确保文案能够精准地触达目标受众，产生预期的营销效果，必须根据实际情况和用户需求，对文案进行相应的动态调整与优化。

问：

这篇文案不错，但我希望精简一些，字数控制在500字以内，并且增加休闲功能。

AI：

守护健康，乐享休闲——智能健康手表尊享版

专为长辈设计的智能健康手表，集健康监测、紧急呼救、简易操作于一体，更添休闲功能，让长辈享受智能与乐趣并存的晚年生活。

【权威健康守护】心率、血压精准监测，睡眠、运动全面分析，健康数据一目了然。

【紧急SOS功能】一键呼救，迅速连接专业救援，紧急时刻的安心伴侣。

【简易操作体验】大字体显示、简洁界面与语音控制，专为长辈优化，操作零门槛。

【亲情沟通无限】语音通话和信息提醒，让长辈与家人保持联系，分享生活点滴。

【贴心服务相伴】天气预报、日程提醒等实用功能，让生活更有序、更轻松。

【休闲娱乐新享】内置轻音乐播放、有声书、广播等休闲功能，丰富长辈精神世界。

【达人精选推荐】知名科技博主亲测推荐，功能强大，性价比高。

【优惠不容错过】立即购买，享受限时优惠，数量有限，先到先得！

（五）修改润色

虽然AI生成的电商文案可以极大地提高工作效率并提供初步的内容素材，但是文案工作者仍扮演着无可替代的角色。

（1）AI生成的文案往往缺乏与特定品牌或产品个性相匹配的情感色彩和独特视角，所以文案工作者要结合实际，强调品牌的核心价值和使命，进行风格调整。

（2）文案工作者需严格核对信息，确认产品各项属性准确无误，审查使用的图片、引用等素材，避免侵犯他人的知识产权；同时还要确保文案符合相关法律法规要求，坚决抵制虚假宣传。

（3）为了提升文案的精练度与可读性，文案工作者需改进句子结构，去掉冗余词汇，使文案更加简洁有力，确保文案流畅易读，直击用户内心。

（4）创意是文案的灵魂。文案工作者可通过添加故事元素，赋予产品生动的情感，提升文案的吸引力；同时，还可以结合图片、视频等元素，丰富文案的表现力，打造全方位、多维度的营销体验。

（5）文案工作者应与其他团队成员协作，比如与设计师、产品经理等紧密协作，确保文案与整体营销策略一致，共同推动品牌传播与产品销售的全面提升。

学中做 6-4

1. 请利用AI写一篇运动相机的电商文案，突出其防水和抗摔的特点。
2. 请利用AI写一篇婴儿车的电商文案，强调其安全性和舒适性。

项目小结

电商现在已经成为销售业的重要平台，电商文案对于电商平台的产品销售作用不容小觑。

对于电商文案的创作来说，理解文案的类型十分重要。电商文案主要有主图文案、店铺首页文案、详情页文案、商品评价回复文案等类型。不同类型的文案，其写作方法及应用场景都是不同的。

电商文案通常由标题和正文两部分组成，好的标题是吸引消费者注意的首要因素，而精彩的正文则是引导消费者了解品牌或购买商品的关键因素。同时，商品评价回复也不容忽视，它能增强消费者的购买信心，解决疑虑，展现品牌责任心。

提炼出商品的核心卖点并在文案中进行展示十分重要。文案工作者要从创作卖点的常见角度出发，提炼出商品的核心卖点，激发消费者对商品的好感，帮助电商企业提升销售业绩。

随着技术的不断进步，人工智能技术在电商文案领域发挥着更大的作用，如自动生成文案、优化关键词、优化内容、自动翻译文案到多种语言、智能匹配文案风格等。在借助AI撰写电商文案时，要注意分析受众的需求和喜好、列举亮点和优势、增强信任、根据实际和需求动态调整，并且进行修改润色。

知识检测

综合实操

1. 实训任务

近期，一家网店的背包收获了众多用户的反馈与评价。其中好评如潮，充分展现了顾客对产品的认可与喜爱。然而，也有少数顾客因发货速度稍慢及背包的轻微气味问题而给予了差评。请分别针对好评和差评撰写商品评价回复文案。

2. 实训指导

实训指导

网店背包商品评价回复写作

素养园地

《中华人民共和国广告法》第四条明确规定："广告不得含有虚假或者引人误解的内容，不得欺骗、误导消费者。广告主应当对广告内容的真实性负责。"这一法条旨在保护消费者的合法权益，维护市场的公平竞争秩序。

在商业宣传中，文案作为与消费者沟通的重要桥梁，必须遵循真实准确的原则。遵守法律法规，如实、准确地描述商品是文案人员的基本职责。假如文案人员为了追求所谓的"吸睛"效果或短期销售业绩，肆意夸大商品的功能或功效，那将会带来诸多不良后果。一方面，这种虚假宣传会严重损害消费者的知情权和选择权，使消费者基于错误信息做出购买决策，进而遭受经济损失或使用效果不达预期的困扰。另一方面，从法律层面看，一旦被认定存在虚假宣传行为，广告主以及相关文案撰写者都将面临法律的惩罚。因此，文案人员务必秉持职业操守，在写作文案时，以严谨、客观、真实的态度对待商品信息，在合法合规的框架内进行创作，营造诚信、公正的广告环境，维护良好的市场秩序。

课赛融通

全国大学生电子商务“创新、创意及创业”挑战赛（简称“三创赛”）是激发大学生兴趣与潜能，培养大学生创新意识、创意思维、创业能力以及团队协同实战精神的学科性竞赛。

竞赛以“强化创新意识、引导创意思维、锻炼创业能力、倡导团队精神”为目的，以“学科引领、知行合一、敢想敢干、勇立潮头”为宗旨，致力于培养大学生的创新意识、创意思维和创业能力，为高校师生搭建一个将专业知识与社会实践相结合的平台，提供一个自由创造、自主运营的空间。竞赛不仅考核学生的创新、创意、创业能力，还考核学生的演讲与文案写作能力。

1. 创新：参赛项目应在新产品、新技术、新模式、新服务等方面至少具备一个明确的创新点。

2. 创意：进行了较好的具有创新性的项目商务策划和可行性分析。项目商务策划主要是对业务模式、营销模式、技术模式、财务支持等进行的设计。项目可行性分析主要是对经济、管理、技术、市场等方面的可行性分析。

3. 创业：开展了一定的实践活动，包括但不限于创业的准备、注册公司或与公司合作、电商营销、经营效果等，参赛团队需要提供相应的佐证材料。

4. 演讲：团队组织合理、分工合作、配合得当；服装整洁，举止文明，表达清楚；有问必答，回答合理。

5. 文案：提交的文案和演讲 PPT 逻辑结构合理，内容介绍完整、严谨，文字、图表清晰通顺，附录充分。

项目七

直播文案写作

学习目标

知识目标

1. 了解直播的概念和发展历史。
2. 了解直播文案的类型。
3. 了解直播文案的写作原则。

技能目标

1. 掌握直播文案的写作要求。
2. 掌握直播销售文案的写作技巧。
3. 能够借助 AI 撰写直播文案。

素质目标

1. 养成遵纪守法的良好素养。
2. 具有创新思维和团队合作能力。
3. 遵守网络直播营销行为规范，传播正能量。

引导案例

直播文案的真诚性

微课

直播文案写作引导案例

2024年6月9日，某主播直播间获赞21.1亿，创造了我国直播电商界的传奇！在他的直播间，没有声嘶力竭的卖货，他只是坐在那里，谈理想、谈人生、谈文学，创造了一种富含温度和人文情怀的全新带货方式。其中，他的直播文案尤其令人夸赞。卖大米，他说：“我没有带你去看过长白山的皑皑白雪，我没有带你去感受过十月田间吹过的微风，我没有带你去看过沉甸甸的弯下腰、犹如智者一般的谷穗，我没有带你去见证过这一切，但是，亲爱的，我可以让你品尝这样的大米。”卖水蜜桃，他说：“这颗水蜜桃也太美好了吧！你的大脑告诉你，这一切都很美好。美好得如同山泉，就如明月，就如穿过峡谷的山风，就如仲夏夜的梦；美好得就像你我站在一片空地上，面前是一片桃园，阳光普照，微风习习，树叶晃动的时候，枝头那么一束束的、一堆堆的聚在一起的晒透了阳光的、散发着诱人红晕的、剥开皮汁水清冽的桃子一样的美好。”卖书，他又说：“我可以给你讲山川湖泊天体行星，你会从这些中感受到浪漫；我也可以给你讲人情世故，讲诗人酸腐的诗和科学家们惊喜的发现，那些会让你感受到幸福与美好。我们都是大自然的孩子，我们终将在大自然中找到自己，它会抚平我的内心，同时可以让我从比较焦躁的生活中释放我的压力。书不能让你解决现实生活中的问题，但书总能让你想清楚现实中的一些问题。书不能帮你解决它，但看完书你会发现，你不必再焦虑它，这就是看书的作用。”

撰写直播文案时要注意：文案设计要契合产品的特点，增加文案的人文内涵；文案设计应当具有创造性和创新性，带给观众不一样的感受；文案设计应当能够引起观众共鸣，能够提高观众的兴趣。

敲黑板　划重点

传统营销方式主要以图文、录播视频内容为主，但是随着“95后”“00后”消费人群的崛起，他们追求更有趣、更个性化、更具黏性的产品展示及互动形式，这种追求催生了直播行业。虽说直播也是“新瓶装旧酒”，与曾经的电视购物类似，但是由于直播更加方便快捷与可以互动，吸引了更多人注意。

虽然直播的收益可观，但是如果在直播准备过程中不重视直播脚本文案，在解析产品的选择、直播话术、环节设计方面均做得比较随意，那么往往会导致主播在直播过程中手忙脚乱、思路混乱、没有章法，最终的产品转化率也较低。因此，撰写详细可行的直播文案是直播前的必备工作之一。

知识精讲

任务一

认识直播

一、直播的概念

《现代汉语词典》中对直播的定义是："广播电台不经过录音或电视台不经过录像而直接播送。"直播分为现场直播、播音室或演播室直播等形式。随着网络时代的到来，网络直播逐渐取代电视直播，成为"直播"的代名词。

二、直播行业的发展历史

2005年，9158视频聊天社区诞生，这是中国第一个网络直播平台，以聊天交友形式为主。随后诞生的六间房等平台，也都是采用这种聊天交友模式。同年，面向游戏人群的YY语音平台开启。随着流量的不断增加，很多人想看一些游戏大神的操作，却苦于只能看录播，而市场上却一直没有可以满足此需求的平台。于是YY便开发了游戏直播功能，可以让大家一起进入YY群里去看游戏大神的现场表演。此模式一出，YY变得更加火爆，成了众多游戏玩家的互动社区。2012年，YY成功在美国纳斯达克上市，这具有标志性意义。2014年1月1日，斗鱼直播成立。同一年内，战旗直播也出现了。2015年1月，YY将游戏直播业务单独剥离出来成立了虎牙直播。隔月，龙珠直播成立。后续又出现了搜狐的17173游戏直播、新浪的看游戏、网易的CC。2015年10月，熊猫直播上线，高调出现在大众视野中。

随着4G和Wi-Fi的普及，互联网的传递速度越来越快，直播开始转向移动端，各式各样的直播App纷纷上线。这种直播方式很简单且成本非常低，只需要一部手机就可以，这让直播的门槛大大降低，自此进入泛娱乐全民直播时代。2015年5月和6月，映客直播和花椒直播相继在移动端上线，搭上移动端直播新时代的头部班车进入赛道。

2016年，淘宝、抖音、快手相继开通了直播功能。后来带货直播出现了。2020年，这种模式彻底爆发，上到明星大V，下到网红、平民，大家纷纷加入直播带货的潮流中去。借此趋势，各大电商平台，如京东、拼多多也纷纷开启了直播功能，进入直播带货的快车道。直播这种全新的交互形式以现场展示、即时互动的优势，对传统的图文、录播内容营销方式造成了强烈冲击。数据显示，2021年"双11"期间（自预售期起，10月20日至11月11日）直播电商的GMV（成交金额）就达到了1 318.6亿元。

2020年疫情期间，由于人们只能居家办公和学习，这时便出现了新的直播模式——

在线教育直播和会议直播。一直不太火的钉钉也在这段时间迎来了自己的高光时刻，成了在线教育直播 App 里的扛把子；腾讯会议也不甘落后，以其简单便民的使用方式成为各大公司的首选。

随着时代的发展，直播呈现出网络直播市场规模进一步扩大、直播与多行业融合并在垂直领域继续深化、人工智能技术在网络直播中进一步应用等发展趋势。

三、直播的类型

目前市场上常见的直播类型主要有以下 6 种。

微课 直播的类型

（一）娱乐类

此类直播大多是以唱歌、跳舞为主，主播的颜值高、情商高、有气质、会聊天，吸引粉丝关注的同时，通过流量变现和一些互动（礼物、打赏等）来盈利。直播平台主要是 YY 直播、花椒直播、六间房等。

（二）生活类

这类直播弱化了对主播颜值和竞技技能的要求，最大化地展现了直播的核心价值——分享和陪伴，直播内容丰富多彩，比如做饭、吃饭、睡觉、逛街、旅行等。此类直播的优势就在于人人都能做主播，门槛不高，内容也更接地气。直播平台主要是小红书、抖音等。

（三）游戏类

游戏直播一直火爆，手游、网游以及页游三大种类覆盖齐全。一般职业的游戏战队会和直播平台签约，战队的大部分收入都来自实时直播。目前，互联网巨头不断加快国内电竞游戏类直播的布局，腾讯不只注资支持自家龙珠直播，还参加斗鱼 TV 的 B 轮融资；阿里体育斥资 1 亿元举办电竞比赛。电竞游戏类直播是巨头们争夺的焦点。直播平台主要是斗鱼、虎牙、战旗、企鹅等。

（四）电商类

淘宝直播、快手、抖音三足鼎立。淘宝直播间于 2016 年 1 月上线，初期成长速度较慢，直到 2018 年才开始呈现井喷式增长，众多明星都入驻淘宝直播间，成交量最大的是美妆、服饰、母婴等领域。阿里巴巴对直播的审核较为严格，至少有一周的开播审核时间，是一个相对系统、完善的直播平台。快手直播则呈现“野蛮生长”态势，没有严格的审查机制，只要遵守法律即可，有一种“原生态”的意味。快手的主要消费者是四五线城市及乡镇群体，其中小镇中青年是消费主力军。快手的流量导向有 5 个方向，即淘宝、魔筷、有赞、拼多多和快手自营。抖音直播是 2019 年开始火爆起来的，是各个直播平台中涉及卖货直播业务较晚的平台。其流量大部分导向淘宝、天猫。抖音卖货的产品品类只有美妆类一种。

淘宝直播、快手、抖音三大直播平台标识如图 7－1 所示。

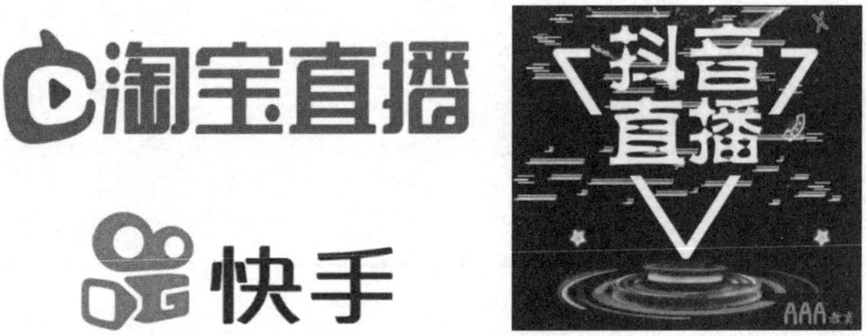

图 7－1　三大带货直播平台

（五）体育类

社会消费发生着日新月异的变化，体育直播的产业链也在逐步完善。目前体育直播平台主要有咪咕视频和央视频等，其形式主要有现场视频直播、演播室访谈式直播、文字图片直播以及即时比分直播，赛事内容丰富多彩。

（六）知识分享类

知识分享类直播起步较晚，内容相对严肃，其受众也相对低调。这类直播主要是邀请专业领域内的意见领袖入驻，为用户提供专业信息知识和技术服务，门槛较高，对主播的要求也高，更加关注主播的解说和内容。直播平台主要有 B 站和知乎等。

学中做 7-1

1. 你还知道哪些直播平台？它们的直播内容是什么？
2. 假如你的产品是手工发簪，你认为其更适合在哪个平台直播？为什么？

直播的快速发展，使得各种通俗易懂、“直播 +”的模式不断出现。“直播 +”模式是指将直播与公益、农业、音乐、电竞和教育等领域相结合，以细化的市场以及深入垂直的领域，推动直播平台向更深产业端渗透。在这样一个“全民直播”的时代，人们对网络上千篇一律的传统直播模式早已习以为常，而“直播 +”的模式将直播形式对准更深的行业领域，并成为此行业的传播途径，既能满足用户对直播的不同需求，也为直播自身的发展提供了新的选择和方向。图 7－2 为较知名的三个“直播 +”模式平台。

教育类直播　　电竞类直播　　音乐类直播

图 7－2　“直播 +”模式平台

任务二

认识直播文案

直播文案与朋友圈或其他平台的文案不同，它无法只通过几个文字便让消费者购买，其功能更倾向于吸引消费者进入直播间，然后用直播内容来引导消费者下单。虽然直播的销售文案不能直接实现销售产品的目的，但其仍是决定销售成功与否的关键。

一、直播文案的类型

按照直播的整个过程，直播文案包括直播预热文案、直播带货文案、直播热评文案。

（一）直播预热文案

预热不是简单的告知，而是加上各种噱头的元素，提前引来爆点，提升用户的参与热情，让直播成为传播的热点。直播预热文案的重点在于让用户了解什么时间将做什么事情，直播时会发几次红包以及有什么优惠等，既要吸引用户进入直播间，又要满足用户的消费欲望。

（二）直播带货文案

直播带货文案包括直播脚本文案和直播话术文案。直播脚本文案用于对整个直播流程的控制，是直播文案中最主要的表现形式。不管是品牌方、卖家，还是合作方，都应该提前进行详细的脚本文案策划，并和主播进行深度沟通。这不仅可以让直播高效有序地进行，还方便主播实时把控用户动态，在直播结束后进行复盘，不断提升直播转化效果。直播话术文案用于对直播的产品和服务进行全面的介绍。传统的产品营销侧重于对产品的介绍，而直播营销则通过实时的互动、真实的展示、KOL 的专业分享，协助主播构建与用户之间的信任关系。因此，直播营销更侧重于分享价值观，提供独创的价值理念，建立和用户之间长久的情感连接，维护主播的用户群体，从而获得更高的转化率。

（三）直播热评文案

直播热评文案指的是评论区的文案。绝大多数直播都将评论作为一种重要的互动形式。其实评论不只是一种互动形式，还是吸粉、获得精准用户的一种有效手段，因此评论区的文案也是要把握的。

微课

直播销售文案的写作方式

二、直播销售文案的写作方式

直播销售文案的写作方式可以分为以下五类。

（一）直截了当型

直截了当就是开门见山，直接标明价格，吸引消费者进入直播间观看，如某服装店的直播销售文案“羊毛衫 39 元甩！厂家清仓”。销售文案的定价就是购买产品最后拿到手的价格。有些活动，表面标着 39 元，点进去一看发现要 139 元，39 元可能只是穿搭里的一条丝巾的价格。直播销售文案不会出现这种情况，标多少、卖多少，否则很难引导消费者下单。又如“秋冬女鞋买二送一”，直接点明折扣力度，让消费者明明白白。

（二）诉诸效果型

这种类型的文案就是告诉消费者，使用商家产品后会达到怎样的效果，从而打动消费者，催促消费者点进直播间观看。如某服装店为了成功销售自己的衣服，开设了穿搭设计类的直播间，教微胖女孩穿搭技巧。其直播销售文案“胖妹妹显瘦 20 斤穿搭技巧”，文字朴实无华，吸引力却很大。微胖女孩在看到这样的文案后，会抱着试一试的心态，点进直播间观看，判断这种穿搭方式是否适合自己，从而推动产品销量的提高。

（三）产品展示型

这种类型的销售文案的重要作用就是展示产品，让喜欢该产品的消费者迅速点进直播间进行观看。其销售文案的内容更加简单，一般是“品牌名称＋产品名称”，其封面上一定要展示的是产品的高清大图。这相当于产品的详情页，消费者可以借此对产品有一个大致的了解。如红蜻蜓鞋业的某个直播销售文案的封面是模特抱着红蜻蜓鞋业最新几款冬靴的图片，最下面有“红蜻蜓冬靴热卖”这句话。值得注意的是，大品牌运用此种销售文案，可以迅速获得大量人气，不是因为销售文案本身的吸引力，而是因为品牌的影响力对人气的聚集作用。如果是名不见经传的小品牌，即便有优质的产品，也不建议使用这种类型的直播销售文案。

（四）借势营销型

这里的“势”不仅包括名人明星、社会大事件，还包括节日、产品最适合的场景等信息。比如在圣诞节之际，会有许多品牌商开始在直播中发掘自己的产品与圣诞节的潜在联系，借此来吸引消费者购买产品。如某化妆品的直播销售文案“一招解锁平安夜约会妆”，直接将自己的产品与平安夜联系起来，从而激发消费者的购买欲望，引导消费者下单。

（五）紧贴生活型

紧贴生活型的直播销售文案给消费者一种生活气息，让消费者感觉平易近人，拉近了与消费者之间的距离，从而促成消费者的购买行为。如某款零食的直播销售文案“吃了这口零食，你就会爱上它”，就像是一个朋友向你推荐他喜欢吃的零食，让消费者产生“真的这么好吃吗”的疑问，在好奇心的推动下购买产品尝尝。

学中做 7-2

假如你的产品是煲汤用的小砂锅，你认为上述哪种类型的销售文案适合它？请说明理由。

任务三

直播文案写作策略

一、直播文案的写作原则

一篇好的文案可以让直播锦上添花。新媒体文案创作者要想写好直播文案，需遵循以下 3 个写作原则。

（一）做好用户调研

直播内容的策划最终都是为了满足目标用户的需求。需求分为两大类：一类是直接需求，比如用户在购买时表达的想法，需要什么样的产品类型等；另一类则是间接需求，用户也不太清楚自己的想法，需要去激发和推动。在直播产品文案的撰写过程中，不能只停留在用户的直接需求上，更应该挖掘用户的间接需求。失败的直播，往往是因为新媒体文案创作者从根本上缺乏对用户的洞察。新媒体文案创作者应该依托对用户群体画像的把握，迅速且精准地找到目标用户，进行直播策划，确定营销思路。比如针对追求健康的用户，如果在文案中强调“纯手工制作、原料新鲜、不添加任何防腐剂”等文字，更能吸引他们的注意。新媒体文案创作者只有通过对客户进行有针对性的定位，再写作直播文案，才能切中用户的需求，让用户产生购买行为，达到直播的效果。

（二）运用 USP 原则

USP 原则是罗瑟・瑞夫斯提出的概念，即独特的销售主张，指产品能打败竞品的主要优势。USP 原则的主要观点：假如你的产品没有竞品好或与竞品没有区别，那么用户就没有理由只选择你的产品。所以为了有效宣传，你的产品必须有独特的销售卖点，也就是竞品没有的功效。因此，新媒体文案创作者需要在产品详情页中展示产品的功能、卖点、优势和促销信息，让用户能够直观地感受到产品带来的切实利益。

（三）建立情感连接

粉丝数量是直播平台的生存基础，拥有了一定数量的“铁杆粉丝”，直播间的气氛会更活跃，往往能够影响并带动新进来的用户完成下单。所以，在直播过程中，主播不仅要关注销售效果，而且要注意价值观的输出，注意内容的准确性和规范性，建立与用户的情感连接，培养和维护“铁杆粉丝”群体。因此新媒体文案创作者在直播脚本文案的创作过程中，可以在粉丝互动、活动策划等内容上花心思，设置固定的问好、感谢话术或非固定的优惠回馈活动文案，带动用户的参与度，增强用户的参与感。

二、直播文案的写作要求

微课
直播文案写作要求

（一）准确性和规范性

互联网每天更新的信息量是十分惊人的。对于文案创作者而言，要想让内容被大众认可，能够在庞大的信息量中脱颖而出，首先需要做到的就是准确性和规范性。做不到这两点，将对直播的运营产生不利影响，甚至会被直播平台限流。在实际应用中，准确性和规范性是任何内容写作的基本要求，具体要求如图 7－3 所示。

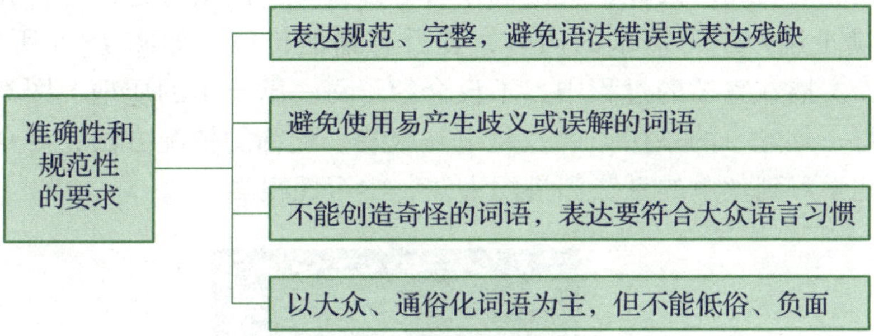

图 7－3　文案准确性和规范性的要求

首先，通俗易懂、雅俗共赏，这是文案写作的基本要求。用户在看到文案后便能够心领神会，若是用户看不太懂，或者需要花一定时间思考文案，会让直播间损失一部分流量。其次，文案写作时还要注意删除多余的文字，突出重点内容，明确主题。再次，少用专业术语。专业术语并不适合大众阅读，为了节省用户的时间和精力，文案中要减少专业术语的使用。减少专业术语的使用量，并不是不使用专业术语，而是控制使用量，并且适当对专业术语进行解读，把专业内容变得通俗化。最后，控制字数。将整体内容的字数固定在一个可以接受的范围内，用一句话作为单独的文案，突出展现内容，这是直播的常用技巧。

（二）流行性和学习性

直播是用来给用户观看的，因此在确定直播市场定位时，不仅要考虑其专业性，还应该考虑与用户喜好的相关性。一般来说，用户喜欢看的，或者说感兴趣的信息主要包括 3 类，如图 7－4 所示。

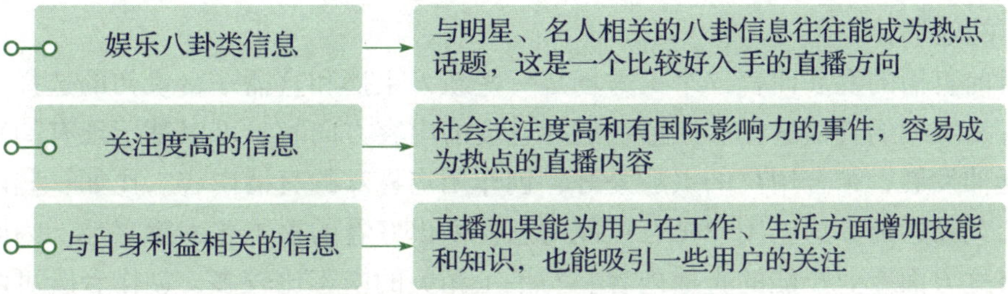

图 7－4　用户感兴趣的信息类型

热点之所以成为热点，是因为有很多人关注，把它炒热了。一旦某个内容成为热点，会有更多人对其感兴趣。在文案写作过程中，如果能够围绕热点打造内容，便能更好地起到吸引用户的作用。因此文案创作者可以根据某些网友平时讨论比较多的热点话题、新闻热点资讯打造文案，增加直播间的点击量，获得更多用户的点赞和评论。有些热点是可预知的，如中秋、国庆、奥运等，有些热点是不可预知的，那么文案创作者就要快速反应，判断热点与直播是否匹配，能否找到共同点，找出借势的优点和缺点，不要盲目跟从。

有一部分用户在浏览电脑、手机上的各种新闻、文章时，抱着增长知识、扩大知识面、增加技能的目的。因此，文案创作者可以将这一因素考虑进去，在直播文案中提供一些能满足用户学习需求的内容，提升直播的价值。如图 7－5 所示，“上海故事”直播间，主播在直播的过程中，不仅介绍了每一款丝巾的质地、图案、规格，同时亲自展示每一款丝巾的系法，以及丝巾与服装、配饰的搭配方法，观众通过观看直播就能直观地学习到丝巾的系法和搭配方法，学习性很强。

图 7－5　直播间丝巾搭配演示

（三）目标性和精准性

精准定位同样是文案写作的基本要求之一。每个成功的文案策划者都具备这一特点，即了解自己的目标用户，根据目标用户人群的属性，打造精准的内容，以利于用户接受，达到想要的效果。

就目前直播的发展而言，个人秀场是一些新人主播和直播平台最初的选择，也是最快和最容易实现的直播选择。主播在选择直播的内容方向时，可以基于现有的平台内容和用户延伸发展，结合用户的兴趣爱好，创作用户喜欢的直播内容。比如一些用户喜欢欣赏手工艺品，那么这些用户极有可能对怎样做出好看的手工艺品感兴趣，因而可以考虑推出有这方面专业技能的直播内容。与手工相关的内容比较多，创作者既可以介绍手工的基础知识和历史，也可以教用户边欣赏边做，还可以从手工制作领域的某一个点出发来直播。就是因为定位精准，这类直播往往能够吸引大量对此内容感兴趣的用户。那么，文案创作者该如何精准表达内容呢？可以从以下四个方面入手，如图 7－6 所示。

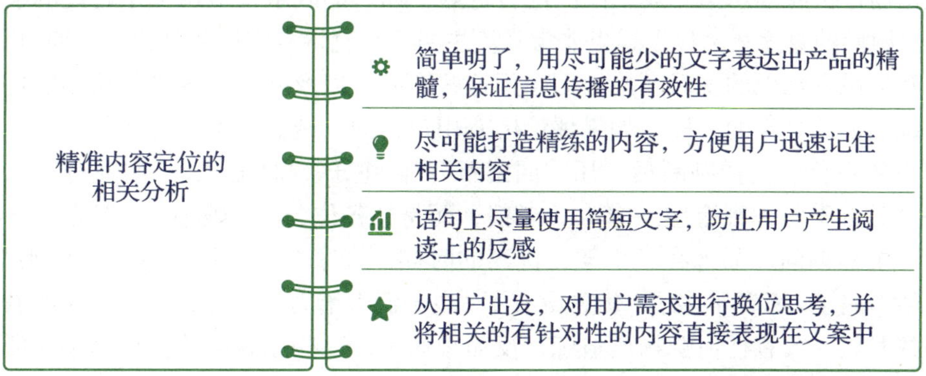

图 7－6　精准定位的表现

不管是怎样的文案，都需要选取一个细小的点来拓展，总归得有一个亮点，才能将文字在主题的统领下聚合起来，形成一个价值性强的文案。如今，很多文案在传达某一信息时，看上去就像记流水账一般，毫无亮点，这样的文案其实没有太大的价值，并且这样的文案内容往往很多，可看性很低，让用户不知所云。事实上文案写作中无需处处有特点，只需要有一个亮点即可，这样的文案才不会显得杂乱无章，并且更能扣住核心。

（四）生动性和娱乐性

形象生动的内容表达，非常容易营造出画面感，加深用户的第一印象，让用户看一眼就能记住文案内容。每一个优秀的文案在最初都只是一张白纸，需要创作者不断添加内容，才能够最终形成生动形象的文案。在吸引用户关注、快速让用户接收文案内容的同时，也可以激发用户对文案内容的兴趣，从而使得用户观看、点赞、评论和转发。

此外，人们在繁杂的工作或者在琐碎的生活当中，需要找到一些能够放松自己和调节自己情绪的东西，这时候就需要找一些所谓的“消遣”，使自己从生活、工作中暂时跳出来。娱乐直播大都能够让人们会心一笑，这样的“个性”能为直播间赢来更多的关注，使人们的心情变得好一些。

（五）创意性和设计性

创意是为直播主题服务的，所以文案中的创意必须与主题有直接的联系。创意不能生搬硬套、牵强附会，文字和图片的双重创意往往比单一的创意更能够打动人心。如果用户刚看到你的直播开头，就能猜到结尾，那么用户很有可能就选择不看。相比于这种看了开头就能猜到结尾的直播，那些设计了反转剧情的直播内容打破了人们的惯性思维，往往会让人觉得眼前一亮。能够满足用户猎奇心理的内容，常常会设下悬念，用以引起用户的注意和兴趣。只有直播里出现的内容是用户在日常生活中没见到过、没听说过的，用户才会想要去观看。

比如佰草集的抖音直播——“佰草集延禧宫正传”。一边是知名国货护肤品，一边是全网热门的宫廷古装剧，两者的结合竟毫无违和感。直播间的场景布置、人物形象完全复刻了宫廷设计，其服化道的精良程度可以和电视剧媲美，非常吸引用户的眼球。这种精致对品牌印象的打造也十分有益。直播间里有娘娘、嬷嬷、丫鬟等人物，主播娘娘的颜值很高，护肤知识又专业，团队配合也好，插入的故事情节增强了直播的趣味性和娱乐性。她们的直播话术代入感也非常强。主播不是直接拿起产品就说它的原料和功效，而是会和你说宫廷中的皇后、娘娘们会用这些产品，以及列举诸多她们使用的场景，让你觉得她们说的是真的一样。如果评论区有用户提问，她们也不是直接就回答，而是会根据用户的昵称、头像判断后，用“回王爷”“回主子”“回官人”“回阿哥”之类的话语。评论时，不是称呼宝宝、家人、老铁，而是“各位公主/娘娘/王爷/主子/格格”之类的。主播询问产品库存、上架、优惠的时候，大家会异口同声地说“回娘娘的话，产品已经卖完了/库存不多了/优惠没有了/主子们太给力了”等，所以大家在看佰草集直播间的时候，没有任何购物压迫感，反而很快乐，这些创意都使得佰草集直播间成了一个现象级的直播间。

三、直播文案的写作方法

（一）直播预热文案

直播效果好不好，预热很重要，它可以提前为直播间聚集人气，打造良好的直播开端。直播预热最常见的形式是海报和主播真人出镜。下面主要介绍直播预热海报文案的写作方法。直播预热海报类型主要有三种：产品展示型、突出嘉宾型和引起共鸣型。直播预热海报文案不仅能在各直播平台上发布，还可以在朋友圈、微信群、公众号上发布。

1. 产品展示型

产品展示型海报直截了当、开门见山，能够最大限度地让用户了解直播的目的。海报上需注明直播的时间和地点，直接展示产品内容，用尽可能少的文字说明直播的主题。如图 7-7 所示的预热海报简洁明了，既能清晰表达直播目的，又能节约制作成本，避免因海报过分复杂带来的人力、物力浪费，也可避免因部分用户不喜欢花里胡哨的内容而导致用户流失。

2. 突出嘉宾型

这类海报主要是借助嘉宾的人气流量，产生“名人效应”，进一步加大宣传力度。嘉宾不仅仅指明星，还可以是行业大咖、职业专家以及网红主播等。这种类型的海报文案也不需要其他花哨的内容，在海报中加入一位或多位嘉宾即可，如图 7-8 所示，以扩大直播预热的影响力。

3. 引起共鸣型

这类海报就是打感情牌，通过挖掘产品背后的故事，以情动人，以求能与用户达到情感上的共鸣。这类型的海报大多旨在营造一个温暖动人的氛围，谋求与用户建立情感上的联系，如永久温暖的亲情、白头偕老的爱情、互帮互助的友情和深厚的家国情怀等。加入情感特质容易引起人们的情感共鸣，唤起人们心中相同的情感经历，得到人们的认可。

图 7－7 产品展示型直播海报

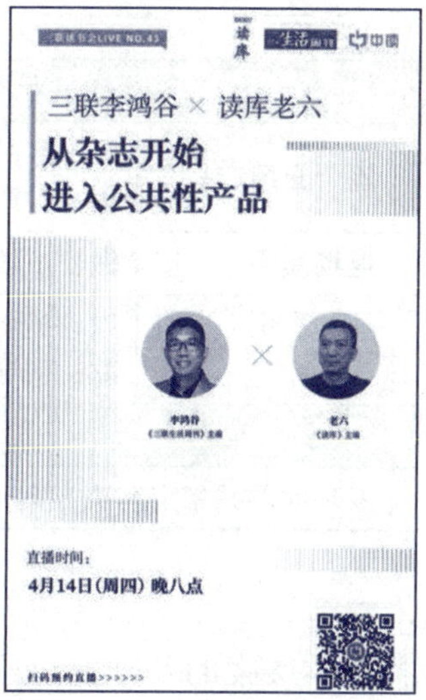

图 7－8 突出嘉宾型直播海报

学中做 7-3

请收集 3 份不同类型的“引起共鸣型预热海报”，并分析其特点。

（二）直播带货文案

1. 直播脚本文案

直播脚本既可以让主播和工作人员提前准备好直播过程中需要开展和处理的一系列事项，提前进行一次直播演习，也可以帮助主播有目的、有重点地进行商品的推广工作，以及解决临时突发的问题。新媒体文案创作者直播前首先应该整理一份直播脚本文案表格，以备多次创作时对照完成，避免遗漏细节。如表 7－1 所示，以“美妆专场直播脚本文案”为例，这则直播脚本文案涵盖了直播前、直播中、直播后 3 个主要环节。

表 7－1 直播脚本文案示例

美妆专场直播脚本文案		
人员分工	主播（负责产品讲解）、助理（负责灯光、设备）、模特（负责产品试用）	
主要产品	口红、眉笔、护肤、粉底、香水等	
直播前		
前期准备	直播产品及道具的梳理、人员分工、设备检查、熟读文案	
直播中		
1 ～ 5 分钟	开场预热	主播自我介绍；与观众互动并安利本场直播 1 ～ 2 款爆款；签到打卡抽奖
5 ～ 10 分钟		剧透今日新款和主推款
10 ～ 20 分钟		梳理产品，强调直播福利和优惠力度

续表

美妆专场直播脚本文案		
开播 30 分钟后	逐个介绍产品	展示产品，突出品牌、销量、功能、卖点等；现场主播或助理试用；对产品进行测评
最后 1 小时	返场演绎	做呼声较高产品的返场演绎
最后 10 分钟	抽奖、预告、引导关注	以评论特定词语或其他方式抽奖；表达感谢；剧透下期直播新款；引导关注主播或店铺
直播后		
复盘	发现问题并制定解决方案，调整脚本及话术文案等	

2. 直播话术文案

在创作直播脚本文案的基础上，还要对直播话术文案进行额外的准备。提前准备好直播话术文案有很多好处：首先，主播可以避免在直播过程中出现忘词、离题的情况；其次，主播有足够的时间对提前准备的话术进行打磨；最后，准确有力的直播话术可以有效提升直播质量。如表 7－2 所示，直播的话术文案包括开播、暖场、引导关注、产品介绍、下播等几个时间段。

表 7－2　直播话术文案示例

时间段	文案	目的
开播	1.“欢迎大家来到我的直播间，希望我的歌声能够让您心情愉悦。” 2.“小伙伴们晚上好，欢迎大家观看今晚的直播。已经进入直播间的观众可以在评论区回复‘1’。今天晚上的直播有很多惊喜等着大家，很多产品今天都是超低价哦！”	吸引用户关注，拉近与用户的距离。留言互动，让观众有参与感
暖场	1.“今天我们直播间会推出一款史无前例的优惠产品，大家一定不要错过了。” 2.“话不多说，我们先来抽波奖。”	制造让观众感兴趣的话题，吸引他们留在直播间
引导关注	1.“刚进来的朋友们，记得点击屏幕左上角‘关注’按钮，关注直播间！我们会不定期发布各种福利，连续签到 7 天就可以获得一份赠品哦！” 2.“刚进直播间的新朋友，一定要点击领取页面上的‘新用户红包’，再点击‘分享抢券’，将直播间分享给两名好友并关注店铺，即可领取满 290 元减 80 元优惠券，最后加入店铺会员还能领取 5 元红包。”	引导观众关注直播间，刺激观众的购买欲望
产品介绍	1. 产品举证：包括销量截图、网友好评、网红推荐、官方资质、专家背书等。 例如：“这支口红一周销售 1.3 万份（销量数据），上市当天销售突破 8 000 份（销量数据），32% 的顾客都会回购（回购率），好评率 99%（好评率），顾客评价 4.9 分（顾客评分）。”	专业角度介绍，增加粉丝的信任度；强调价格优惠，提升直播间的转化率
	2. 专业介绍：从产品的功效、成分、材质、价位、包装设计、使用方法、使用效果、使用人群等多维度介绍产品，越专业越有说服力。 例如：“这种全棉卫衣适合秋天穿，前面是撞色图案，领口几何形衍缝线，版型中长，时尚百搭，可搭配紧身小黑裤，显得年轻有活力。”	

续表

时间段	文案	目的
产品介绍	3. 场景展示：从自身或模特角度出发，进行细致的表达。 例如：某主播在直播间都会亲自试口红，并把它描述为“给人很温柔、很春天、很新的感觉的颜色”。这样的话术让人听着就心动。	专业角度介绍，增加粉丝的信任度；强调价格优惠，提升直播间的转化率
	4. 强调价格优惠。 例如：“这款产品，今天是最后一天做优惠降价活动，过了今天，就回到原价位，和现在的价位相比，足足多了几百元呢，机不可失，时不再来哦。”	
	5. 告知产品数量。 例如：“还有最后 500 套，家人们赶快抢 / 好东西果然很受欢迎啊，半小时不到，×× 只剩下不到一半的库存了，要买的宝宝抓紧时间下单哦。”	
下播	1. 引导转发。 例如：“点击屏幕右下角的转发按钮，帮我们转发一下，谢谢大家。我们的产品都是经过团队自用筛选的，请大家放心使用。下次直播有你们最想要的 ××××，优惠力度非常大，记得一定要来哦。同时欢迎大家关注我的微信公众号 ×××，我们会经常发一些文章和活动。”	引导转发助力，预报下期直播时间和内容，公众号引流，加深情感连接
	2. 打感情牌。 例如：“大家出门记得要戴好口罩哦，勤洗手、多运动，保护好自己。”	

学中做 7-4

你认为在直播的过程中，主播应具备什么素质？

（三）直播热评文案

直播热评文案也就是评论区文案。评论不仅是一种互动形式，还是吸粉和获得精准用户的有效手段。

1. 评论回复

直播中文案能够呈现的内容相对有限，可以通过评论区的自我评论来进一步表达。评论区是对直播内容进行二次处理的有效手段，通过评论区的辅助说明既可以完善内容，让营销意图得到更好的体现，也可以对直播中表达有误的地方进行补充说明，及时纠正自身的错误。对于用户在评论区中的提问也要及时解答，增强用户的购买欲望，引导用户的情绪，提高产品的销量。

2. 评论创作

大多数经常刷直播的用户都会习惯性地查看直播评论，主要是因为有时候评论比直播还要有趣。所以如果能够创作出比直播更有趣的“神评论”，就能够快速吸引大量直播用户的目光，为直播间带来较为可观的流量。

任务四

AI 辅助直播文案写作

人工智能（AI）在诸多领域都显示出非凡的应用价值。尤其是在直播文案创作上，通过 AI 技术，我们能够实现文案内容的高效创作以及个性推送，并对文本进行情感分析，进而赋予直播内容更具针对性和吸引力的文字搭配。

比如，假设你是一位拥有百万粉丝的主播，要进行一场直播带货，给用户推荐好书，时长一小时。将这个指令告诉 AI，请它生成直播脚本。

问：

我要进行一场直播带货，给用户推荐好书，时长一小时，请生成一份直播脚本。

AI：

直播带货：好书推荐专场直播大纲

直播标题：【书香满溢 · 智慧之选】百万主播带你遨游书海，精选好书大放送！

直播时长：1 小时

直播目标：

1. 推广并销售精选优质图书，提升粉丝文化素养。
2. 增强粉丝黏性，建立学习型社群氛围。
3. 实现销售目标，同时传递阅读的价值与乐趣。

直播前准备：

· 确定并准备好推荐的书籍清单（至少 10 本，涵盖不同类别如文学、历史、心理学、科普、育儿等）。

· 每本书都准备简短介绍视频或 PPT，包含书籍封面、作者介绍、书籍亮点、适合人群等。

· 安排书籍样品展示，确保直播中可清晰展示书籍细节。

· 准备优惠券、满减、抽奖等促销活动，提升购买转化率。

· 测试直播设备，确保网络稳定，声音清晰，画面流畅。

直播大纲：

0 ～ 5 分钟：开场热身

· 打招呼，欢迎进入直播间的每一位朋友，简短介绍今晚的主题：“大家好，欢迎来到我的直播间，今晚我们将一起踏上一段美妙的阅读之旅，探索那些能够启迪智慧、滋养心灵的好书！”

· 简述直播流程，预告互动环节和优惠信息，鼓励点赞、分享直播间。

5～15 分钟：书籍预热，互动问答

· 快速展示今晚将要推荐的书籍封面，简短提及每本书的类型和亮点，激发观众兴趣。

· 开启第一轮互动：“大家最期待哪一类书籍的推荐？文学、历史、心理学还是其他？留言告诉我，我会优先介绍哦！”

15～40 分钟：好书逐一推荐，每本书 5～7 分钟

· 引入：通过一个小故事、作者趣事或书籍中的一个精彩片段吸引听众。

· 详细介绍：书籍内容概述、作者背景、推荐理由（适合人群、阅读收获等）。

· 实物展示：展示书籍实物，强调装帧设计、纸质手感等细节。

· 读者评价：引用真实读者反馈或书评，增加可信度。

· 优惠信息：公布该书的专属优惠码 / 折扣，限时限量抢购。

· 互动环节：邀请观众提问，关于书籍内容或购买问题，即时解答。

书籍推荐示例：

文学类：《活着》——讲述普通人在大时代下的生存与希望。

历史类：《人类简史》——以全新角度解读人类历史进程。

心理学类：《乌合之众》——揭示群体心理的经典之作。

科普类：《时间简史》——霍金带你探索宇宙奥秘。

育儿类：《儿童时间管理训练手册》——教会孩子自我管理，健康成长。

40～50 分钟：互动高潮，抽奖环节

· 进行一次“猜书名”或“分享你的阅读故事”互动游戏，参与者有机会获得书籍盲盒或优惠券。

· 宣布抽奖结果，营造直播高潮。

50～60 分钟：总结回顾，预告下期

· 回顾今晚推荐的书籍亮点，感谢观众的支持与参与。

· 预告下期直播主题及时间，邀请观众持续关注。

· 强调阅读的重要性，鼓励大家多读书、读好书，共同成长。

· 以温馨的话语结束直播：“希望今晚的分享能让大家找到心灵的慰藉或成长的启示，我们下期直播再见！”

直播后跟进：

· 发布直播回放视频，便于错过直播的粉丝观看。

· 整理观众反馈，优化后续直播内容。

· 跟进订单发货情况，确保顾客满意度。

如果对 AI 生成的直播大纲满意的话，可以让 AI 结合大纲生成直播的逐字稿。

问：

请结合以上的直播大纲，生成 1 小时的直播逐字稿的内容。

AI：

【书香满溢·智慧之选】百万主播带你遨游书海，精选好书大放送！

直播逐字稿

0～5分钟：开场热身

主播：（热情地）大家好，欢迎来到我的直播间！我是你们的主播×××，今晚，我们将一起踏上一段美妙的阅读之旅，探索那些能够启迪智慧、滋养心灵的好书！感谢每一位进来的朋友，你们的陪伴让今晚的直播更加精彩。

实训指导

AI 生成的直播逐字稿完整内容

（微笑）在我们正式开始之前，我想先跟大家简单介绍一下今晚的直播流程。我们会先快速预热一下将要推荐的书籍，然后我会逐一详细介绍每本书，其间还会有互动问答和抽奖环节哦！别忘了点赞和分享直播间，让更多的人加入我们这个阅读大家庭。

…………

当我们向 AI 发出精确指令后，它将自动生成直播的逐字稿内容。随后，务必根据个人实际情况对文稿进行必要的补充与优化，以确保直播达到最佳效果。

此外，我们还可以针对直播的具体内容创作提示词，引导 AI 进行进一步的修改与迭代，从而打造出既具特色又饱含情感的直播话术，有效提升带货的成交转化率。

项目小结

从 2005 年中国第一个网络直播平台——9158 视频聊天社区诞生开始，直播这一新型业态就飞速发展。直播具有真实性、传播性、社交性的特点。当前直播类型主要有娱乐类、生活类、游戏类、电商类、体育类和知识分享类六种。

按照直播的整个过程，直播文案包括直播预热文案、直播带货文案、直播热评文案等。在写作直播文案的过程中既要遵循做好用户调研、运用 USP 原则、建立情感连接三个原则，还要把握准确性和规范性、流行性和学习性、目标性和精准性、生动性和娱乐性、创意性和设计性五方面的写作要求。而借助 AI 技术，不仅可以为直播文案的写作带来更多的创意，而且也能提高文案的效率和质量。

知识检测

综合实操

1. 实训任务

假设你是一位美妆博主，即将进行一场关于“秋季换季护肤秘籍”的直播活动。请撰写一段直播开场文案，要求包含以下几点：

（1）简短的自我介绍，提及你的专业背景或美妆经验。

（2）直播主题介绍，强调秋季护肤的重要性和本次直播能带给观众的价值。

（3）预告直播中的亮点内容，比如将要分享的护肤技巧、推荐的产品等。

（4）互动环节预告，鼓励观众参与并设置一个小奖励，增强直播的互动性。

2. 实训指导

实训指导

秋季换季护肤秘籍直播开场文案

素养园地

2024年11月29日，国家广播电视总局网络视听司在福建厦门召开网络直播节目管理座谈会。会议深入学习贯彻习近平文化思想，学习贯彻党的二十届三中全会精神，研究谋划加强网络直播节目管理，推动网络直播高质量发展。会议强调，网络直播节目要做到“不踩红线、坚守底线、勇攀高线”。

一是不踩涉政有害的红线。要提高政治站位，切实增强政治判断力、政治领悟力、政治执行力，牢牢把握正确政治方向、舆论导向、价值取向，坚决杜绝涉政有害内容在网络直播节目中渗透传播。

二是坚守道德法律的底线。全行业要同题共答、同向发力。网络直播节目管理部门要加强巡查抽查、监听监看、安全预警和违规惩戒，及时排查处置违背公序良俗、病态有害，危害未成年人身心健康等突出问题，严防追星炒星、泛娱乐化等不良倾向，及时曝光典型案例。平台机构要加强对平台头部主播的教育培训，加强主播行为管理，落实主播入驻、分级分类、教育培训、信用评价等人员管理机制；要督导网络主播、经纪机构和节目制作机构自觉抵制低俗、庸俗、媚俗，绝不能做市场和流量的奴隶。

三是勇攀精品力作的高线。要加强网络直播节目创作引导，鼓励创作者围绕重大主题、把握重大节点，充分发挥网络直播节目优势特点，讲好中国故事，唱响新时代主旋律最强音。要坚持以人民为中心的创作导向，不断创新人民群众喜闻乐见的业态形式，制作播出更多充满时代气息、格调积极健康、富有文化内涵的网络直播节目，增强人民群众获得感、幸福感、安全感。

课赛融通

全国职业院校学生技能大赛高职组“直播电商”赛项，是2023年技能大赛国赛的新增赛项。该赛项面向数字时代企业亟须的电商直播岗位，基于市场策划、内容策划、直播推广、直播运营、直播销售等核心职业能力，以直播商品管理、直播主题及互动策划、直播脚本策划、直播推广策划、直播间装修、直播销售、直播互动、直播数据分析等典型工作任务为主线设计竞赛内容。

该赛项全面考查直播电商学生的专业核心能力以及礼仪规范、服务意识、合规意识、风险意识以及团队协作意识等职业素养。通过比赛，培养学生的电商操作与推广能力，提升学生的实践能力和创新能力，推动我国电商行业的良好发展。

项目八

短视频文案写作

学习目标

知识目标

1. 了解拟写短视频标题的 3 个原则。
2. 了解短视频正文的写作要点和写作方法。
3. 了解短视频文案营销的禁区。

能力目标

1. 学会在短视频中植入营销。
2. 掌握营销文案的价值和写作手法。
3. 掌握 AI 生成短视频文案和内容的技巧。

素质目标

1. 养成诚信经营的商业道德。
2. 具有创新思维和团队合作能力。
3. 具备审美素养和持续学习的能力。

引导案例

爆款短视频的制作秘诀

观看短视频是目前大多数用户喜欢的娱乐方式之一。相较于图文，短视频凭借直观的场景表现力，在营销推广方面更具优势。在短视频推广过程中，文案起着至关重要的作用。以视频号某博主为例，她在制作一则保险类短视频时，对文案进行了三次修改。短视频最初希望表达的是“买保险，并指定受益人为另一半，是一种大爱”，修改后该短视频成为爆款。深度解析下来，该短视频从标题和文案环节，具有如下特色：

1. 标题要吸睛

很多短视频创作者往往会把直接意图表达出来。比如会把“保险其实是一种爱”或者“保险是爱情的见证”，表达成“好男人就该买保险，指定你当受益人”。如果标题直接就给出结论，不论这个结论对或者错，都会让一部分观众直接划走，因为他们知道结论后，对于过程就不再感兴趣了。从观众的视角来看，“怎样判断男人值不值得托付终身”，这样一个问句的形式，可以让观众对于视频的内容更感兴趣，激发进一步看完视频的欲望。

2. 开头讲故事

一个好的开头，决定了一个短视频的完播率，绝大多数短视频观众，对于是否看完这条短视频，决定也就在 3 ～ 5 秒内做出。什么样的男人值得托付终身，如果一上来就上结论，好男人最重要的就是买保险，把另一半指定为受益人，一旦保险两个字出来的时候，观众会觉得自己被你套路了，说来说去不就是想卖保险嘛，给人感受非常差，而且佐证你观点的东西也没有，内容非常空洞。

3. 收尾要精彩

说完故事后，理所当然就要做一段总结，总结不能啰唆，不能反反复复地讲一个道理，需要言简意赅，用“1 个字、2 个字、3 个字……”这样的形式去表述，会让观众有新鲜感，不知不觉就看完了整段的总结，明白了男人买保险对于女人来说的意义。画龙需要点睛，一段精练的总结就是这龙上的眼睛，让整个视频升华，让人回味，不知不觉地去看第二遍，优秀的总结语才是让观众记住的地方。

敲黑板　划重点

创作一条优质的短视频，不论是文案、拍摄、剪辑，还是镜头感、表达，都需要一定的技巧，只有通过专业的指导和反复的训练，才能把最好的内容呈现给观众，至于成为爆款，享受高浏览量，收获关注、点赞和转发，也就成了自然而然的事情了。

一条成功的短视频除了内容要精彩，视频文案也是非常重要的一部分。好的视频文案能够快速吸引用户的注意力，并为发布视频的账号增加大量粉丝。那么，如何才能写好视频文案，做到吸睛、增粉两不误呢？

知识精讲

任务一

认识短视频文案

一、短视频平台

短视频是指在各种新媒体平台上播放的、适合用户在移动端观看的视频内容，时长从几秒到几分钟不等。因其短小、直观、信息量丰富，相比传统的图文形式，短视频给用户带来了更好的感官体验，也具备更强的传播力。目前，主流的短视频平台包括抖音、快手、哔哩哔哩、西瓜视频等，2020 年腾讯也推出了微信视频号。2023 年，小红书进行版本更新，“视频”出现在首页底部第二栏位置，代替原本的“购物”。点开“视频”栏目，页面会自动播放短视频，这标志着小红书正式进入短视频时代。

（一）抖音

抖音隶属于北京字节跳动科技有限公司，最开始是一款音乐创意短视频社交软件，上线于 2016 年 9 月，其主要用户群体为年轻人群。用户可以通过该平台选择歌曲，拍摄音乐短视频。2017 年 3 月 13 日，某相声演员在微博上转发了一条其模仿者的短视频，短视频上有抖音标识，第二天抖音的“百度指数”就上升了 2 000 多。据统计，2023 年，抖音的活跃用户已突破 8 亿人，短视频消费的市场规模持续扩大，预计 2025 年将达到万亿级别。抖音的用户主要分为三类，即内容生产者、内容次生产者和内容消费者，其特点和目标如表 8－1 所示。

表 8－1 抖音三类用户的特点和目标

用户类型	特点	目标
内容生产者	专业度高，花精力运营粉丝和社群	打造个人品牌和商业矩阵
内容次生产者	喜欢模仿，渴望表达	满足表达欲，增加知名度
内容消费者	表达意愿低	在碎片化的时间中娱乐消遣

（二）快手

快手是北京快手科技有限公司旗下的短视频软件，其前身是 GIF 快手，创建于 2011 年 3 月，是用于制作和分享 GIF 图片的一款手机应用。2012 年 11 月，快手从纯粹的工具应用转型为短视频社区，定位是记录和分享用户生活的平台；2014 年 11 月，正式更名为快手。截至 2024 年初，快手日活跃用户数突破 3.8 亿人。快手主要面向城市以及广大农村用户群体，为这些“草根”群体提供了一个直接展示自我的平台，因此在快手上占据主导地位的不是明星和KOL，也不是影响力巨大的“网红”，而是“草根”。在发展过程中，快手并没有采取以明星为中心的战略，没有将资源向粉丝较多的用户倾斜，也没有设计级别图标对用户进行分类，这样做的目的就是让平台上所有的用户都敢于表达自我，积极地分享生活。

（三）西瓜视频

西瓜视频是北京字节跳动科技有限公司旗下的个性化推荐短视频平台，由今日头条孵化而来。2016 年 5 月，西瓜视频的前身——头条视频正式上线，通过投巨资扶持短视频创作者。经过一年的发展，其用户数量突破 1 亿人，并在 2017 年 6 月 8 日正式升级为西瓜视频。截至 2024 年，西瓜视频累计用户数超过 3.5 亿人，日均播放量超过 40 亿次，用户平均使用时长超过 80 分钟。西瓜视频可以说是视频版的今日头条，拥有众多垂直分类，专业程度较高。在西瓜视频上，95% 以上的内容属于专业生产内容（PGC）。该平台采用人工智能技术精准匹配内容与用户兴趣，致力于成为“最懂你”的短视频平台。

在短视频领域，如果说抖音和快手争夺的是竖屏市场，那么西瓜视频争夺的就是横屏市场。横版短视频之所以还有市场：一是因为有大量的专业制作团队依然采取横版构图，从拍摄工具到镜头语言有着一套非常成熟的制作流程；二是因为横版短视频在题材范围、表现方式、叙事能力等方面比竖版短视频更具优势。

（四）微信视频号

微信视频号是继微信公众号、小程序后又一款微信生态产品。现如今，腾讯在短视频越来越受到用户欢迎的背景下推出微信视频号，就是想要解决腾讯在短视频领域的短板，借助微信生态的巨大力量在短视频领域突围。在之前的微信生态下，用户也可以在微信朋友圈发布短视频，但仅限于用户的朋友圈好友观看，属于私域流量，而微信视频号则意味着微信平台打通了微信生态的社交公域流量，将短视频的扩散形式改为“朋友圈 + 微信群 + 个人微信号”的方式，放开了传播限制，让更多的用户可以看到短视频，形成新的流量传播渠道。微信视频号虽然在短视频市场中失去了时间上的优势，但是依托于微信公众号在内容生态中不可替代的优势，坐拥超过 11 亿活跃用户的微信，依然是短视频市场的巨大变量。

二、短视频文案

短视频文案是指协助短视频拍摄的脚本，一个短视频脚本应该包括镜头编号、景别、时长、画面内容、台词等要素。短视频创作者在实际拍摄时可以按照脚本进行灵活拍摄。一般来说，在编写短视频拍摄脚本前，需要确定整体的内容思路和流程，也就是前期准备。

（1）框架搭建。一个脚本前期从哪些方面考虑问题，如拍摄主题、故事线索、人物关系、场景等。

（2）主题定位。视频要表现的故事背后的深意是什么，想反映什么样的主题，选择怎样的内容表达形式，例如，是美食视频、服装穿搭，还是小剧情。

（3）人物设置。短视频中需要设置几个人物？他们都承载着剖析主题的哪一部分使命？

（4）场景设置。拍摄地点非常重要，是室内还是室外，是棚拍还是绿幕抠像？这都需要提前确定好。

（5）故事线索。剧情怎么发展，是按照人物的成长经历讲，还是用倒叙的方式发展？

（6）影调运用。什么情绪的主题配什么情绪的影调。根据不同的情绪来选择是采用冷调还是暖调。

（7）背景音乐。在一部影片中，符合气氛的音乐是渲染剧情的最佳手段。比如，拍摄美女、帅哥的网红，往往选择流行和快节奏的嘻哈音乐；拍摄传统文化，则需要选择慢节奏的中国风音乐；拍摄运动视频，就要选择节奏鼓点清晰的音乐；拍摄育儿剧和家庭剧，可以选择轻音乐、暖音乐。创作者需要多多积累，学习别人是怎么去选择背景音乐的。

（8）镜头运用。镜头运用主要有大全景、全景、小景、中景、近景、特写、大特写几种。

①大全景：一般交代大的时代背景、城市街道环境、整个剧情发展的大的环境背景，或者可以理解为展示事件发生的时间、环境、规模和气氛。

②全景：人物所在空间、建筑局部、人物所处环境的介绍。例如：站在马路对面见到一个人，对他整体大致有了一个印象。

③小景：膝盖上、头部以下、脚踝以上，交代人物肢体语言，具有刻画人物的功能。例如：走近了一些，他是一只手插着兜，另一只手拿着手机并靠着墙壁，我们逐渐清晰了。

④中景：半身以上，膝盖至头顶部分。这是采访常用景别，比较集中于人物上肢语言的表达。

⑤近景：胸部以上，刻画人物脸部、表情。

⑥特写：脸部细节刻画。

⑦大特写：任何部位的局部特写。

（9）一些常识。在拍摄脚本里，我们要对每个镜头进行细致的设计。除了以上一些要素，还要了解这些常识。

①内容：就是把你想要表达的东西通过各种场景方式进行呈现。具体来讲就是拆分剧本，把内容拆分在每一个镜头里面。

②台词：是为了镜头表达准备的，起的是画龙点睛的作用。60 秒的短视频，文字不能超过 180 个字，不然听着会很累。

表 8－2 是康师傅方便面展示品牌短视频的一份分镜头脚本范本，通过这个范本我们可以看出如何创作短视频分镜头脚本。从这个表格中我们可以看到，一个完整的分镜头脚本，要想表现出品牌的特性，不仅细节多，镜头类别也很多，包括全景、近景、俯拍、特写等。要想在短短的 15 秒内呈现出情节的完整性以及品牌的特性，需要我们在每一个细节上精雕细琢，不浪费任何一个镜头。

表 8－2　康师傅方便面短视频分镜头脚本

镜头	摄法	时间	画面	解说	音乐	备注
1	采用全景拍摄，背景为昏暗的楼梯，机器不动	4 秒	两个女孩 A、B 忙碌了一天，拖着疲惫的身体爬楼梯	背景是傍晚昏暗的楼道，凸显主人公的疲惫	《有模有样》插曲	女孩侧面镜头，距镜头 5 米左右
2	采用中景，背景为昏暗的楼道，机器随着两个女孩的变化而变化	5 秒	两个人刚走到楼梯口就闻到了一股泡面的香味，飞快地跑回宿舍	昏暗的楼道，与两人飞快的动作交相呼应，突出两人的疲惫	《有模有样》插曲	刚到楼道口正面镜头，两人跑步侧面镜头一直到背面镜头
3	近景，宿舍，机器不动，俯拍	1 秒	另一个女孩 C 在宿舍正准备试吃泡面	与楼道外飞奔的两人形成鲜明的对比	《有模有样》插曲	俯拍，被摄主体距镜头 2 米
4	近景，宿舍门口，平拍，定机拍摄	2 秒	两个女孩在门口你推我搡地不让彼此进门	突出两人的饥饿，与窗外的天空相互配合	《有模有样》插曲	平拍，被摄主体距镜头 3 米
5	近景，宿舍，机器不动	2 秒	女孩 C 很开心地夹着泡面正准备吃	与门外的两个女孩形成对比	《有模有样》插曲	被摄主体距镜头 2 米

任务二

短视频标题的制作要点

对于短视频平台的用户而言，打开短视频 App 时，首先映入眼帘的是短视频画面，而标题通常位于界面的左下角，因此短视频的标题并不会像其他文案标题那样直接决定作品的点击量和推广成效。但是，一个精心构思的短视频标题能很好地概括短视频的主题，用户在决定是否继续观看短视频时，标题依然起着很大的作用。

一、拟写标题的 3 个原则

（一）换位原则

短视频创作者在拟定标题时，不能只站在自己的角度去创作，而要站在公众的角度去思考。也就是说，短视频创作者应该将自己当成公众，如果你想知道这个问题，你会用什么搜索词进行搜索，这样写出来的文案标题才会更接近公众心理。为此，短视频创作者在拟写标题前，可以先自行搜索有关关键词，从排名靠前的文案中找出这些标题的规律，再将这些规律用于自己的标题中。

（二）新颖原则

短视频创作者如果想让标题形式变得新颖，一方面要尽量使用问句，这样比较能引起人们的好奇心，比如“谁来拯救缺失的牙齿？”这样的标题更容易吸引用户。另一方面要尽量写得直截了当，无论是查看这个短视频后所带来的利益，还是这个短视频中涉及的产品所带来的利益，都应该在标题中直接告诉用户，从而增加标题对公众的吸引力。

微课
短视频标题拟写的原则

（三）关键组合原则

能获得高流量的文案标题都是拥有多个关键词并且进行组合之后的标题。只有单个关键词的标题，其排名影响力不如多个关键词的标题。例如：如果仅在标题中嵌入“旅行”这一关键词，那么就只有在用户搜索“旅行”这一关键词时，文案才会被搜索出来，而标题上如果含有“青春”“自由”“发现”等多个关键词，用户在搜索其中任意关键词的时候，文案都会被搜索出来，作品被搜索到的机会也就更多了。

二、利用词根增加曝光

词根指的是词语的组成根本，只要有词根就可以组成不同的词。如果电商运营者在标题中加入有词根的关键词，就能提高文案的搜索度。例如：一篇文案标题为“20 分钟教你快速做好旅行攻略”，“旅行攻略”就是关键词，而“攻略”是词根。用户一般会根据词根去搜索短视频，只要短视频标题中包含该词根，就更容易被用户搜索到。

三、标题内容，凸显主旨

标题是短视频的“窗户”，用户如果能从这扇窗户中看到短视频的大致内容，就说明这则标题是合格的。如果一个短视频的标题不能让用户第一眼看见它，明白它想要表达的内容，那么这个用户大概率会放弃观看这个短视频，因为用户会觉得没有观看它的价值。文案标题能否体现主旨会造成两种完全不一样的结果，如图 8－1 所示，我们可以

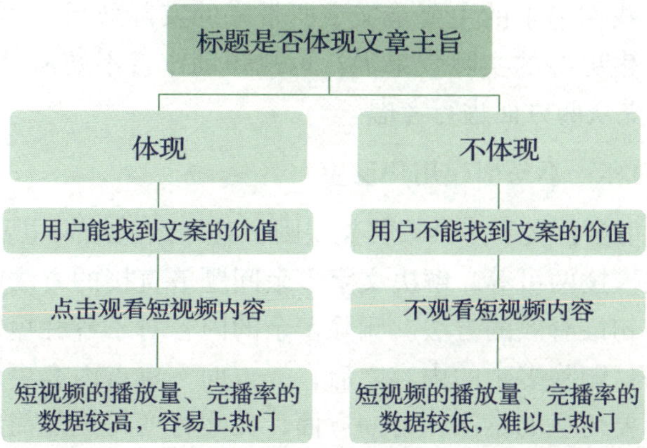

图 8－1　标题是否体现文章主旨将造成的结果

直观地看到，标题是否体现主旨会直接影响短视频的营销效果。所以，如果短视频创作者想要让视频上热门，一定要多注意标题是否体现了主旨。虽然标题要起到吸引用户的作用，但是如果用户被某一标题吸引，点击查看内容时却发现标题和主题联系得不紧密，或是完全没有联系，就会降低用户的信任度，而短视频的点赞和转发量也将被拉低。短视频创作者在撰写标题时，切勿做“标题党”。

学中做 8-1

请你回忆那些令自己印象深刻的短视频标题与简介并推荐一两则。

任务三 短视频正文文案写作技巧

一、短视频正文文案写作要点

文案创作者是专业的文字工作者，需要有一定的文字水平。而要想更高效率、更高质量地完成文案任务，文案创作者除了掌握写作技巧，还要学会玩转文字，让表达更合乎短视频用户的口味。

（一）语言通俗易懂：减少用户时间成本

从本质上而言，通俗易懂并不是要将文案中的内容省略掉，而是文案创作者通过文字组合展示要表达的内容，让短视频用户看到文案之后能够心领神会。用户看不太懂或者需要花一定时间思考的文案，会让短视频损失一部分流量。通俗易懂的文案不需要用户琢磨文案的意思，节省了用户的时间成本，对内容感兴趣的用户自然不会错过。从通俗易懂的角度出发，我们追求的主要是文字所带来的实际效果，而非文学上的知名度。那么，如何让文字产生更好的实际效果呢？短视频创作者不妨从是否适合视频的内容、是否适合视频的目标受众两方面进行考虑。

（二）删除多余内容：不易引起用户反感

文案失败的原因很多，文字多余累赘是主因，其导致的结果主要包括内容毫无意义、文字说服力弱和问题模棱两可等。解决文字多余问题最直接的方法就是将其删除，这也是强调与突出关键字句最有效的方法。删除多余的内容对于各种短视频文案来说其实是一种非常聪明的做法：删除多余的内容之后，一方面，重点内容更加突出，短视频用户能够快速领会创作者要传达的意图；另一方面，文案将变得更加简练，同样的内容能够用更短的时间传达，短视频用户不容易产生反感情绪。

（三）少用专业术语：提供良好阅读体验

专业术语是指特定领域和行业中，对一些特定事物的统一称谓。在现实生活中，专业术语十分常见，如在家电维修业中将集成电路称作 IC，添加编辑文件称加编等。专业术语的实用性不一，从文案写作的技巧出发，创作者需要将专业术语用更简洁的表达方式替代。专业术语的通用性比较强，但是文案中往往不太需要。相关的数据研究也显示，专业术语并不适合给大众阅读，尤其是在快节奏的生活中，节省阅读者的时间和精力、提供良好的阅读体验才是最重要的。减少专业术语的使用量并不是不使用专业术语，而是控制使用量，并且适当对专业术语进行解读，把专业内容变得通俗化。

（四）内容重点突出：留住用户看完视频

文案主题是整个文案的生命线，文案创作者的主要职责就是设计和突出主题。应以内容为中心，用简短的文案突出重点内容，并确保文案与视频内容相互呼应。运营者应直接将自己的目的用比较大的字号写出来，放在视频画面正上方，让其他短视频用户一看就明白。需要注意的是，要想突出文案的中心内容，还要提前对相关受众群体有一个定位。除了醒目的中心内容，文案中的重要信息也必须在一开始就传递给受众。优秀的文案应该简洁干练、突出重点，适合内容、适合媒介、适合目标群体，形式上不花哨、不啰唆。

（五）思路清晰顺畅：便于用户理解用意

在文案创作中，常用的思路主要有归纳、演绎、因果、比较、总分和递进等，其中应用最广泛的主要是归纳、演绎和递进 3 种。而这 3 种写作思路同样都需要遵循循序渐进的基本要求，其相关分析如图 8－2 所示。

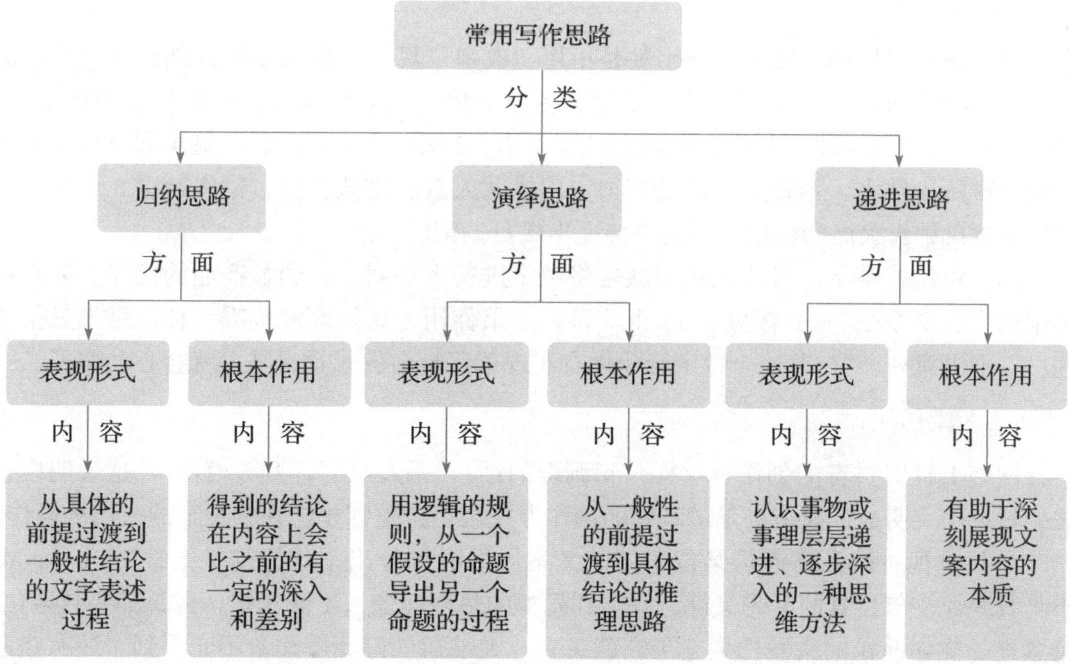

图 8－2　常用写作思路图

（六）适当控制长度：避免用户失去耐心

控制字数，将整体内容的字数控制在一个可以接受的范围内，突出视频内容，主要是为了避免用户失去耐心。控制段落字数同样有突出内容的作用，在长篇文案中采用较多，主要是起强调作用，让整篇文案显得长短有致。这考验了文案写手的能力，用一句话作为单独的文案，突出展现内容是文案写作的常用技巧。一句话模式能够突出内容，也能够使呆板的文案变得生动。如果突然出现一句话成为单个段落，读者的注意力就会被吸引过来。

二、短视频正文文案写作方法

画家博巴曾说："画素描是从我们看不见的东西开始，而以看得见的东西结束。"而短视频销售文案的创作过程正好相反，要从看得见的东西开始，以看不见的东西结束，就是要从学习、借鉴别人的东西开始，再到自己原创。

（一）数字法

列数字是最具影响力的表达形式之一，可以提升销售文案的说服力，在第一时间抓住用户的目光。数字法中所指的数字包括波浪式数字、场景式数字、对比式数字。

（1）波浪式数字。波浪式数字不是指具体的数字，而是指一种数字排列方式，即将数字以递增或者递减的方式排列，向用户传递紧迫感，吸引用户前去观看、下单。如某服装品牌的快手销售文案："山东这个女人太狠了，直播间 3 小时爆单 4 万单！"这则文案用"3 小时""4 万单"的对比数据，来强调订单数量的巨大，从而吸引更多用户点击观看。这种文案实现变现的过程是先通过好奇心引导用户继续观看，然后利用从众心理引导用户下单。

（2）场景式数字。场景式数字就是指用"数字 + 场景"的组合形式创建一个具体的场景，让用户对你的产品产生购买欲望，促成下单。如某房地产企业的抖音销售文案："深圳 ×× 花园 2 000 人排队，队伍长达 3 千米，1 天收金 10 亿元。"这里通过数字表现出买房排队人数多、销售速度快的特征，用排队人数、排队长度、销售额这 3 个数字构建了该楼盘销售火爆的场景，向用户传递出楼盘畅销的信息。

（3）对比式数字。对比式数字就是将数字进行大小对比，凸显产品的优势。如有则奶茶的广告文案是："一杯里有 15 个草莓，如果你用 1 碗拉面的钱喝一杯，是不是很哇塞！"不出意外，"15"这个数字会让你有实现草莓自由的感觉，马上就会心动购买。

（二）模仿法

网络上针对抖音的创作有这样一句调侃的话："一人原创，万人模仿。"这说明模仿法的效果确实明显。模仿法是最基础的创作方式之一，是创作短视频文案的入门级操作。

如某电视主持人在模仿某位主播的文案风格时创作出了这样的文案："oh my god，不是我一惊一乍！真的又香又辣，好吃到死掉的热干面令人不能作罢，舌头都要被熔化，赶紧拢一拢你蓬松的头发！买它买它就买它，天呐运气好到爆炸，不光买到了还有赠品礼包这么大！"

又如某主播被认为是直播界的一股清流。在直播间，他凭借出色的口才和表达能力，孜孜不倦地输出知识和文化，将中华优秀传统文化与生活哲学相融合，在销售商品的同时传播知识，成功引导网友从围观娱乐转向渴求知识，并在此过程中完成购物。他以智慧才华，深化了“网络＋知识＋带货”的直播模式，创造了“内容为本＋体验为王”的直播原则，用知识助推商品变现，促进了电商行业的升级，推进了电商领域走向高质量、高水平，成为不少新人主播的重要学习和模仿对象。

（三）记录法

记录生活中的小故事，可以拉近与用户的距离，让用户觉得你的产品是真正有用的产品，从而提升产品的销量；还可以为用户提供谈资，让用户主动转发、评论，提升产品销量。

如某个短视频记录的是一个年轻的小姑娘早上起床晚了，用一款魔术龙卷风卷发筒打理头发，然后漂漂亮亮地去上班。该短视频的文案是这样的：“早上上班来不及收拾头发，还好有这个，上班再也没有迟到过！”“来不及收拾头发”不仅是一个人的日常生活，更是千千万万的职场女性会遇到的问题。将这种生活故事制成销售文案，被同样问题困扰的用户会选择尝试一下是否有用，从而下单购买。记录生活中的琐碎小事，可以用看似平凡的细节打动用户的心，从而实现产品的销售。又如某遮瑕膏在快手上投放的短视频展示产品已经用完的空瓶子，其文案是：“用过最好的遮瑕膏，已经空瓶。防水，很好上脸，和我一样脸经常出油的可以试试看。”这则短视频文案只是记录了遮瑕膏空瓶的琐碎事，通过这一小事来证明这款遮瑕膏很好用，并用真诚的语气向用户推荐，从而让用户愿意去下单购买，体验一下效果。

在短视频文案创作过程中，要想制作一条优秀的短视频，创意依然是至关重要的。创意来自灵感和创造力、连接与联想、视野与开放心态，创意是一条短视频的灵魂。优秀的短视频应尽可能增加更多的创意。灵感是一个突然而来的触发因素，可以来自观察、经验、学习、问题或者其他的刺激，能够引发思考、激发想象力。

但是创意和灵感不能像水龙头一样，打开就有，为了按时、定时推送短视频，在没有很好的灵感的情况下，创作者也需要完成一些较高质量的短视频创作。创作者可以摸索和套用高频模板，在达到基础水准的情况下，再想办法提升短视频的内容质量。我们常见的且出镜率很高的一些创作模板有：

（1）人物＋状态＋情感宣泄——引起共鸣。

（2）描述事件 / 观点＋留出悬念——引发好奇。

（3）主体＋情景＋问句 / 反问——引发互动。

（4）你要相信＋观点——表达鼓励。

（5）制造冲突（反差）＋提出问题＋给出答案。

（6）情景＋怎么样＋事件——干货输出。

（7）热点话题＋创新角度——结合热点。

微课

短视频爆款文案常用公式

三、短视频文案营销的禁区

很多短视频创作者追求的最终目标是变现，而发布广告是常用且理想的手段。在文案编写过程中，短视频创作者需警惕 5 个禁区。

（1）中心不明。文案应追求“润物细无声”，在无形中将推广信息传达给目标用户，过度兜圈子、说空话都会显得华而不实。每篇文案都应有明确的主题和内容焦点。

（2）全面不精。文案无须面面俱到，有一两个亮点即可。选取一个细小点展开脉络，形成有价值的文案才是关键。

（3）高量低质。文案营销并不是靠数量就能取胜的，更重要的还是质量。一个高质量的文案胜过十几个质量一般的文案。

（4）错误频出。短视频发出前需对文字、数字、标点符号及逻辑错误等进行严格审核编校，确保文案内容准确无误，尤其是涉及重大事件或重要人物，一旦出错就需要追回重做，损失巨大。

（5）半途而废。长期有规律的短视频发布可提升品牌形象，提高潜在用户成交率。用户长期见到品牌短视频会对品牌形成好印象，进而购买其相关产品。因此，文案编写和发布需持之以恒，同时需注意方向的正确性。只有方向正确、坚持不懈，才能尽快实现营销目标，获得预期文案营销效果。

微课

短视频文案营销的禁区

学中做 8-2

假如你的产品是户外旅行装备，请根据上面的方法创作出 1 ～ 2 则短视频文案。

任务四

评论区文案写作技巧

说到文案，大多数短视频创作者可能更多想到的是短视频中的内容文案。其实，除此之外，还有一个必须重点把握的文案，那就是评论区的文案。那么，评论区文案的写作技巧有哪些呢？

一、自我评论：补充视频内容

发布的短视频，其视频文案能够呈现的内容相对有限，有的内容需要进行补充。此时，短视频创作者便可以通过评论区的自我评论来进一步丰富文案内容的表达。另外，短视频刚发布时，可能看到的用户不是很多，也不会有太多用户评论。此时进行自我评论，也能为该视频吸引更多的流量。短视频运营者在发布短视频之后，主动根据视频内容进行自我评论，可以补充视频内容，可以介绍视频拍摄背景和里面涉及的人物，也可以提醒用户看完视频后记得转发。

二、回复评论：引导用户情绪

除了自我评论补充视频信息，短视频创作者在创作评论文案时，还需要做好一件事，那就是通过回复评论解决用户的疑问，引导用户的情绪，从而提高视频转发量。还有一些创作者利用短视频来发布广告，同样可以通过回复评论提高产品的销售量。创作者对评论区中短视频用户的一些疑问进行回复，让用户明白什么时候可以开始购买、怎样购买，产品适合什么样的人群，制作产品的细节等。用户的疑问得到解答之后，用户的购买需求自然会得到一定的提升。

三、注意事项：提高文案价值

微课

短视频评论区回复注意事项

回复其他用户的评论看似是一件再简单不过的事，实则不然。回复评论时需要注意以下事项。

（一）第一时间回复评论

短视频创作者应该尽可能地在第一时间回复用户评论，这主要有两个方面的好处：一是快速回复能够让用户感觉到你对他（她）很重视，这样自然能增加这些用户对你和你的短视频的好感；二是回复评论能够从一定程度上增加短视频的热度，让更多短视频用户看到你的短视频。

在短视频发布后的一段时间内，应及时查看用户评论。一旦发现新的评论，便在第一时间做出回复。

（二）不要重复回复评论

对于相似的问题最好不要重复回复，这主要有两个原因：一是很多短视频用户的评论中或多或少会有一些营销的痕迹，如果重复回复，那么整个评论界面便会有很多广告痕迹的内容，而这些内容往往会让其他用户产生反感情绪。二是相似的问题，点赞相对较高的问题会排到评论区的靠前位置，短视频创作者只需对点赞较高的问题进行回复，其他有相似问题的用户自然就能看到，而且这样做还能减少工作量，节省时间。

（三）注意规避敏感词汇

对于一些敏感问题和敏感词汇，回复评论时一定要尽可能规避。当然，如果避无可避，也可以采取迂回战术，如不对敏感问题做出正面的回答，用其他意思相近的词汇或用谐音代替。

学中做 8-3

请列举几条热门短视频中的精彩评论，分析高点赞评论的原因。

任务五

AI 辅助短视频文案写作

随着科技的进步，人类社会已经进入一个全新的信息时代。在这个时代，短视频已经成为主要的信息传播方式之一。然而，制作短视频并不简单，它需要精心的策划、富有创造力的内容和吸引人的表现形式。其中，好的短视频文案可以说是成功的关键。短视频文案并不仅是简单的文字表述，而是一个融合了剧本、故事线、人物设定、视听元素及其他多种因素的复杂构造，每一种因素都需要精心打磨。随着 AI 技术的发展，创作者有可能在短时间内生成高质量的短视频文案，这极大地提高了短视频制作的效率和质量。AI 是一个强大的伙伴，不仅能提供知识和信息，还能帮助创作者进行创意思考和深入分析。通过掌握一些使用方法和技巧，创作者可以更高效、灵活地使用 AI，获取满意的文案和创意。

短视频文案通常包含创意选题、标题制作、短视频内容创作、短视频脚本。在多模态的 AI 大模型下，创作者可以先让 AI 学习一下其创作时想模仿的对象，也可以输入图片、短视频等多文件格式，AI 可以结合上下语境，快速、完整地辅助创作者完成短视频的文案创作工作。

例如：我们想为一款家用投影仪制作一个具有创意，且符合市场需求的短视频，可以让 AI 帮我们生产多个参考方案，从而迅速提升短视频的生产能力。

一、创意选题

问：

你是一名短视频 UP 主，请在图 8－3 所表达的含义基础上，结合当下家用投影仪行业的热点话题，创造 10 个不同特点的短视频选题方向。

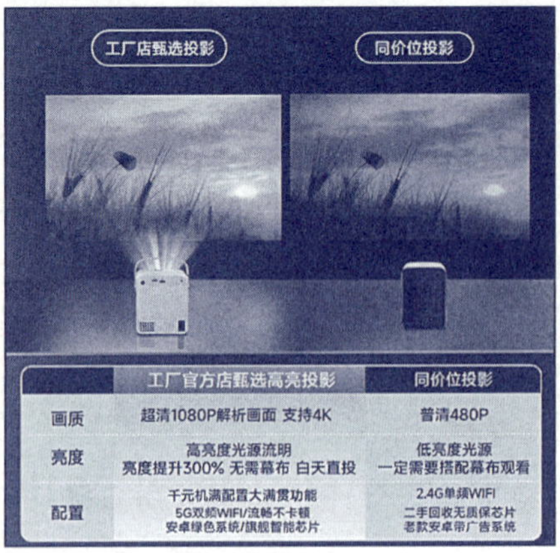

图 8－3 家用投影仪

AI：

当然可以，根据您提供的图片以及家用投影仪行业热点话题，以下是 10 个不同的短视频选题方向：

（1）对比评测：工厂店甄选投影仪 VS 同价位竞品。对比分析两款投影仪的性能差异，包括画质、亮度、配置等。

（2）高清投影实测：4K 分辨率的极致体验。展示 4K 分辨率投影仪的实际表现，比较其与普通投影仪的区别。

（3）白天直投挑战：高亮度投影仪的极限测试。在明亮环境下测试投影仪的清晰度和色彩还原能力。

（4）无线网络稳定性测试：5G 双频 Wi－Fi VS 2.4G 单频 Wi－Fi。比较两种不同频率 Wi－Fi 在传输速度和稳定性方面的表现。

（5）智能系统对决：安卓绿色系统 VS 老款安卓带广告系统。探讨无广告系统的用户体验优势以及操作流畅性。

（6）投影仪选购指南：如何挑选合适的家用投影仪。提供购买建议，帮助消费者选择最适合自己的产品。

（7）投影仪安装教程：快速设置你的家庭影院。教授如何正确安装和设置投影仪，以获得最佳观影效果。

（8）投影仪维护保养：延长使用寿命的小贴士。分享投影仪日常维护和保养方法，延长设备寿命。

（9）投影仪应用场景拓展：除了观影还能做什么？展示投影仪在教育、办公、娱乐等方面的多样化应用。

（10）投影仪品牌解析：揭秘市场主流品牌的优缺点。对比分析市场上几个知名投影仪品牌的特点和不足之处。

这些选题涵盖了从产品性能、选购指导到实际应用等多个方面，希望能够满足不同观众的需求。如果您需要更详细的创意或者剧本构思，请随时告诉我！

二、短视频标题

问：

我对第 9 个选题比较感兴趣，请围绕本选题方向，拟定 10 个具有创意、吸引眼球的短视频标题。

AI：

当然可以，针对“投影仪应用场景拓展：除了观影还能做什么？”这一选题方向，以下是 10 个创意且吸引眼球的短视频标题：

（1）打破常规：投影仪不只是电影机！

（2）创意无限：投影仪的 10 种非传统用途。

（3）工作学习新伙伴：投影仪如何助力高效生活。

（4）家庭聚会新玩法：投影仪带来惊喜不断。

（5）投影仪变身家庭教师：在线教育的新工具。

（6）客厅变健身房：投影仪助力家庭健身。

（7）艺术创作新天地：用投影仪打造个性化空间。

（8）智能家居新成员：投影仪融入日常生活。

（9）从客厅到花园：户外投影的无限可能。

（10）投影仪大变身：不仅仅是看电影那么简单。

这些标题旨在突出投影仪在日常生活中的多样性和创新应用，希望能吸引观众的眼球并激发他们的好奇心。如果您需要进一步的内容创意或脚本建议，请随时告知！

三、短视频正文内容

问：

根据第 9 个题目，创作一篇短视频正文文案，视频时长控制在 25 秒以内，计算合理的文案长度。

AI：

视频标题：从客厅到花园：户外投影的无限可能

[开场画面]

• 昼夜交替，从白天的客厅切换到夜晚的花园。镜头快速掠过室内外环境的变化。

[正文文案]

• 旁白（欢快的声音）：

“投影仪不仅限于室内，它还能让你的户外生活更加精彩！”

“夜晚的花园，变成私人影院，享受露天电影的魅力。”

“在墙上、树上甚至水面上，都能投射出美妙的画面。”

“无论是家庭聚会还是浪漫约会，户外投影都能为你增添无限乐趣。”

[结尾画面]

• 屏幕上出现一行字：“投影仪，不止于观影！”

• 背景音乐渐弱，画面定格在花园中人们欢笑的场景。

文案长度估算：

• 每句旁白需要 3 ～ 4 秒。

• 总共 4 句话，需要 12 ～ 16 秒。

• 开场和结尾画面各 3 ～ 4 秒。

• 总时长为 20 ～ 24 秒，符合 25 秒以内的要求。

希望这篇文案能帮助您制作出精彩的短视频！如果有任何其他需求或修改意见，请随时告诉我。

四、短视频分镜头脚本

问：

根据正文文案，参照给定的短视频分镜头脚本，生产一份“从客厅到花园：户外投影的无限可能”短视频分镜头脚本。

镜头序号	景别	镜头运动	画面	台词	音乐	时间
1	字幕		黑底白字逐字显现：在每一处你都会邂逅娃哈哈纯净水	女生旁白：在每一处你都会邂逅娃哈哈纯净水		2S
2	近景	移拍	草地上一排娃哈哈纯净水在阳光的照射下，分外清澈透明		背景音乐	4S
3	中近景	跟拍	路上行人的手中都拿着一瓶娃哈哈纯净水		背景音乐	3S
4	全景	移拍	图书馆里的场景		背景音乐	2S
5	近景	固定	桌子的一摞书上也放着一瓶娃哈哈纯净水		背景音乐	2S
6	全景	移拍	教室里的场景		背景音乐	2S
7	近景	固定	老师的讲台上放着一瓶娃哈哈纯净水		背景音乐	2S
8	全景	移拍	几个男生在打篮球		背景音乐	2S
9	中景	固定	另外几个大汗淋漓的男生正在喝娃哈哈纯净水		背景音乐	3S
10	上一个画面拉至全景模糊		画面中央出现一瓶娃哈哈纯净水	男生旁白：娃哈哈纯净水，纯净无处不在		3S

AI：

从客厅到花园：户外投影的无限可能

镜头序号	景别	镜头运动	画面	台词	音乐
1	字幕	黑底白字逐字显现	——	男生旁白：投影仪，不止于观影！	轻快的背景音乐
2	近景	移拍	白天的客厅	——	——
3	中近景	跟拍	客厅里的投影仪	——	——
4	全景	移拍	客厅变为夜晚的花园	——	——
5	近景	固定	投影仪在花园中	——	——
6	全景	移拍	家人朋友在花园中	——	——
7	近景	固定	投影仪投射在墙壁上	——	——
8	全景	移拍	投影仪投射在树干上	——	——
9	中景	固定	投影仪投射在水面上	——	——
10	上一个画面拉至全景模糊	——	——	——	

旁白（女生）：

- “投影仪不仅限于室内，它还能让你的户外生活更加精彩！”
- “夜晚的花园，变成私人影院，享受露天电影的魅力。”
- “在墙上、树上甚至水面上，都能投射出美妙的画面。”
- “无论是家庭聚会还是浪漫约会，户外投影都能为你增添无限乐趣。”

旁白（男生）：

- “投影仪，不止于观影！”

请注意，由于表格限制，无法完整呈现所有镜头的详细描述。以下是对每个镜头的补充说明：

（1）字幕：显示“投影仪，不止于观影！”

（2）近景：拍摄白天的客厅，阳光透过窗户洒进来。

（3）中近景：跟随镜头移动，展示投影仪在客厅中的位置。

（4）全景：切换至夜晚的花园，灯光柔和。

（5）近景：特写投影仪在花园中的样子。

（6）全景：家人朋友在花园中闲聊。

（7）近景：投影仪投射在墙壁上。

（8）全景：移拍，投影仪投射在树干上。

（9）中景：固定，投影仪投射在水面上。

（10）上一个画面拉至全景模糊：由水面上的投影画面拉至全景，画面变得模糊。

请根据实际情况调整时间分配，确保总时长不超过25秒。如果需要更详细的镜头描述或台词，请随时告诉我！

项目小结

短视频是新媒体的重要载体之一，随着抖音、快手等短视频平台的快速兴起，越来越多的人通过短视频的方式发布信息、获取资讯。短视频既是新媒体也是多媒体，一个完整的短视频包括标题、封面、正文、视频、评论。

视频本身是短视频最大的信息载体，但是短视频文案能对短视频起到画龙点睛、升华主题的作用，所以短视频文案非常重要。

短视频标题高度概括了视频的内容，是用户对作品的第一印象。好的标题不仅是吸引用户继续阅读的亮点，还是搜索推广的重要手段。标题必须精辟、吸睛、好辨识，给用户留下先入为主的深刻印象。短视频有时候有正文，有时候没有正文，如果短视频画面本身交代得很清楚，正文作用不大，但是有些视频画面没有背景内容，单看画面不知所云，这个时候正文就能起到补充说明，甚至画龙点睛的作用。短视频的评论不仅反映了用户参与话题的热度，还能助力短视频快速上热门，有些精彩的评论点赞量甚至超过视频本身，所以精彩的评论能深度挖掘视频的画外音，深化视频的内涵。短视频创作者应有意引导用户关注一些有趣的话题，让用户参与讨论。

为一个短视频构思文案，是一个充满挑战的任务，不仅需要创意和才华，还需要时间和耐心。要想制作出吸引人的短视频，关键在于精准、吸引人的文案。AI 的诞生可以快速实现创作者灵光一现的想法。利用提示文本，在很短时间内，AI 就可以创作一篇富有创意、紧贴潮流的参考文案。

知识检测

综合实训

1. 实训任务

学生以小组为单位，撰写短视频内容设计大纲。可根据企业具体情况进行内容设计，参考企业官方账号的历史视频，内容设计要符合企业品牌形象。平衡企业推广要求与账号风格，突出产品卖点，有效引导转化。

设计要素	具体内容
主要内容	
封面与字幕	
标签创建	
视频简介	
地址定位	
投放时间	
评论区互动	

2. 实训指导

实训指导

短视频内容
设计大纲

素养园地

2023 年 7 月，国家互联网信息办公室联合发展和改革委员会、教育部、科学技术部、工业和信息化部、公安部、国家广播电视总局公布的《生成式人工智能服务管理暂行办法》规定：提供和使用生成式人工智能服务，应当遵守法律、行政法规，尊重社会公德和伦理道德。鼓励生成式人工智能技术在各行业、各领域的创新应用，生成积极健康、向上向善的优质内容。

在此背景下，对于从事文案创作的工作者而言，利用 AI 辅助写作成为一种新趋势，但同时也要承担更大的责任，迎接更大的挑战。文案人员需时刻铭记，在享受 AI 技术带来的高效与便捷时，更应当审慎行事，严格遵守相关法律法规，秉持高度的道德责任感，确保 AI 写作的内容不仅合法合规，更能传递正能量，引领社会风气向善向好。通过这样的实践，我们可以共同促进 AI 写作技术的健康发展，使其成为推动社会进步与文化繁荣的重要力量。

课赛融通

全国职业院校技能大赛短视频创作与运营赛项的竞赛内容包括短视频策划方案、短视频创作和短视频运营方案三个模块，综合考查选手对大赛提供材料的分析能力、主题提炼能力和文案创作能力。选手根据主题完成短视频创作的策划、剪辑和合成，根据材料挖掘产品营销点、梳理营销思路，完成适合投放平台的短视频创作，并完成推广运营方案。其中短视频策划方案分值占比为 30%，短视频创作分值占比为 40%，短视频运营方案分值占比为 30%。竞赛中会针对选手的创新能力、剪辑能力、后期制作能力、数据分析运营能力和宣传推广能力等专业核心能力进行考查，并考查团队是否具有较高的审美素养和较强的团队协作能力。本赛项主题突出家国情怀、乡村振兴、老字号新营销、新业态与新技术。参赛作品应贴合赛项方向，积极向上，立意和表现方式新颖，视听语言生动活泼，用镜头宣传中华优秀传统文化，讲好中国故事。

项目九

小红书文案写作

学习目标

知识目标

1. 了解小红书平台的特点。
2. 了解小红书文案的类型。
3. 了解小红书文案的相关要素。

能力目标

1. 掌握小红书文案的写作技巧。
2. 掌握小红书提升文案吸引力的常见方法。
3. 掌握用 AI 工具撰写小红书文案的方法。

素质目标

1. 践行社会主义核心价值观，规范网络行为。
2. 传播正能量，增强网络建设的责任感。
3. 尊重公序良俗，引领网络文明新风尚。

引导案例

玩转小红书

小红书是品牌和个人展示的重要平台之一。小红书平台鼓励用户通过笔记分享生活，包括穿搭、美妆、美食、运动、育儿、装修等多个领域。所有的用户都可成为小红书平台的内容生产者，通过这个平台分享生活中的点点滴滴和个人喜好。小红书平台开通了众多垂直账号，设置了话题标签。例如："薯管家"发布社区管理方面的信息，"视频薯"分享有趣的短视频，"美妆薯"关注美妆护肤选题，"小红书创作学院"教新手如何创作文案……这些官方账号都各司其职，分别做好推广与传播。

无论是产品展示还是生活分享，精美的图片、视频都能帮助创作者提升点击率。但是，要成功运营小红书，可不是这么简单。只有内容定位准确，能够迎合用户的需求，才能快速起号、迅速涨粉。

首先，要明确小红书的用户群体有哪些，这样才能确保撰写的内容能够贴近阅读者的兴趣。所以，创作者策划文案要站在用户的角度去考虑。比如，育儿博主要懂得宝妈们的烦恼，可以选择分享一些特别实用的育儿技巧，推荐不会"翻车"的母婴产品；如果是运动达人，就可以分享正确的运动方式和成功秘籍，在小红书上最受欢迎的莫过于减肥食谱。

另外，小红书不仅是一个发布内容的平台，更是一个与粉丝互动的场所，及时回复粉丝的评论是增强粉丝黏性的关键。利用好小红书的社区氛围，勤于更新笔记，保持高质量的曝光率，是在平台上拥有高人气的"流量密码"。

每一个小红书博主都是从零开始的。"我特别喜欢看小红书，界面简单，推荐的内容特别符合我的口味。我喜欢看人家分享一些有松弛感的生活方式，哪怕是亲手做的一顿家常便饭、一段素人的旅行，只要文笔独特，我都愿意关注博主，一直追读下去。以前，我喜欢在微信朋友圈里分享生活，但是后来发现都是客户、同事、领导，晒自己的私人生活不是特别方便。现在，我入驻了小红书，可以毫无顾虑地与他人分享生活美好片段。我经常发布一些自己的'得意'之作，有去过的小城市、淘到的小布偶、吃过的美食……文笔还不错吧，慢慢地，写多了，很多人就在我的笔记下面留言互动，聊得可开心了！很多不曾相识的陌生人渐渐地都变成了我的网络好友，她们都说喜欢看我写的东西，还经常催我更新笔记。"这是一位小红书博主的真实分享。

小红书的运营成功不在于技巧的多寡，而在于对社区模式的热爱、对粉丝的了解、对自身的定位，以及对文案的精心策划。

敲黑板　划重点

小红书注重社交化和互动性，如果用户能够通过文案的发布引发其他用户参与思考和讨论，就能让用户之间建立良好的互动关系，进而传播和推广相关信息。"用心”“用情”的文案能打动人，让人体会到别样的“生动感”“高级感”“真诚感”“对话感”，唤起多方共鸣。那些刻意制造“噱头”“卖点”的笔记，虽然可以暂时获得点击率，但并非博主吸粉的长久之计。那些三观不正的笔记甚至还会被用户举报，被小红书官方限流、封号。所以，要用正确态度去撰写文案，传播正能量，积极弘扬主流文化，这样才能真正受到大家的喜爱。

知识精讲

任务一　认识小红书

一、小红书的发展历程

2013 年 6 月，小红书在上海创立；2013 年 12 月，小红书 App 上线，当时的小红书主要是购物分享平台，不是消费平台，它只是用户购物的重要“参考”；2014 年 8 月，小红书“福利社”自营商城上线，此时小红书平台可以逛、可以买；2015 年，小红书变为生活方式分享社区；截至 2024 年，小红书坐拥 3 亿月活跃用户，女性用户占比高达 70%，90 后用户占比为 72%，用户主要集中在一、二线城市，社区分享者超 8 000 万。

微课
认识小红书

小红书平台与其他社交平台相比，更加趋向精致、精准。小红书创始人瞿芳指出，小红书的未来定位是一个大游乐场，希望让用户停留在小红书的时间更久。在 2023 年 8 月 2 日举行的小红书十周年内部分享会上，小红书创始人兼 CEO 毛文超提出了小红书的使命是“以科技为笔，人文精神为墨，勾画人间烟火气，最抚凡人心”。

二、小红书平台的特点

（一）平台定位

小红书是一个集社区和电商为一体的平台，用户可以在上面发现、分享和购买各类商品。它特别受年轻人和关注生活方式的用户群体的欢迎。

（二）用户群体

小红书的用户群体以年轻人为主，尤其是女性用户，她们对美妆、时尚、旅游、美食等领域有较高的兴趣。小红书官方账号“小红书创作学院”既会定期分享创作技巧和攻略，也会经常发布一些优质用户的优秀案例，如图 9 - 1 所示。

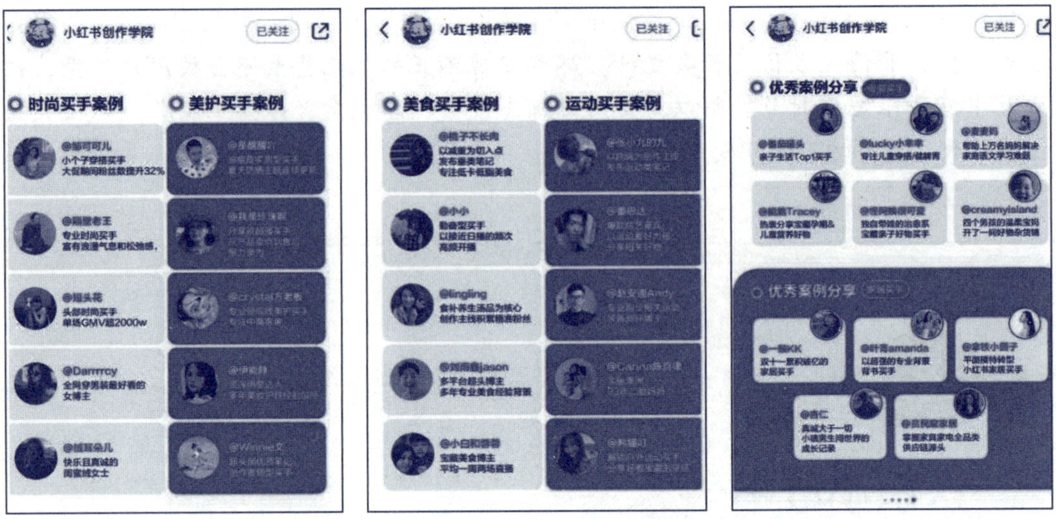

图 9 - 1　小红书创作学院分享的案例

（三）内容形式

小红书发布的内容形式多样，包括图文、短视频等，用户可以通过这些内容形式分享自己的生活和购物体验。

（四）社交属性

小红书具有强烈的社交属性，用户可以通过点赞、评论和收藏等方式与其他用户互动，形成社区氛围。

（五）电商功能

除了社交和内容分享，小红书还具备电商功能，用户可以在平台上直接购买推荐的商品。小红书商城巧妙利用社交属性引导用户进入商城购物，实现了社交电商模式的成功运作。

三、小红书的内容生态和流行趋势

用户可以在小红书平台上发布各类短视频、图片、文字，分享各种消费经验和生活方式，成为具有自己风格的博主。其他用户可以模仿、参考、学习、评价。不少小红书博主以普通人身份去分享真实的用户体验，通过及时的反馈、积极的互动、主动输出品牌和型号，建立起社区和电商的联系。这种“去专业化”很容易获得浏览者的好感和认可。源自生活的高质量内容，特别能吸引浏览者停留驻足，继而引发关注、收藏和互动，产品通过“口碑”产生新一轮的分享，达到不断推广的效应，如此良性循环。

现在，很多成功人士也纷纷入驻小红书，分享日常生活。以小米集团创始人、董事长兼 CEO 雷军为例，他在小红书上通过高频发布养生理念，展示身边的居家小电器，分享用户体验，打造了一个“能与其他普通用户共情”的人设。他成功带货了小米手机、手表、平板、耳机、电饭煲等用品。网友们评价雷军在小红书上是“一本正经的幽默”“坚持每天的日常输出的素人博主”。

学中做 9-1

请在小红书平台搜索一篇自己喜欢的笔记或者以前收藏过的一篇笔记，分析博主的写作风格，并说说喜欢这篇笔记的原因。

任务二

认识小红书文案

小红书文案是聚焦生活方式的内容传播载体，以垂直领域知识输出为核心特质。内容涵盖美妆护肤、时尚穿搭、生活消费等场景，采用第一人称叙事构建真实体验场景，通过专业化表述（如成分解析、数据实测）增强可信度。其创作范式强调需求场景切入与实用知识整合，通过严谨的信息架构与专业化表达，形成兼具传播效能与内容深度的文本范式。

一、小红书文案的类型

微课

认识小红书文案

小红书文案五花八门，风格各式各样，比较常见的有以下五类：

（一）产品推介类

产品推荐类文案主要介绍商品特点、使用感受、搭配建议等，帮助用户更好地了解产品，吸引用户关注，刺激消费。这类文案通常具有创意性强、语言精练、富有视觉冲击力等特点，受到网络消费者的欢迎。2024 年 8 月 7 日，小红书举办了首届“种草大赏”，这是业内首个聚焦“种草”的营销奖项，评选出各赛道 1 金 2 银 3 铜，9 个赛道金奖案例也进行了发布，如图 9－2 所示。

（二）试用报告类

这类文案主要是用户分享自己使用某款产品的心得。他们常常会指出这些产品的优缺点，以及与其他相关产品的比较与分析。这类文案通常包含详细的产品外观描述、功能特性、使用体验等，干货满满。

（三）生活记录类

这类文案主要用来分享用户在生活中的某个片段或某段人生经历，融入了个人的思考和见解，观点性很强。这类文案通常强调独特的生活方式和个性化的人生态度，容易引发读者长期关注和收藏。

图 9－2　小红书首届“种草大赏”九大赛道全场大奖和金奖案例

（四）感性文学类

这类文案可以通过文字、图片等来表达丰富的个人情感，让读者在阅读中感同身受。此类文案感情真挚、情感丰富，能够唤起读者共鸣。

（五）教程培训类

这类文案可以提供某种技能，或通过教程供读者学习参考，实用性、可操作性强。此类文案强调教育理念和价值观的传播，侧重表达信息的准确性、权威性，非常具有说服力。

二、小红书文案的创作要点

许多人觉得新媒体背景下，文案创作水平不必很高，只需短平快即可。其实不然，较强的表达能力、清晰的逻辑、层次分明的结构能有效帮助阅读者理解内容；巧妙而流畅的语言表达更容易获得阅读者的好感；丰富的信息量则能迅速满足阅读者的预期；内容简洁明了，便于阅读者快速理解笔记主旨。一般来说，一篇好的文案需要关注到恰当的情感表达、符合用户预期的内容价值、富有条理性的逻辑方式、清晰明了的层次结构、别具一格的语言风格这五方面要点，这样才能有效表情达意。

（1）情感表达。创作者可以用讲故事的方式，引起用户的情感共鸣。

（2）内容价值。创作者可以为用户提供有价值的信息，能达到预期目标，切忌做“标题党”。

（3）逻辑方式。创作者可以用总分总、并列、递进等方式撰写，提升内容的有序衔接。

（4）层次结构。创作者可以用小标题、列表或分割线等方式，凸显结构的层次分明。

（5）语言风格。创作者可以根据内容选择幽默、诙谐或文艺、直白的表达方式，凸显个人风格。

学中做 9-2

请挑选5篇小红书平台最新热点笔记，完成表9-1。

表9-1　小红书平台最新热点笔记

分析模块	笔记一	笔记二	笔记三	笔记四	笔记五
文案主题					
文案类型					
文体特征					
（列举至少三项）					

三、小红书文案要素组成

（一）标题

小红书的标题非常重要。标题是小红书文案的一个重要格式要素，能够揭示行文主旨、统领全篇，增强主旨的显性度，起到提纲挈领的作用。小红书的标题最多能写20个字符（含标点符号）。标题撰写要直接突出主题，与正文内容高度匹配。标题里面可以植入关键词，同时加入语气助词、情态符号，这样看起来会更加醒目、耀眼。比如：“上海紧急通知：明天起，这些道路全封闭！”

标题的撰写一般有以下六种方法：

1. 设置悬念

利用观众的猎奇心理，引发用户好奇心。常见的形式有“……是一种什么体验？”“如果……，你就能……”。比如：“在复旦大学喝咖啡是一种怎样的体验？”“如何不运动却能一个星期瘦 10 斤？”

2. 巧用类比

将某项抽象的概念比作具体实物，传达某种感受，激发用户兴趣。常见的形式有“……是……，我们都是……”“……如……，如何抓住？”比如：“时间如行云流水，如何抓住 40 岁的后半生？”

3. 强调后果

以警示口吻突出后果的严重性，突出吸引点。常见的形式有“千万不要……，否则……”“如果你再不……，就会……”。比如：“千万不要和孩子说这六句话！否则后悔死。”

4. 强调便捷性

戳到用户的痛点，激发用户的欲望。常见的形式有“妈呀！你不会还不知道……”。比如：“妈呀！你不会还不知道智能马桶怎么选？”

5. 标签前置

将抽象的内容具象化，引起观众重视，快速吸引眼球。常见的形式有“这是全网最具有……”“99% 的人都不知道的……”。比如：“99% 的人都不知道的补钙良方！”

6. 放大明星效应，用名人流量和热点，表明权威性

常见的形式有“××× 用的五日减肥法！”“连 ××× 都推荐的防脱洗发水”。比如：“跟刘 ×× 买同款口红，你也是神仙姐姐！”

做中学 9-3

请思考：列举最吸引你的标题，讲一讲喜欢的理由。

（二）内容

想要讲好故事，关键在于核心内容是否能够引发他人共鸣和传播优质的信息。可以从以下八个方面去衡量和把握。

（1）情绪。引发情感认同，唤起共识，这是内容营销的杠杆，也是流量密码。

（2）标签。标签越精准，传播效率就越高。利用标签、关键词来精准定位人群，通过精简内容来顺应眼球经济。

（3）角色。了解产品在市场推广中要触达的各类人群，定位内容受众，精准找到感兴趣的人群，并分析他们的喜好、口味。

（4）联系。关注与读者相关的信息，这些内容更容易被接受和传播，点击率和转发率是活跃度的考核硬指标。

（5）代入。关注内容是否具有代入感，是否能引起共鸣。

（6）情节。通过悬念、转折、高潮等手法来吸引读者的注意力并引发他们的思考，讲故事是最引人入胜的方式。采用讲故事的方式可以生动地传达信息。

（7）落差。为故事注入强劲势能，引发更多惊喜。

（8）发酵剂。主要是考虑内容是否有爆点。

（三）图片

多图发布是小红书图文笔记的常态，小红书笔记图片好不好直接决定了笔记的点击率高不高。目前小红书最多可以发布 18 张图片，但考虑到用户的浏览时间和关注持久度，以 6 ～ 9 张为宜。小红书常用的图片尺寸为 1∶1、4∶3、3∶4。

小红书的文字配图可以自动生成，方法有三步：第一步，点击红色“+”；第二步，选择图片并输入文字；第三步，选择合适的风格。首图必须醒目，要有设计感，突出风格，要富有创意；中图要内容丰富、实用、质优，不能过少也不能过多；尾图要最有话题感，最好能引发用户留言。

（四）内容布局策略

小红书用户被标题或首图吸引后，就会非常迫切地想点开看正文，渴望看到预期的内容。考虑到阅读者的阅读体验，在具体内容布局时，通常要注意以下 5 点：

（1）字数最好不要超过 800 字。尽量做到文字简练、层次清晰、言简意赅，不要有过多赘述，切忌内容洋洋洒洒、没有中心。

（2）内容力求真实、自然，不要太刻意追求辞藻的华丽和语言的繁复，行文风格应尽量贴合小红书风格。

（3）添加相关有热度的话题，关键词可以适当反复，提高推荐和搜索曝光度。

（4）内容应紧扣小红书主流话题去做延展。教程类、测评类、干货类等良心推荐内容能给用户带来实际价值，人气颇高。

（5）语气要平易近人，文字切勿晦涩难懂，要营造真诚分享、用心推荐、友好互动的氛围。

撰写笔记后，及时对发布内容进行数据分析、总结、调整、规划。点击量、点赞量、收藏量、互动量四个数据是人气风向标、晴雨表。点击量可以看“小眼睛”数，如果不高一定是标题和封面不出彩，抓不住眼球；点赞量可以看“小爱心”数，这代表着别人是不是对该笔记真的喜爱；收藏量可以看“五角星”数，如果不高说明内容缺乏“利他性”，对用户没有收藏价值，不值得长期关注；互动量可以看跟帖评论数，主要看是否有吸引用户互动的兴奋点，能否提供情绪价值或者是否有实用价值。

做中学 9-4

请思考：你在小红书上发过哪种类型的笔记？点击量是多少？学了本任务，你准备采用哪些方法提高你的点击量呢？

任务三

小红书文案写作训练

很多人刚开始写小红书文案的时候，觉得自己文笔不错，分享的内容也不差，应该会有较高的人气，但是通过实践下来，结果却并不理想。可以从以下五方面提升文案的质量。

微课

小红书文案写作训练

一、明确定位

定位就是要凸显自己的优势，评估自己的能力和技能，建立自己的风格。定位准确可以更好地吸引目标用户。做博主前，账号定位要做好，这样才能有精准的目标受众。

（一）自我标注

首先要描述外在特点，包括身高、体重、爱好、职业、方向等。比如，可以介绍自己是“身高 173cm，体重 50kg，身材高挑，职业是空姐，爱好是摩托车骑行、摄影，方向是穿搭博主”。其次是拟定人设，包括 IP 定位、粉丝定位、内容关键词、选题等。比如，标注自己是“在魔都上海的 00 后独居女性，追求自律且有品质的生活”，关键词为“独立”“热爱飞翔”“现代女性”“摩托车骑手”，选题可以为“终于等到你，我的新玩具”“00 后拿出这组照片阁下要怎么应对？”。

（二）对标账号

首先要考虑清楚在小红书平台上发展的领域，确定后可以直接在平台上搜索相应的关键词，不同类型的博主要建立不同人设、确定账号类型、打造品牌形象，按照不同类型找到运营思路，进而做好细节分析。账号定位如图 9－3 所示。

（三）构建画像

1. 自我分析

自我分析主要是了解自己的兴趣、专长和独特之处。

（1）兴趣爱好。分析自己对哪些领域有浓厚的兴趣，如时尚、美妆、旅行、美食等。

（2）专业技能。分析自己有哪些专业技能或知识储备，如摄影技巧、烹饪技巧、育儿经验等。

（3）独特优势。分析自己有什么与众不同的优势，如超高的鉴赏能力、海外生活经历、特殊的职业背景等。

数码博主	关键词：App、网站、手机、耳机、平板、ipad、智能
	内容：数码测评、选购攻略、种草分享、使用教程
商业博主	关键词：思维、认知、逻辑、商业模式、计划书、创业
	内容：投资理财、热点解析、事件剖析、知识攻略
职场博主	关键词：简历、求职、面试、话术、加班、效率、沟通
	内容：求职经验、面试话术、面试题库、岗位解析、办公技能
情感博主	关键词：婚姻、职场、校园、异地、复合、分手、约会
	内容：恋爱经验、鸡汤故事、情感知识、情感语录
读书博主	关键词：自律成长、诗集、书单、阅读、报告、写作
	内容：书桌好物、书单推荐、知识分享、学习经验
摄影博主	关键词：构图、色调、审美、拍照、光线、修图、氛围感
	内容：摄影技巧、作品分享、设备推荐、设备测评、修图教程
设计博主	关键词：素材、创意、灵感、平面设计、理念、艺术
	内容：设计教程、设计素材、案例分享、工具推荐
配饰博主	关键词：珠宝、项链、丝巾、首饰、戒指、手镯
	内容：搭配攻略、挑选指南、真伪鉴别、产品试戴
造型博主	关键词：发型、穿搭、时尚、配色、妆面、元气、干净
	内容：审美提升、造型解读、搭配、发型、脸型、身材

健身博主	关键词：减脂、减肥、瘦身、饮食、健康、瘦腿
	内容：健身动作、健身打卡、健身器材、健身好物、健身饮食、健身心态
家居博主	关键词：家居、家具、收纳、装修、卧室、厨房、懒人神器
	内容：家居好物、收纳技巧、装修攻略
母婴博主	关键词：育儿知识、母婴好物、测评、产前、产后
	内容：玩具、辅食、宝宝用品、儿童穿搭、绘本、兴趣培养
摄影博主	关键词：构图、色调、审美、拍照、光线、修图、氛围感
	内容：摄影技巧、设备推荐、设备测评、修图教程
旅行博主	关键词：攻略、民宿、打卡、户外、徒步、出行清单
	内容：景点介绍、住宿攻略、景色分享、旅游攻略
穿搭博主	关键词：显瘦、简约、宽松、通勤、梨形身材、小个子
	内容：场景穿搭、店铺测评、穿搭技巧、色彩搭配
Vlog 博主	关键词：独属、打工人、大学生、旅行、宅家
	内容：工作日常、生活碎片、下班后、周末时光
宠物博主	关键词：猫粮、狗粮、猫砂、新宠到家
	内容：宠物知识、宠物用品、萌宠日常、宠物吃播
美妆护肤	关键词：口红、眼影、精华、面霜、面膜、补水、保湿
	内容：产品推荐、护肤教程、化妆教程、产品测评
美食博主	关键词：烘焙、家常菜、懒人菜、减脂、低卡、聚餐、饮品
	内容：零食推荐、试吃、吃播、美食教程

图 9－3　小红书平台账号定位参照

2. 目标用户分析

明确目标用户，了解目标用户的需求和喜好。

（1）用户画像。分析用户的年龄、性别、职业、兴趣爱好是什么。

（2）需求分析。分析用户在小红书上寻找什么样的信息或解决方案。

（3）行为习惯。分析用户通常在什么时候、什么情况下浏览小红书。

3. 市场调研

通过调研了解当前市场上热门的内容和竞争情况。

（1）内容趋势。分析当前和未来有哪些方面内容会受到欢迎和追捧。

（2）竞争分析。分析同类内容创作者的表现如何，他们的优劣势分别是什么。

4. 确定内容类型

根据自我分析、目标用户分析和市场调研的结果，确定适合自己的内容类型。

（1）契合自己的兴趣和专长。真正感兴趣和擅长的内容有利于创作的持续性。

（2）满足目标用户的需求。选择的内容应该能够解决目标用户的问题或满足他们的需求。

（3）具有市场潜力。尽量选择那些有一定受众基础和发展潜力的内容类型。

5. 内容规划

制定详细的内容规划，包括内容主题、发布频率和内容风格。

（1）内容主题。围绕定位细化内容主题，形成一个系统化的内容体系。

（2）发布频率。根据自己的实际情况合理安排内容发布的频率，保持持续更新。

（3）内容风格。形成统一的内容风格和视觉风格，增强识别度。

6. 持续优化

在运营过程中，不断根据数据反馈和用户反馈，优化内容策略。

（1）数据分析。定期分析内容的阅读量、互动量、粉丝增长量等数据，评估内容效果。

（2）用户反馈。关注用户的评论和私信，了解他们的反馈和建议。

（3）内容优化。根据数据和反馈，不断优化内容，提升用户满意度。

二、确定标题

用尽量简短的文字来概括，并配上图片，这样可以实现视觉引导。字数需要尽可能简练，少用长句。确定标题的方法主要有以下几种。

（一）巧用数字

1. 圈定人群类别＋数字＋解决方案

新手宝妈，/ 坚持 3 个习惯 / 就能轻松保持皮肤紧致

2. 数字＋预期效果＋方案

五天 / 成功减肥 20 斤 / 用五日减肥法就可轻松拿下

（二）适当情绪化

1. 夸张情感＋意外事件

What？ / 你还不知道你家附近还有这样浪漫的地方？

2. 设定群体＋解决方案

80 后们，/ 你们这样穿衣不会有姨感！

（三）使用标点符号

1. 人群分类＋提出问题

早八人，/ 你们午餐如何吃能又省钱又健康？

2. 人群分类＋反问

姐妹，/ 难道你们还不知道这个高颜值神器？

（四）提供攻略清单

1. 设定群体愿望＋抄作业

小户型怎么软装 ?/ 直接抄作业！

2. 设定群体＋痛点＋开放式结尾

宝妈们，/ 防止产后抑郁，/ 只需这么做！

三、拟定关键词

关键词的作用很大，不仅能帮助我们准确找到目标用户，还能占据搜索流量，抓住用户眼球。笔记流量来自搜索，小红书的流量算法与其他平台不一样，它主要侧重搜索推荐。笔记的关键词与搜索的关键词的匹配度决定了笔记与用户需求的匹配度。所以，挑选的关键词应该考虑到与品牌相关、搜索量、商业价值三方面的因素。

（一）关键词的类别

1. 痛点关键词

这是由需求和问题所产生的。比如，当用户需要装修房子时，装修风格就成了需求和问题。在平台上进行搜索：如何找到属于自己的装修风格，装修的基本步骤有哪些，“装修风格”“装修流程”“小户型装修”就是关键词。

2. 核心关键词

这主要是反映产品的类别和特性。所有产品都会有核心关键词。比如，要装修小户型房子，小户型不同于大户型，会有很多槽点，装修如何避雷是大部分人首要考虑的。“小户型装修避雷”是核心关键词。

3. 卖点关键词

这主要是表现产品最突出的特点。比如，三防手机的卖点就是“防水”“防尘”“防摔”。

4. 长尾关键词

这是由基础关键词演变而来的，用户通过长尾关键词表达进一步的需求。比如，“手持电风扇挂脖”就是由“手持电风扇”这一关键词演变而来的。

5. 热点关键词

这类词一般具有时效性特点，往往跟当前的网络流行语相关。比如，“哈基米”“松弛感”“City 不 City”“听劝”“City Walk”“显眼包”等，都是近几年小红书笔记的热门词汇。

（二）查找关键词的方法

在小红书平台查找关键词有三种方式：一是搜索栏下拉框。打开小红书的搜索页，直接输入想要搜索的关键词。比如，搜索“香奈儿唇釉”，下方会出现一长串的相关关键词，附带有各种热门型号。二是搜索结果页面。输入关键词后，点击进入搜索页面，看到很多地方出现关联性的关键词。三是看标签浏览量。一般笔记的文本框都会加上话题标签，从话题点击进去，就可以看到话题的浏览量和相关笔记。

四、起好开头

笔记开头直接关系到整篇文章的布局和走向。用户被一篇笔记的标题吸引，点入正文后进行阅读，内心一定充满了期待。如果开头很精彩，用户便会饶有兴致地继续看下去；如果开头索然无味或者得不到想要的预期，用户便不再有耐心继续阅读。要知道，如果没有一个好的开头，哪怕笔记后面的内容再精彩，用户也不会保持太大的兴趣继续往下看。

（一）开头的篇幅

在写开头的时候，可以塑造情景让用户快速进入；或者简单概述主要内容，让没有耐心的用户快速抓取信息。开头字数不宜过多，以 50 ～ 100 字为宜。

（二）起好开头的方法

1. 直击痛点

痛点是用户迫切需要解决的问题。比如：“我社恐，开会人多不敢发言，可是我们部门天天有会，该怎么办？这可愁死我了……”

2. 放大焦虑

激发危机感和紧迫感，制造焦虑的气氛。比如：“为什么有的孩子不上补习班还是学霸，而你家孩子上了补习班却是学渣？假努力到底有多可怕……”

3. 引发好奇

利用用户没有体验过的事物激发好奇心。比如：“在上海中心看书是一种什么体验？魔都 52 楼高空图书馆给你答案！今天我带你云欣赏……”

4. 价值展示

用直观体现价值的语句来展示。比如：“在青岛穷游 7 天，花了不到 2 000 块钱。你可能觉得不可思议，但我发誓这千真万确……”

5. 避坑警告

利用用户趋利避害的心理吸引浏览阅读。比如：“家里千万别放这三样植物，对身体不好，可能头发掉光光。你一定后悔知道晚了……”

6. 名人效应

利用从众心理，发挥名人效应，吸引用户使用相关产品。比如：“黄亦玫：不要褪色，不要枯萎，不要老去，追完《玫瑰的故事》太上头了……”

7. 反向操作

故意和别人有差异，才能显得与众不同、独树一帜。比如：“你以为你自己吃到了重庆最好吃的火锅？真不是！今天我就随手分享一些重庆老辈人喜欢吃的火锅店，绝对都不踩雷……”

五、创作图片

（一）封面

将图片设置成竖屏图，图片内容突出笔记的选题，图片构图要有美感，最好附上醒目的关键词。

（二）轮播图

轮播图可以采取多种方式拍摄，但最好选用尺寸一致的高清图片，图片中嵌入的文字要与文案相呼应。可以采用拼图的方式来增强图片吸引力，提升点击率。一般来说，拼图形式有以下五种类型。

（1）两拼图。采用展示对比的方式来体现效果，比如展示修图技术、化妆差异、装修前后效果对比等，让用户非常直观地看到变化。

（2）三拼图。采用不同角度对同一个场景进行特写拍摄，可以赋予普通照片不一样的美感，更富有艺术气息，通常用于人物展示、风景拍摄、动作抓拍等。

（3）四拼图。采用同种摆放方式展示不同内容，用于各类合集的更多展示场景，更能体现氛围感。

（4）字幕拼图。这一类型常应用于人物视频剪辑成图片后来搭配不同字幕的纵向叠加，展示的重点在于文字部分，这种形式可以更好地体现文字的力量，如图 9－4 所示。

（5）多图合集。满满当当的照片内容非常丰富，通常应用于产品多种类的合集。

图 9－4　字幕拼图

做中学 9-5

1. 请根据小红书风格和本任务教授的写作技巧，撰写一篇旅行笔记的开头。
2. 假如你要在小红书上推广某品牌服装，你会采用哪些方法？请说明你的理由。

任务四

小红书文案写作注意事项

小红书平台提倡用图片、视频、文字等记录生活的美好，创造有价值的网络文化，弘扬社会发展的正能量。发布相关内容时，必须处处谨慎，避免违规操作、触碰红线，时刻要遵守社区的规则，不触犯相关法律和道德底线，注重笔记内容质量，这些至关重要。

一、忌负面现象

微课

小红书文案写作忌讳

（一）同质化现象

一旦小红书的某篇笔记得到大量的点赞、评论，便会引起其他用户的相继跟风和争先模仿，这些粗制滥造的笔记主题雷同、内容同质，让人感到审美疲劳。

（二）“标题党”现象

有些博主利用极具噱头的标题来引起注意，然而当用户点击后进入正文，却发现内容和标题相去甚远，与预期大不相符。甚至有的标题十分夸张，笔记内容和标题毫不相关。“标题党”现象严重影响了用户的阅读体验感。

（三）弄虚作假现象

不少人因为利益的驱使，在没有实际使用过产品的情况下就发表产品推文笔记，进行带货，更有甚者虚假“种草”，夸大其词，具有欺骗性。弄虚作假现象突破了道德底线，情节严重的甚至触犯了法律。

（四）过度营销现象

很多博主日常发布的笔记都是产品推文，而日常生活记录类、感性文学类笔记几乎为零。对此，用户觉得博主的软广影响观感，感觉到被侵扰。小红书平台也会对此类博主进行限流。

（五）泛娱乐化现象

泛娱乐化现象的副作用很大，它在带给人们浅层次、瞬间性的即时快感的同时，也会让人精神虚空、内心孤独。泛娱乐化的内容不能提供情绪价值和有用信息，令人厌倦。

（六）非主流价值观现象

个别网红不断晒富、炫富，并以此类话题反复炒作，引发粉丝关注。凡是通过合法途径过上富裕生活的，都值得提倡。那些公然宣扬不正确的价值观的，必然会影响网络空间健康发展，带坏社会风气，必须严厉禁止。

二、避免限流

（一）限流情况

个人账号未经报备推广产品，功能类产品使用虚假图片，笔记内容原创度不够，账号因长期没有更新被判定为不活跃账号，使用了违规词或敏感词等，这类行为通常会遭到小红书平台的限流。想要不被限流，就应该遵守平台规则，多创造高质量的内容，并积极与用户互动。

（二）影响流量情况

多次修改内容和标签，批量删除或隐藏发布的内容，内容带有引流信息、私信联系方式，内容垂直度低、跨度大等，这些都是导致小红书账号限流的潜在因素，一定要尽量避开这些雷区。

（三）具体策略

通过下列方法，可以有效地避免限流，提升内容的可见性和互动率。

（1）遵守平台规则。确保内容不涉及违规内容，如色情、暴力、谩骂等绝对不可以出现。

（2）创造高质量内容。不断测试和调整不同类型的内容，根据用户反馈和数据进行优化。要特别了解平台的限流机制，创造独特且有价值的内容，避免内容同质化。

（3）适度互动。不要过度频繁地发送私信、评论等，避免被平台视为异常行为。

（4）稳定 IP 地址。频繁更换 IP 地址，可能会被视为异常操作行为。

（5）单一账号操作。避免使用多个账号进行操作，平台可能会将多个账号操作视为非正常行为。

（6）了解平台特性。根据小红书平台的特性和用户行为制定合适的内容策略。

（7）数据分析与调整。利用小红书平台提供的内置功能进行自查，根据数据分析结果来进一步优化内容和发布策略。

（8）遵守社区准则。确保内容符合小红书社区准则，不发布攻击性、歧视性的不当言论。

（9）用准标签和描述。使用与视频内容紧密相关且热门的标签，编写吸引人的描述文案。

做中学 9-6

一些旅游博主为了吸粉引流，千方百计去美化网红地图片，并配以“拍照圣地”“超出片”等字眼博取关注，而实际上图片和现实差距很大。对于这种行为，你怎么看？

任务五 AI 辅助小红书文案写作

一、AI 辅助小红书文案写作的价值

小红书的创作类型主要是图文和视频笔记形式，AI 技术可以帮助用户提升内容创作的质量和效率。用户借助 AI 还可以提升数据分析能力，写出更符合平台风格和要求的笔

记。AI 的功能很强大，可以根据用户的偏好来推荐感兴趣的内容，帮助用户生成高质量的内容，比如生成各类实用教程、创作文案等。AI 还可以分析用户反馈数据，给用户提供内容优化的建议。AI 甚至可以检测出违禁词，确保内容不违规；可以辅助编辑和优化内容，提高创作效率。

二、借助 AI 撰写小红书文案的思路

（一）文字内容创作

AI 写作工具有很多，比较常用的有红薯通 AI、简单 AI 等。它们可以帮助用户快速生成文章草稿，提供标题建议，生成笔记内容。比如，红薯通 AI 可以通过关键词来迅速生成包括标题、标签、图片描述等在内的小红书笔记内容，大幅提升了创作效率。AI 工具还能够提供如段落结构、句子长度、语法错误等优化方案的建议，帮助用户提升文案质量。

（二）图片和视频内容创作

AI 技术可以进行视觉内容创意，提供创意灵感，对大量数据和内容进行分析后，可以帮助用户创作标题、选题。像 StoryMaker 这类 AI 图像生成和编辑工具，就很适合做漫画创作、游戏场景设计等，可以确保角色在连续图像内容中保持一致性。

（三）数据分析和用户反馈

AI 技术可以对发布的内容进行数据分析和反馈，对阅读量、点赞量、分享量等方面进行反馈和建议，可以优化内容策略。AI 工具还可以分析用户的行为和反馈，提供个性化的内容推荐，更好地满足用户需求。

通过这些 AI 工具和技术的应用，小红书创作者可以更高效地创作出高质量的内容，提升用户体验，增加内容的曝光率和互动率。

三、常用的 AI 工具种类

（一）AI 写作工具

1. 红薯通 AI

红薯通 AI 是专为小红书用户设计的智能 AI 创作助手，具有快速提取和改写文案、关键词生成灵感、AI 创作模板以及丰富的素材库等功能。红薯通 AI 官方网站和微信小程序首页如图 9－5 所示。

2. 简单 AI

简单 AI 提供全面的 AI 社区服务，包括 AI 作图、prompt 社区、AI 文案等。

（二）AI 绘画工具

（1）稿定 AI。这是一个 AI 绘画和设计工具集合平台。

（2）触手 AI。这是专为插画师、漫画师、设计师等专业用户打造的 AI 绘画创作平台。

图 9－5　红薯通 AI 官方网站和微信小程序首页

（三）AI 图像处理工具

（1）BgSub。这是一个能够自动抠图与替换背景、保护隐私的 AI 工具。

（2）PhotoRoom Background。这是一个专为摄影爱好者和社交媒体用户设计的免费抠图工具。

（四）AI 视频制作工具

（1）Runway。这是一个在线 AI 创意工具平台，可以轻松地生成和编辑视频、图片、音频等内容。

（2）Uberduck。这是一个开源的 AI 语音生成平台。

示范操作

如何借助 AI 工具创作小红书文案

四、AI 辅助写作示例

以红薯通 AI 为例，假设要为一款针对大学生及白领市场推出的颇具性价比的蓝牙耳机撰写一个种草文案，可以通过以下步骤借助 AI 工具来创作。

步骤一：访问登录。

访问红薯通 AI 官方网站或微信小程序并登录（新用户需要注册账号）。

步骤二：选择服务。

在平台首页，可以选择不同的服务选项，如“改写助手”“好物种草”“日常穿搭”等。考虑到本次的任务是撰写种草文案，可以选择“好物种草”选项，如图 9－6 所示。

步骤三：输入信息。

在“主题和关键词”下方的信息框里输入相关信息“请为一款针对大学生及白领市场推出的颇具性价比的蓝牙耳机撰写一个种草文案”。

步骤四：确认生成。

确认输入信息无误后，点击信息框下方“开始生成”键，待 AI 生成文案内容，如图 9－7 所示。

图 9－6　红薯通 AI“好物种草”选项

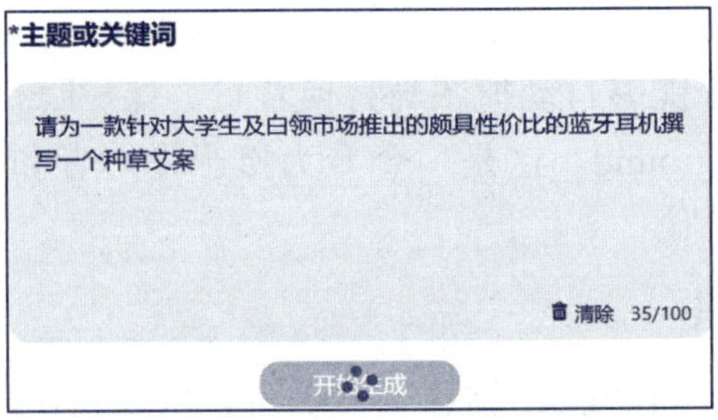

图 9－7　在红薯通 AI 中输入文案的主题

步骤五：获取结果。

AI 会根据用户提供的信息，快速生成文案内容，如图 9－8 所示。

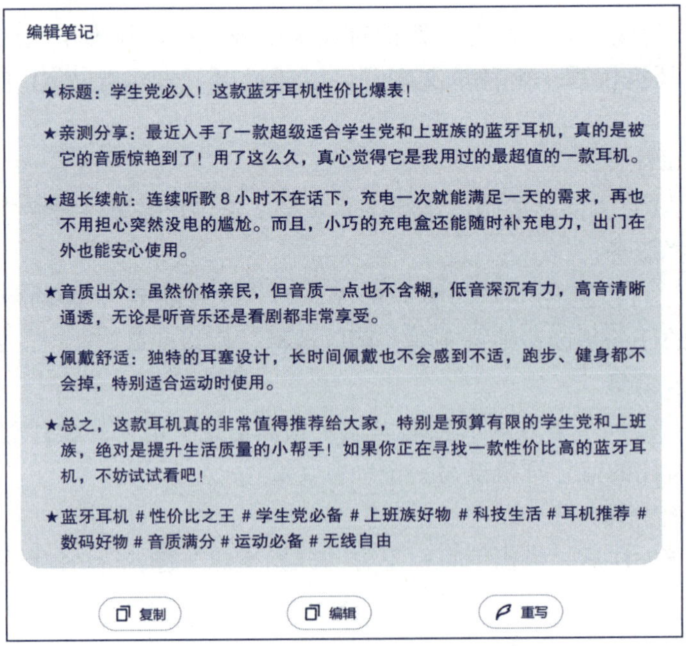

图 9－8　红薯通 AI 编辑生成的笔记

步骤六：审阅和修改。

审阅 AI 生成的内容，看看是否满足需求，如果还有补充想法，可以再次在“主题或关键词”下方的信息框内补充相关信息，进行必要的调整，如图 9 - 9 所示。

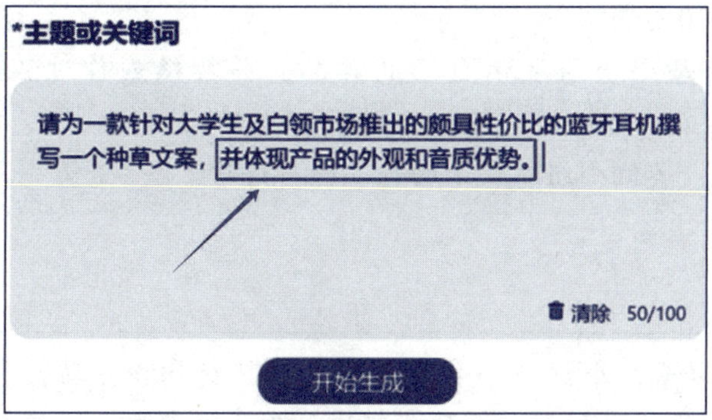

图 9 - 9 再次修改并补充相关信息

步骤七：复制和使用。

红薯通 AI 根据用户需求调整后生成新的文案如图 9 - 10 所示。用户如果对生成的内容满意，就可以复制文案，应用到小红书笔记中。

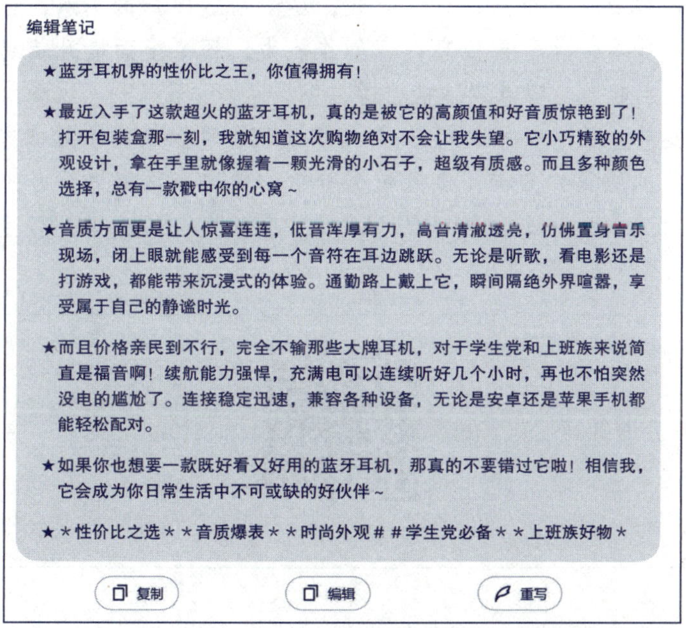

图 9 - 10 红薯通 AI 根据用户需求调整后生成新的文案

做中学 9-7

利用 AI 工具创作小红书爆款笔记。

1. 分组：以小组为单位，每组 4 ～ 5 人。

2. 项目任务：每个小组选择一个小红书热门话题，使用 AI 工具创作一篇笔记，包括标题、文案、图片等。

3. 资源提供：提供 AI 工具列表和使用指南，如红薯通 AI、稿定设计等。

4. 创作时间：30 分钟。

5. 成果展示：每个小组展示自己的作品，并解释创作过程和 AI 工具的应用方法。

6. 互评与反馈：其他小组对展示的作品进行评价。

项目小结

自 2013 年诞生以来，小红书平台就十分注重社交化和互动性。随着社会的快速发展，平台不断迭代升级，更加趋向精致、精准。对于品牌和个人博主来说，想要写出精彩的文案，提高点击量、点赞量、收藏量、互动量，就要从标题、内容、图片和内容布局策略四个方面下功夫。在具体实践中，小红书文案写作要依次做好明确定位、确定标题、拟定关键词、起好开头、创作图片等环节。

一篇优秀的文案应回归到两个字："实"和"真"。在创作笔记时，要做到有观点、有想法，撰写的内容要突出重点、言简意赅；尽量表达出真情实感，让读者能够感同身受。作为合格的创作者，除了要提高内容创作能力，还要全面提升信息搜集能力、选题策划能力、挖掘痛点能力、观点表达能力等。

随着时代的发展，数字技术日新月异。AI 技术也可以赋能小红书文案写作，帮助创作者提升内容创作的质量和效率，提升数据分析的能力，写出更符合平台风格和要求的笔记。

知识检测

综合实训

1. 实训任务

假如你要在小红书平台推广积极向上的生活方式，成为某种生活方式的引领者，你可以从哪些方面去努力？以小组为单位，写出文案设想计划书，并按照计划书来创作一篇笔记，发布一周后看看点击率如何。

2. 实训指导

实训指导

评判好作品的标准

素养园地

小红书是品牌和个人展示自己的重要平台之一。用户既要积极提高自身媒介素养，提升鉴别力、判断力，又要强化审美力和创造力。

一名合格的网民，要做到积极传播和弘扬社会主义核心价值观，倡导正能量，拒绝低俗、低质、劣质的网络文化，勇于向恶趣味文化、拜金文化、奢靡享乐主义等不符合社会主义核心价值观的思想和行为说“不”。

在小红书这类网络社区环境中，每个人都应该以身作则，积极传播正能量，积极参与讨论正面话题，充当网络文明的守卫者、参与者、示范者。

课赛融通

“澎湃·镜相”非虚构写作大赛是由澎湃新闻发起的一项写作赛事，旨在挖掘极具价值的时代标本，培育优秀的非虚构写作者，并长期孵化非虚构佳作。大赛欢迎具有新闻性、公共性的选题，期待静态的、历史的、个人化的选题，鼓励基于真实经历的写作，题材涵盖职业故事、社会深度观察、家族变迁、个人经历及历史书写等。要求参赛文章兼具优美的叙事水平和充实的信息量，尽量规避抒情泛滥和学术束缚。参赛者身份不限。评委团由知名作家、学者及媒体人组成。参赛作品必须原创首发，严禁虚构、剽窃。

2024 年“澎湃·镜相”第二届非虚构写作大赛由澎湃新闻主办，七猫中文网、复旦大学新闻学院联合主办，上海作协担当指导单位，《收获》杂志担当文学指导。大赛以“渺小与苍莽”为主题，向社会公开征文，旨在挖掘观照现实、书写时代与个体，记录磅礴与幽微的优秀佳作，关注时代浮沉、家国命运、城市与乡村、女性叙事、真实罪案等众多题材。本次大赛邀请李洱等 12 位作家、编剧、导演等担任业界评委，邀请北京大学等十所国内重点高校学者担任学术评审，携手爱奇艺等影视平台和出版机构，共同参与非虚构 IP 开发，助力佳作孵化。

参考文献

[1] 陈倩倩．新媒体文案写作与编辑 [M]．2 版．北京：中国人民大学出版社，2021．

[2] 叶小鱼，勾俊伟．新媒体文案创作与传播 [M]．北京：人民邮电出版社，2021．

[3] 苏芯．进击的文案：新媒体写作完全指南 [M]．北京：电子工业出版社，2020．

[4] 叶龙．新媒体文案完全操作手册 [M]．北京：清华大学出版社，2020．

[5] 史伟．网络软文写作 [M]．2 版．北京：中国人民大学出版社，2024．

[6] 木木老贼．新媒体文案编写与运营实战 [M]．北京：清华大学出版社，2020．

[7] 李灿辉，施薇．新媒体编辑实务 [M]．北京：中国人民大学出版社，2020．

[8] 李开复．微博：改变一切 [M]．上海：上海财经大学出版社，2010．

[9] 晓东．微博是个江湖 [M]．北京：北京工业大学出版社，2013．

[10] 叶龙．新媒体内容运营创业宝典 [M]．北京：清华大学出版社，2018．

[11] 罗丹丹．新媒体软文营销 [M]．北京：清华大学出版社，2021．

[12] 黄京皓．从零开始学新媒体文案创作与传播 [M]．2 版．北京：清华大学出版社，2020．

[13] 秦阳，秋叶．微信营销与运营 [M]．2 版．北京：人民邮电出版社，2019．

[14] 喻彬．新媒体写作教程 [M]．2 版．北京：清华大学出版社，2025．

[15] 赵黎．玩转微信实用攻略 [M]．北京：石油工业出版社，2013．

[16] 陈娜，伍大春，周艳．新媒体文案写作 [M]．北京：人民邮电出版社，2021．

[17] 潘勇，阍文峰，余婕．新媒体文案创作与传播：微课版 .[M]．北京：人民邮电出版社，2021．

[18] 胡华成，范国洪．微信朋友圈、公众号和小程序运营实战 [M]．2 版．北京：清华大学出版社，2020．

[19] 流年小筑．微文案：直播、短视频、朋友圈、海报文案写作指南 [M]．北京：机械工业出版社，2021．

[20] 秦志强．新媒体营销与运营实战笔记：精准引流与快速变现 [M]．北京：人民邮电出版社，2021．

[21] 直播商学院．直播文案策划与编写：从入门到精通 [M]．北京：化学工业出版社，2021．

[22] 王中伟．卖货文案：新媒体文案创作 10 堂必修课 [M]．北京：电子工业出版社，2020．

[23] 李凌宇，李丛伟．新媒体营销 [M]．北京：中国人民大学出版社，2021．

[24] 苏高．新媒体文案创作与美工设计 [M]．北京：中国铁道出版社，2019．

[25] 孙清华，吕志军．电商文案写作与传播 [M]．北京：人民邮电出版社，2020．

[26] 刘庆振，安琪，王凌峰．短视频制作全能一本通 [M]．北京：人民邮电出版社，2021．

[27] 陈楠华，李格华．企业短视频攻略 [M]．北京：化学工业出版社，2021．

[28] 张润彤 . 电子商务文案策划与写作 [M]．北京：人民邮电出版社，2024．

[29] 秋叶，刘进新，贾凝墨，万静 . 秒懂 AI 写作：让你轻松成为写作高手 [M]．北京：人民邮电出版社，2023.

[30] 弘丹 . AI 写作宝典：如何成为 AI 写作高手 [M]．北京：台海出版社，2023.

图书在版编目（CIP）数据

新媒体文案写作教程 / 尹莹主编 . --2 版 . -- 北京 : 中国人民大学出版社 , 2025. 5. --（21 世纪技能创新型人才培养系列教材）. -- ISBN 978-7-300-33983-2

Ⅰ. G206.2

中国国家版本馆 CIP 数据核字第 2025CV7901 号

浙江省高职院校“十四五”重点立项建设教材

21 世纪技能创新型人才培养系列教材・新媒体系列

新媒体文案写作教程（第二版）

主　编　尹　莹

副主编　胡　艳　刘　丽　王　翔　辛　岛

　　　　郭刚志　王惠莲　刘　晔　刘　楠

Xinmeiti Wen’an Xiezuo Jiaocheng

出版发行	中国人民大学出版社		
社　　址	北京中关村大街 31 号	**邮政编码**	100080
电　　话	010－62511242（总编室）		010－62511770（质管部）
	010－82501766（邮购部）		010－62514148（门市部）
	010－62511173（发行公司）		010－62515275（盗版举报）
网　　址	http://www.crup.com.cn		
经　　销	新华书店		
印　　刷	天津鑫丰华印务有限公司	**版　　次**	2023 年 2 月第 1 版
开　　本	787 mm × 1092 mm　1/16		2025 年 5 月第 2 版
印　　张	14.5	**印　　次**	2025 年 5 月第 1 次印刷
字　　数	318 000	**定　　价**	48.00 元